M. GUÉCHOT

PROFESSEUR AU LYCÉE DE SENS

PAR L'EFFORT

Livre de Lecture courante pour aider à la formation de la volonté

« *Toute nature ne peut produire son fruit sans extrême travail, et même douleur.* »

(BERNARD PALISSY.)

OUVRAGE COURONNÉ PAR L'ACADÉMIE DES SCIENCES MORALES ET POLITIQUES

COURS MOYEN

AVEC RÉSUMÉS, QUESTIONS ET EXERCICES

QUATRIÈME ÉDITION

(90e *Mille*)

LIBRAIRIE HACHETTE ET Cie

79, BOULEVARD SAINT-GERMAIN, PARIS

1917

PAR L'EFFORT

DU MÊME AUTEUR

A LA MÊME LIBRAIRIE

Premier Livre de Lecture expliquée. Vocabulaire et composition. Formation du Raisonnement par l'Observation directe et la Réflexion. *Cours élémentaire et Première Année du Cours moyen.* 5ᵉ édition Un volume grand in-16, avec gravures, cartonné . . . . 1 fr.

Livre du Maître, 4ᵉ édition — Un volume grand in-16, cartonné . . . . 2 fr. 50

Deuxième Livre de Lecture expliquée. Vocabulaire et composition. Formation du Raisonnement par l'Observation directe et la Reflexion *Cours moyen Certificat d'Études* 5ᵉ edition Un volume grand in-16, cartonné . . . . 1 fr. 25

Livre du Maître, 4ᵉ edition — Un volume grand in-16, cartonné . . . . 3 fr.

La Formation du Raisonnement. Exposé de la methode de Lecture expliquee. 3ᵉ édition Brochure in 16 . . . . 30 cent.

79030 — Imprimerie LAHURE 9, rue de Fleurus a Paris

M. GUÉCHOT

PROFESSEUR AU LYCÉE DE SENS

PAR L'EFFORT

Livre de Lecture courante pour aider à la formation de la volonté

« *Toute nature ne peut produire son fruit sans extrême travail, et même douleur.* »
(BERNARD PALISSY.)

OUVRAGE COURONNÉ PAR L'ACADÉMIE DES SCIENCES MORALES ET POLITIQUES

COURS MOYEN

AVEC RÉSUMÉS, QUESTIONS ET EXERCICES

QUATRIÈME ÉDITION
(90e *Mille*)

LIBRAIRIE HACHETTE ET Cie
79, BOULEVARD SAINT-GERMAIN, PARIS

1917

AVERTISSEMENT

But de ce livre. — Nos deux ***Livres de lecture expliquée, vocabulaire et composition***, se proposent d'habituer l'enfant à l'*observation directe* et à l'*observation intérieure*, dans le but de former son ***raisonnement.***

Mais à quoi bon raisonner, si ce n'est pour vouloir ensuite, pour vouloir en connaissance de cause ? Former dans l'enfant la ***volonté raisonnée*** est la fin de l'éducation ; d'où le présent livre de lecture courante, complément de nos livres de lecture expliquée.

Ce qu'il contient. — Sans doute, la lecture d'un livre, quelque prolongée qu'elle soit, ne saurait produire dans la vie de l'enfant les mêmes fruits que l'intervention incessante des maîtres et des parents; du moins peut-elle favoriser leur action si le livre est une perpétuelle excitation à vouloir. Et tel est bien le caractère de “ ***Par l'effort*** ”.

L'effort qui est raconté, — à grands traits, — c'est l'effort prodigieux qui a mené l'homme, d'abord nu et désarmé, à la conquête de la puissance matérielle et à l'amélioration sociale; c'est donc l'effort d'observation, de raisonnement et d'entr'aide qui a soumis les forces de la Nature; — et c'est aussi, — en traits épars, en exemples empruntés de préférence aux contemporains, — l'effort de bonté, de dévouement, de sacrifice qui s'est tant de fois manifesté en de nobles actions.

Mais, aujourd'hui, n'avons-nous plus à fournir d'efforts? Aussi, après avoir orienté l'enfant dans la contrée où il est appelé à voyager, le livre propose-t-il comme but à son jeune vouloir « *la persévérance dans l'effort* ».

Toujours en pleine réalité, notre livre sera ainsi d'une utilité directe.

Disposition des chapitres. — Le texte se partage en 104 lectures d'une langue très simple.

Pour plus de clarté, chaque lecture est coupée par des subdivisions et enrichie d'une fort belle illustration. Elle se termine :

1° par un *Résumé* qui en groupe les idées essentielles;

2° par une *Explication* des mots difficiles;

3° par un exercice de *Raisonnement* qui fait saisir l'enchaînement des idées;

4° par un exercice de *Composition* qui fournit l'occasion de rendre ces idées sous une forme nouvelle.

PAR L'EFFORT

I. SUR LA TERRE HOSTILE

MISÈRE DES PREMIERS HOMM

1. — Dans la forêt sans fin des premiers âges.

I. *Le ver de terre.* — Il y a des milliers d'années, la terre était couverte d'immenses forêts; des arbres gigantesques s'élevaient au-dessus d'un inextricable fouillis de branches et de lianes; çà et là s'étendaient des prairies où les cours d'eau formaient des marais.

Un mammouth.

Sur cette forêt sans fin des premiers âges régnait un grand silence, interrompu seulement par les cris des maîtres du lieu : les mastodontes et les mammouths, éléphants énormes qui vivaient en troupeaux; les grands rhinocéros terribles de force; les ours des cavernes, hauts de deux mètres, dont la férocité égalait celle des tigres et des hyènes.

Dans cette redoutable forêt, où le sang des faibles coulait

de toutes parts sous la griffe et la dent des forts, errait* un pauvre être nu : pour se protéger du froid, il n'avait ni fourrure, ni plumage; pour s'enfuir, il n'avait ni les ailes de l'oiseau, ni la rapidité du cerf; pour se défendre, il n'avait que ses poings; pour conquérir sa nourriture, il n'avait que ses mains débiles : cet être misérable, c'était l'homme.

Le futur roi de la terre

Voici que les ombres descendent dans la grande forêt : c'est la nuit, la nuit terrible pendant laquelle les fauves se mettent en chasse. Où l'homme va-t-il se réfugier? Les cavernes sont habitées par le lion, l'ours, le tigre, l'hyène.... Il lui faut errer, l'oreille aux écoutes, fuir, se terrer*, attendre.... Voici que la faim torture ses entrailles : que manger? Quelques fruits ou la chair crue d'un animal tué par surprise. Et quand la nourriture fait défaut, que devenir?

Cet infortuné, c'est cependant le futur roi de la terre.

Jadis, dit une légende* d'Allemagne, le monde était peuplé de géants d'une force invincible. Un jour, la fille de l'un d'eux aperçut un homme à ses pieds; elle le mit dans son tablier et le porta à son père; mais, dès qu'il l'eut vu, le géant entra en fureur et cria : « Reporte où tu l'as pris, ce ver de terre qui doit nous détrôner* un jour! »

II. ***Le roi de la terre.*** — C'est que ce ver de terre, qui semblait impuissant, avait une arme à laquelle rien ne résiste : l'**intelligence***.

Contre la nature ennemie, il engage une lutte grandiose*; et, depuis la première peau de bête employée comme vêtement, depuis le premier caillou façonné en pointe de lance pour la chasse, depuis la première semence déposée dans un sol fertile, les succès s'ajoutent aux succès. Bientôt les difficultés grandissent, la nature cache ses secrets plus profondément; mais l'homme développe son intelligence et poursuit la lutte avec ardeur. Par l'effort, par un effort ininterrompu, poursuivi de génération en génération, il s'est enfin rendu le maître du monde.

Résumé. — *Dans l'immense forêt primitive, peuplée de fauves, les premiers hommes erraient, nus et sans armes. Pour toute ressource, ils n'avaient que leur intelligence.*

Explication des mots

Il errait : il allait de côté et d'autre, au hasard. — *Se terrer* : se creuser un trou sous terre. — *Légende* : conte très vieux. — *Détrôner* : faire perdre le premier rang. — *Intelligence* : pouvoir qu'a l'homme de connaître ce qui est caché, ce qui est vrai et ce qui est bon. — *Grandiose* : plein de grandeur, qui excite notre admiration.

Analyse des idées et Raisonnement.

1. *Comment* était la terre il y a des milliers d'années? — 2. *Pourquoi* les forêts la couvraient-elles? — 3. Quels étaient les maîtres de cette forêt sans fin? — 4. *Pourquoi* les fauves y étaient-ils les maîtres? — 5. Comparez les premiers hommes aux fauves, aux oiseaux, au lièvre — 6. *Pourquoi* l'homme est-il devenu le roi de la terre?

Composition.

Racontez la légende de l'homme et de la fille du géant. — Plan : Le lieu. — La rencontre (énumérez les actions dans l'ordre où elles se succèdent; faites parler les personnages.) — Réflexion.

2. — Invention de l'outil.

I. *L'outil.* — Devant un ennemi, le lièvre fuit; attaqués, le sanglier et le loup se défendent, l'un avec son boutoir, l'autre avec ses crocs. Ni le lièvre, ni le loup, ni le sanglier n'auront l'idée de s'aider d'une arme étrangère.

Pour se défendre, les premiers hommes mordaient avec leurs dents, frappaient avec leurs poings, mais de plus, ils surent tout de suite s'aider d'une pierre lancée comme projectile*, d'un tronc d'arbre manié comme une massue, puis d'un outil spécial : l'arme, hache ou lance de pierre.

Pour construire leur habitation, les castors faisaient tomber des arbres en les rongeant ; de la même manière, ils les coupaient en morceaux[1]. L'homme, qui n'a pas des dents de rongeur, inventa la scie.

Sans ces premières inventions : la hache, le couteau, la scie, la flèche, l'hameçon, l'homme ne serait jamais sorti de son impuissance*. L'histoire de ses progrès est en grande partie l'histoire de ses outils. Aujourd'hui même, quel pas en arrière nous ferions, si tout à coup disparaissaient les outils qui suppléent à l'insuffisance de notre vue : lunettes, microscopes, télescopes;... à l'insuffisance de notre ouïe : télégraphe, téléphone...; à l'insuffisance de nos jambes : voitures, locomotives... ! Les outils complètent les sens de l'homme; ce sont des serviteurs aux ordres de son intelligence.

II. *La main.* — Mais qui transmettra à l'outil les ordres de l'intelligence? qu'est-ce qui mettra l'outil inerte* en mouvement? C'est la main, cet organe merveilleux dont les doigts se replient, s'ajustent sur l'objet, et, en s'opposant au pouce, saisissent, lèvent, abaissent, frappent, poussent, font mouvoir en tous sens. C'est par la main que l'homme a pu transformer le monde.

1. Les castors ne bâtissent plus d'*habitation*; comme on les chasse à outrance, leur instinct leur a appris à se cacher dans des *terriers*, au bord des fleuves.

III. ***La matière des outils.*** — Pour que le mouvement imprimé à l'outil par la main fût suivi d'effet, pour que l'outil frappât un coup utile, il fallait que cet outil fût fait d'une matière dure. Condition encore insuffisante en beaucoup de cas; car ce n'est pas en frappant avec une massue qu'on abat un chêne ou qu'on entame un crâne aussi dur que l'était celui de l'ours des cavernes; mais si la massue s'aiguise en lame ou finit en pointe, rien ne résiste à un coup vigoureux : l'arbre s'en va en éclats et la bête féroce s'abat dans un flot de sang.

Mais où trouver cette matière à la fois dure et capable d'acquérir le tranchant?

Résumé. — *Les premiers hommes se firent une armée de serviteurs en inventant les outils. L'homme, seul, a des outils, parce que, seul, il a l'intelligence, seul aussi il a cet autre outil, le plus merveilleux de tous : la main. Mais, pour fabriquer les outils, il fallait une matière à la fois dure et tranchante.*

Explication des mots.

Projectile : corps pesant jeté en avant (ordinairement par une arme) pour frapper. — *Impuissance* : état dans lequel on ne peut faire ce qu'on voudrait. — *Inerte* : qui ne peut bouger.

Analyse des idées et Raisonnement.

1. Pour se défendre, que fait le lièvre? *Pourquoi?* — 2. Que font le sanglier et le loup? — 3. Que firent les premiers hommes? — 4. *Pourquoi* cette différence entre l'homme et les animaux? — 5. Sans outils, que seraient devenus les premiers hommes? — 6. Leurs premiers outils servent en général à tuer : *pourquoi?* — 7. Citez d'autres outils et dites à quoi ils servent? — 8. *Pourquoi* fallait-il que la matière des outils fût à la fois dure et capable d'acquérir le tranchant?

Composition.

Pourquoi a-t-on pu dire : « Par la main, il a été permis à l'homme de créer dans le monde un autre monde? » — Plan : L'homme primitif. — L'outil lui permet de travailler à l'amélioration de son sort. — Exemples. — Rôle de la main dans la confection des outils et dans le travail.

3. — A la recherche de la dureté et du tranchant.

I. *Le premier homme de génie.* — Il existe des carrières où se trouvent deux espèces de pierres : l'une en grande quantité, très tendre, facile à creuser, la craie ; l'autre en morceaux maniables*, extrêmement durs, le silex. Qui donc remarqua un jour que la cassure du silex donne un creux bordé d'une ligne coupante et conclut de cette observation qu'en taillant le silex on pouvait faire des outils tranchants? Ce fut le premier homme de génie, celui qui mit le genre humain en marche et le fit entrer dans cette voie de la civilisation qui va de la pierre au bronze, du bronze au fer, et du fer à l'acier.

Silex taillé.

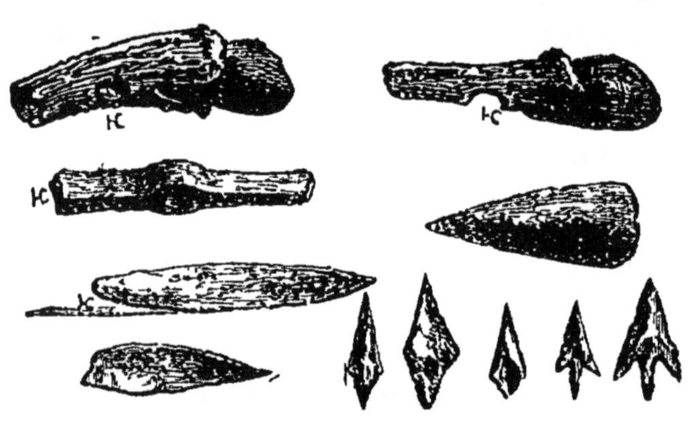

Armes en pierre.

II. *La première industrie.* — La première industrie s'établit sur la terre ; des ateliers se fondèrent dans les lieux où abondait la précieuse pierre. Sur le sol qui devait être un jour la France, au village qui s'appelle aujourd'hui Pressigny-le-Grand, à moitié chemin entre Tours et Poitiers, se développa l'une des plus remarquables manufactures d'armes en pierre.

Les bonnes variétés de silex étaient très recherchées. On savait les aller prendre jusqu'au fond des carrières de craie. Allons au Mur de Barrez, dans l'Aveyron : là s'ouvrent des puits profonds qui descendent au travers des couches de craie et de silex; au fond, ces puits communiquent les uns avec les autres par des galeries souterraines; çà et là, la craie et le silex ont été laissés en place, sous forme de piliers, pour empêcher le tassement*.

Avec quel outil a-t-on pu creuser ces puits et ces galeries? La carrière nous répond : avec des pics faits d'une corne de cerf. Elle en renfermait, en effet, un grand nombre : les uns broyés par les éboulements, les autres cassés et encore engagés dans la roche par la pointe. Nous avons là une nouvelle preuve de l'ingéniosité* des premiers hommes. La matière dure et pointue qu'ils désiraient si ardemment, ils la discernèrent* tout de suite dans les bois du cerf : des pointes capables de creuser le sol, quel trésor ! Et comme les cerfs abondaient dans les immenses forêts d'alors, de nombreux outils vinrent aider l'humanité à faire son premier pas en avant.

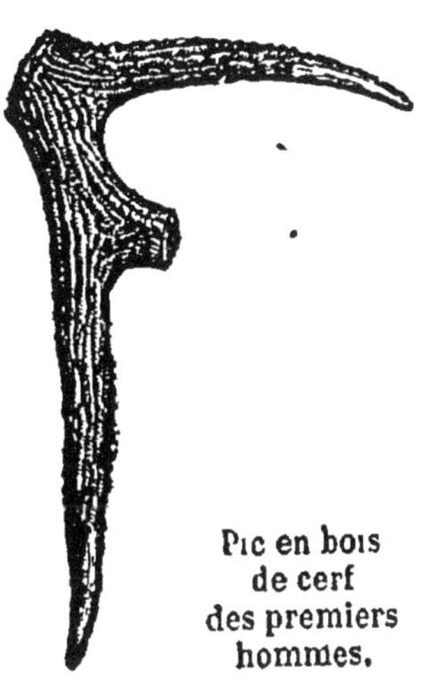

Pic en bois de cerf des premiers hommes.

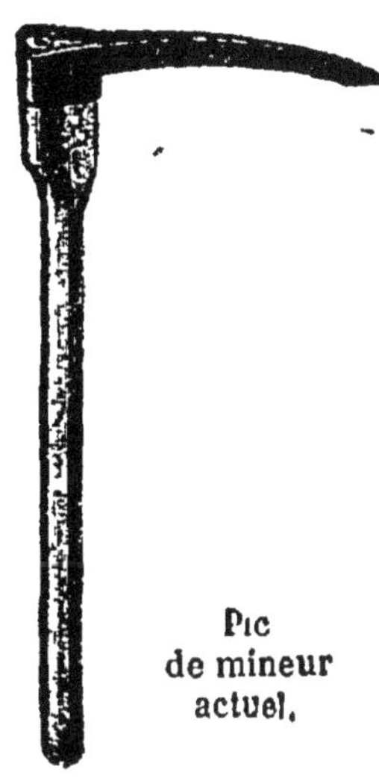

Pic de mineur actuel.

Une curieuse découverte a été faite en Angleterre, au village de Braddon, où deux cent cinquante-quatre puits profonds de treize mètres donnent accès dans les galeries souterraines d'une carrière préhistorique*. En un endroit, le plafond d'une galerie était écroulé; on s'avisa d'enlever la craie qui empêchait de passer et, au fond de la galerie, on trouva un silex à moitié dégagé; deux pics en corne de cerf étaient posés à côté et, sur la poussière de craie qui les recouvrait, on voyait encore l'empreinte d'une main. Évidemment ces outils avaient été laissés là, le soir, la journée finie; pendant la nuit, la galerie s'était écroulée et jamais on n'avait été les chercher. « Ce fut un spectacle inoubliable, écrit le savant qui dirigeait les recherches, que la vue, après trois mille ans et plus, de cet ouvrage inachevé et des outils des ouvriers reposant encore à l'endroit où ils avaient été laissés il y a tant de siècles. »

Pour transformer la corne de cerf en pic, on ne lui laissait qu'une pointe. L'outil avait ainsi à peu près la forme du pic moderne : mais celui-ci est en acier; que d'efforts, que de souffrances entre ces deux conquêtes de l'intelligence humaine !

Résumé. — *Les premiers outils furent fabriqués avec des fragments de silex. Un observateur inconnu avait remarqué que la cassure du silex donne un creux bordé d'une ligne coupante et la première industrie s'était établie sur la terre.*

On allait chercher les bonnes variétés de silex jusqu'au fond des carrières qu'on creusait avec des cornes de cerf.

Explication des mots.

Maniable : facile à remuer avec la main. — *Tassement* : abaissement de la couche supérieure par suite de son poids. — *Ingéniosité* : adresse à inventer, habileté. — *Discerner* : voir au milieu de plusieurs choses celle qui convient. — *Préhistorique* : qui existait dans les temps dont on ne sait pas l'histoire.

Analyse des idées et Raisonnement.

1. *Comment* est un fragment de silex? — 2. *Pourquoi* les morceaux de silex pouvaient-ils se transformer en outils? — 3. Quelle fut la *conséquence* de cette découverte? — 4. *Comment* se procurait-on les bonnes variétés de silex? — 5. Décrivez le pic de ces premiers mineurs. — 6. Quelle découverte a-t-on faite au village de Braddon?

Composition.

La première industrie humaine. — PLAN : En quoi consistait-elle ? — Comment se procurait-on du silex? — Pourquoi cette pierre était-elle précieuse ?

4. — L'homme contre l'animal.

I. ***Premières armes.*** — L'arme par excellence était la hache. Elle était formée d'un morceau de silex enfoncé dans un manche en bois. Elle rappelait ainsi tout à fait le *tomahawk* ou hache en pierre des Peaux-Rouges.

Avec les éclats de silex, on fabriquait des couteaux, des poinçons, des pointes de flèche, des hameçons. La lame du couteau se continuait par un manche arrondi. Enfoncé dans un long morceau de bois, le couteau donna la lance.

Dès lors les premiers hommes purent frapper, couper, percer, c'est-à-dire se défendre, attaquer.

Hache de silex.

II. ***Premières luttes.*** — Rude existence que celle de ces premiers hommes ! Contre les mauvais temps, il leur fallait des abris : les grottes naturelles leur en offraient de tout prêts, mais les ours, les lions, les tigres, les hyènes les occupaient de par le droit du plus fort. Armés de haches en silex et associant leurs efforts, les premiers hommes conquirent les cavernes.

Les plus escarpées* paraissent avoir été très appréciées : telle la caverne de Pena-Blanque (Haute-Garonne) qui s'ouvre dans la montagne à 800 mètres de hauteur; on n'y arrive que par des pentes hérissées de buissons épineux, presque inaccessibles*. Dans la caverne s'ouvrent des couloirs profonds; on les suit et l'on se trouve tout à coup sur les bords d'un abîme obscur. Pour des gens qui avaient tout à craindre, c'était là un excellent lieu de refuge; aussi les fouilles ont-elles amené au jour nombre d'armes en silex mélangées à des os d'animaux de toute espèce.

Plus loin, dans l'Ariège, la caverne de l'Herm qui se prolonge sous terre en galeries immenses a livré trente squelettes humains. Mais c'est le Massif Central qui a conservé le plus de restes de ce lointain passé. Là, une rivière, la Vézère, s'est creusé un lit étroit et assez profond; elle est dominée par

La poursuite des chevaux sur le roc de Solutré.

de beaux escarpements; les cavités, les abris abondent le

long de ses rives. Ses eaux poissonneuses et ses grottes ont séduit les populations de l'âge de la pierre.

Plus tard, les hommes associés en tribus puissantes sortirent des cavernes et s'installèrent dans les endroits les plus favorables à la vie, sur le bord des cours d'eau, au centre des forêts giboyeuses* ou des prairies peuplées d'herbivores*. A Solutré, près de Mâcon, dans la vallée de la Saône, s'élèvent de hauts rochers; ils sont voisins d'une source abondante et protègent la plaine contre les vents du nord. Cette plaine était alors une vaste prairie peuplée de bandes innombrables de chevaux. Les premiers hommes ne pouvaient manquer de s'installer à l'abri de la colline. Ils surent l'utiliser dans leurs chasses. Des fouilles ont fait découvrir les débris de leur nourriture : des os formant une muraille longue de quarante mètres, haute de trois mètres, de quoi reconstituer les squelettes de quarante mille chevaux. Une vertèbre était encore traversée par la flèche en silex qui abattit l'animal.

Résumé. — *Les premiers hommes se fabriquèrent des outils en silex, particulièrement des armes, afin de se défendre, d'attaquer, de tuer. Pour s'abriter, ils conquirent les grottes habitées par les fauves.*

Explication des mots.

Escarpé : qui a un talus très raide. — *Inaccessible* : où l'on ne peut pas parvenir. — *Giboyeux* : où il y a beaucoup de gibier. — *Herbivores* : animaux qui se nourrissent d'herbe (vache, cheval, cerf, etc.).

Analyse des idées et Raisonnement.

1. Décrivez une hache, — puis une lance de silex. — 2. *Comment* les premiers hommes firent-ils la conquête des cavernes? — 3. Décrivez la caverne de Pena-Blanque. — 4. *Pourquoi* les premiers hommes se sont-ils installés dans le Massif Central? — à Solutré?

Composition.

La vie des premiers hommes. — PLAN : Ils cherchent des abris. — Ils cherchent leur nourriture. — Réflexions.

5. — Les villages lacustres.

I. ***Premières guerres.*** — La nécessité de trouver la nourriture quotidienne dominait toute la vie d'alors. Il semble bien que, à défaut de gibier, l'homme n'hésitait pas à se nourrir de la chair de son semblable.

Ce qui est certain, c'est que la guerre exerçait déjà ses fureurs. Les grottes de la Lozère contenaient une grande quantité de squelettes : beaucoup portaient la trace de graves blessures; des pointes de flèches de pierre étaient incrustées dans les os.

En 1809, on trouva en Écosse, sous un énorme tas de pierres que la tradition appelait le *tombeau du roi G'Aldus*, un cercueil en pierre et dans ce cercueil le squelette d'un homme d'une taille extraordinaire. Un des bras avait été presque séparé du tronc par un coup de hache en pierre; le coup avait été porté avec une telle force que la hache s'était brisée et qu'un morceau était resté emboîté dans l'os. Quand on y toucha, le squelette tomba en poussière.

II. ***Villages lacustres.*** — L'insécurité de la vie donnait une valeur inappréciable aux lieux faciles à défendre. Dans les régions de lacs et de larges rivières furent bâtis les villages lacustres*, évidente imitation des cabanes des castors. En 1854, une sécheresse extraordinaire ayant fait baisser considérablement le niveau des eaux du lac de Zurich, on vit apparaître les débris d'un village bâti sur pilotis. Depuis, de semblables restes ont été retrouvés dans tous les lacs de Suisse et dans les tourbières de la vallée de la Somme.

Sur les bords du lac de Genève, il y a presque partout une ceinture d'eau peu profonde; dans les jours de calme, quand l'eau n'est pas agitée, on peut facilement apercevoir les pilotis* : ce sont tantôt des troncs entiers, tantôt des troncs fendus en quatre. Rongés par l'action de l'eau, quelques-uns n'apparaissent plus que comme des aiguilles.

Ces pilotis avaient à supporter des poids considérables; ils étaient formés d'un grand nombre de pieux; on en compte quelquefois jusqu'à cent mille pour une bourgade; beaucoup sont courbés ou brisés. Un très vieil historien, parlant d'un village lacustre qui était encore habité de son temps, nous apprend que tout homme qui s'y mariait était tenu de plan-

Village lacustre.

ter un certain nombre de pieux entre ceux qui existaient déjà : ainsi la famille nouvelle, dont les enfants allaient surcharger le pilotis, devait contribuer à le consolider.

III. ***L'hameçon.*** — La pêche fournissait à ces hommes leur principale nourriture. Penchés sur l'eau claire, ils avaient vu souvent le poisson fuir à l'approche de la main qui voulait le saisir; longtemps, ils s'étaient demandé comment ils pourraient s'en emparer; puis, un jour, quelqu'un s'avisa de cacher au milieu d'un appât* un crochet qui devait se planter dans la bouche du poisson trop avide. L'hameçon se trouva inventé. Merveilles d'ingéniosité, les hameçons en silex ont, comme les nôtres, des pointes qui, par leur courbure, empêchent le poisson blessé de recouvrer sa liberté en se démenant.

IV. ***Le droit du plus fort.*** — Ainsi vivaient les premiers hommes. Vêtus de peaux de bêtes, maniant en Hercules* la hache de silex, ils erraient toute leur vie, en quête d'une nourriture incertaine.

Le droit du plus fort régnait sans conteste*; mais déjà les premières inventions ont préparé le triomphe de l'intelligence sur la force brutale.

Résumé. — *Dans l'immense forêt dont ils habitaient les abris naturels, les premiers hommes, armés de silex taillés, se disputèrent les aliments : plus d'une fois les vaincus servirent de nourriture aux vainqueurs. De là l'importance des lieux faciles à défendre; des villages furent bâtis sur les lacs. La force régnait seule.*

Explication des mots.

Lacustre : qui se trouve sur un lac. — *Pilotis* : l'ensemble de tous les gros pieux plantés dans une terre marécageuse ou dans le fond d'un lac pour soutenir une construction. — *Appât* · pâture pour attirer et prendre le gibier ou le poisson. — *Hercule* : personnage mythologique d'une force extraordinaire. — *Sans conteste* : sans que personne s'y opposât.

Analyse des idées et Raisonnement.

1. *Pourquoi* pouvons-nous dire que les premiers hommes se faisaient la guerre? — 2. Quelle fut la conséquence de cet etat de guerre? — 3. Décrivez un village lacustre — 4. *Comment* se termine un hameçon? — 5. *Pourquoi* la pointe s'en recourbe-t-elle? — 6. La justice régnait-elle dans ces premières sociétes?

Composition.

Un village lacustre et la vie qu'on y menait. — Plan : l'emplacement. — Etablissement des pilotis et des cabanes. — Sécurité qu'offre le nouveau village. — La pêche.

6. — La domestication de l'animal.

I. *Les trésors de la forêt et de la prairie.* — Tout de suite les premiers hommes cherchèrent le moyen de puiser à volonté dans les trésors de la forêt et de la prairie; ils s'efforcèrent d'assurer la présence autour d'eux des animaux qui pouvaient leur être le plus utiles par leur chair, leur lait, leurs moelleuses et chaudes fourrures.

Bœufs sous le joug.

Aujourd'hui que l'œuvre est accomplie, que chaque jour nous voyons mener les bœufs à l'abattoir, traire les vaches, tondre les moutons, atteler les chevaux, rien ne nous paraît plus naturel que la soumission de la bête à l'homme. Mais on est émerveillé quand on réfléchit aux difficultés que les premiers hommes durent éprouver pour soumettre un animal fort comme le taureau, ou rapide comme le cheval.

II. *Instruments de domestication.* — Quelle ingéniosité dans ces instruments de domestication : le joug et le mors! Le joug, emboîtant leur cou, lie deux taureaux l'un à l'autre, neutralise la fureur de l'un par la fureur de l'autre et les force à s'unir pour servir l'homme.

Le mors est une simple barre introduite dans la bouche du cheval. Les coins de cette bouche sont d'une extrême sensibilité; or, deux brides dont le cavalier tient les extrémités sont fixées au mors; quand le cavalier les tire, le mors appuie, le cheval souffre et la douleur peut être telle que le plus fougueux* s'arrête et se renverse en arrière.

III. ***La sélection des animaux.*** — Le premier animal qui se soumit fut le chien. Serviteur et ami fidèle, c'est la plus importante conquête que l'homme ait faite dans le monde animal.

C'est le chien qui aida l'homme à capturer le taureau, l'âne, le cheval, le mouton. C'est lui qui les garda; sans lui, point de troupeau; sans troupeau, point de lait, ni de viande, ni de laine. Le chien, qui a fait passer les premiers hommes de la vie sauvage à la vie pastorale*, a joué un rôle de premier ordre dans l'histoire de l'humanité. D'où vint ce précieux allié? On ne sait : nulle part on ne l'a trouvé à l'état

Chacal. Chien. Loup.

de nature. La variété qui se remarque dans le pelage, la forme, la taille, donne à croire qu'il descend de diverses espèces d'animaux : chacal, loup. Par les soins de l'homme, ces espèces se seraient profondément modifiées.

La domestication fut lente. Elle fut le résultat de la *sélection*, c'est-à-dire du choix des meilleurs individus dans chaque génération. Les petits du premier couple domestiqué par l'offre d'une nourriture journalière, étaient déjà moins rebelles que leurs parents; parmi eux, l'homme choisit les plus dociles; l'espèce fit ainsi un premier progrès. Même choix dans la troisième génération; par suite, nouveau progrès chez les petits-fils. C'est ainsi que le chien alla en se perfectionnant. La même méthode de sélection nous donna toutes les races d'animaux domestiques et elle ne cesse de les améliorer encore.

« A chaque conquête, l'humanité s'élevait un peu plus et sa

joie était grande. De cette joie, il est resté des traces dans l'histoire. Les Égyptiens, tout près encore des premiers âges de l'humanité, rendaient des honneurs presque divins au bœuf, au chien, au chat et à bien d'autres animaux. Un magnifique bœuf blanc, appelé bœuf *Apis*, était nourri aux frais de l'État dans un temple de marbre. Après sa mort, son corps était embaumé et déposé dans un tombeau magnifique. Des chats étaient de même embaumés. Passe pour le bœuf qui ouvre le sillon d'où la moisson doit sortir, mais pourquoi tant de considération pour le chat? C'est que le chat, destructeur de souris, protège le grain de blé qui va arracher définitivement l'humanité aux horreurs de la famine. Et c'est pour la même raison qu'une vieille loi anglaise dira encore, des milliers d'années plus tard : « Celui qui a tué un chat paiera une amende consistant en un tas de blé assez haut pour recouvrir l'animal suspendu par la queue et touchant la terre du bout de son museau[1]. »

Résumé. — *Les premiers hommes domestiquèrent les animaux qui pouvaient leur être le plus utiles par leur chair, leur lait, leur fourrure. Ils inventèrent des instruments comme le joug et le mors. Par la sélection, ils augmentèrent peu à peu les qualités de leurs animaux domestiques.*

Explication des mots.

Fougueux : qui a de la fougue, c'est-à-dire est emporté, a des mouvements violents. — *Vie pastorale* : vie que mènent les pasteurs, les pâtres.

Analyse des idées et Raisonnement.

1. Quelle pensée la prévoyance inspira-t-elle aux premiers hommes? — 2. *Pourquoi* cette œuvre offrait-elle beaucoup de difficultés? — 3. *Comment* le joug agit-il? — 4. Et le mors? — 5. *Pourquoi* le chien est-il la plus belle conquête que l'homme ait faite alors? — 6. *Comment* le chien est-il allé en se perfectionnant?

Composition.

Les animaux domestiques. — Plan : Services qu'ils nous rendent. — Nos devoirs envers eux. — Loi Grammont.

1. H. Fabre. *Géologie et Botanique.* Classe de 5me. Delagrave édit.

7. — La conquête du feu.

I. ***Sans feu, ni lieu.*** — Rien n'attachait encore les hommes au sol: chasseurs, ils étaient forcés d'errer à la suite de l'animal en fuite dans la forêt; pasteurs, ils devaient conduire leurs troupeaux de pâturage en pâturage.

Pourquoi d'ailleurs se seraient-ils fixés au sol? Le sol ne pouvait leur fournir de la nourriture. Notre estomac accepte le lait de la vache, de la chèvre, de l'ânesse, de la jument, il accepte l'œuf de l'oiseau et même la chair crue de l'animal, mais il ne digère guère les plantes crues, la farine crue, les légumes crus. Or, les premiers hommes n'avaient pas de feu: ils étaient vraiment des « *sans feu, ni lieu* », expression dont nous ne comprenons plus le sens terrible.

II. ***Le feu.*** — La conquête du feu vint changer leur vie et rendre la civilisation possible.

Qui alluma le premier feu?

D'après une vieille légende, ce fut un géant, Prométhée, qui déroba au ciel un rayon de soleil et le donna aux hommes. Les dieux, furieux, l'enchaînèrent sur les rochers du Caucase; chaque matin, un vautour venait se repaître* de son foie; et, pour que ce supplice fût éternel, le foie renaissait pendant la nuit. C'est une légende, assurément; mais elle cache peut-être une triste histoire, et il se pourrait bien que ces prétendus dieux ne fussent que des hommes acharnés après leur bienfaiteur. Que de Prométhées l'humanité a rencontrés sur sa route et n'a pas mieux traités!

S'il est impossible de savoir qui découvrit le feu, il est possible de deviner comment se fit la découverte. Elle dut se faire dans les ateliers où se fabriquaient les armes en silex. Lorsqu'on travaille le silex, il se produit des étincelles. Qu'elles soient tombées un jour sur une matière très inflammable et le feu aura pris naissance. D'ailleurs, à la suite de chocs répétés, il n'y avait pas seulement production d'étincelles, mais échauffement de la pierre. Quelque observateur de génie dut en conclure que le frottement dégage de la chaleur et peut donner la flamme. Aujourd'hui encore, c'est par le frottement de deux morceaux très secs d'un bois tendre que les sauvages de la Nouvelle-Zélande, d'Australie et d'Afrique, obtiennent du feu.

La découverte du feu.

III. ***La famille et la patrie.*** —Les premiers hommes se représentèrent le feu comme un dieu. Partout on l'adora : dans l'Inde, en Perse, en Égypte, chez les Grecs, chez les Romains. Partout on lui offrit des sacrifices et on le pria.

A Rome, chaque maison avait son autel domestique : une flamme y brillait nuit et jour; on devait l'entretenir avec des bois choisis et en écarter tout ce qui l'aurait salie.

Ce respect pour le feu s'explique : source de chaleur et de lumière, il ramenait chaque jour au même endroit, au *foyer* domestique**, le père, la mère, les enfants, les jeunes et les vieux; et ainsi il unissait la famille, il favorisait les sentiments d'affection et de dévouement.

Plus encore : il avait créé la patrie. Maintenant que des herbes, des racines, des graines étaient devenues des aliments par la cuisson, la famille avait cessé d'errer; elle s'était fixée au sol et l'avait cultivé; au même endroit, des générations succédaient aux générations et des *patries* — *patrie*, terre des *pères* — étaient nées. C'est pourquoi, dans chaque cité, il y avait un foyer d'État, comme dans chaque famille il y avait un foyer domestique. A Rome, le foyer d'État, avait pour prêtresses, six jeunes filles nommées Vestales ; si l'une d'elles laissait éteindre la flamme qui devait brûler perpétuellement, elle était punie de mort : on l'enterrait vivante !

Résumé. — *Les premiers hommes erraient à la poursuite du gibier ou à la suite de leurs troupeaux. Ils ne demandaient rien au sol parce que notre estomac digère mal les plantes crues.*

La conquête du feu rendit la civilisation possible. Cette conquête dut se faire dans les ateliers où l'on fabriquait les armes en silex.

Le feu créa le foyer domestique et la patrie.

Explication des mots.

Se repaître : se nourrir, se rassasier (en parlant des animaux). — *Foyer* : lieu où l'on fait le feu; ce mot signifie quelquefois *maison*, *demeure*, parce que le *foyer* est la partie principale de la maison. — *Domestique* : qui est de la maison.

Analyse des idées et Raisonnement.

1. *Pourquoi* les premiers hommes menaient-ils une vie errante? — 2. *Pourquoi* le feu leur permit-il de se fixer au sol? — 3. *Comment* découvrit-on la manière de faire du feu? — 4. *Comment* honorait-on le feu? — 5. *Pourquoi* avait-on un tel respect pour le feu? — 6. *Pourquoi* a-t-il fortifié la famille? — 7. *Comment* a-t-il créé la patrie? — 8. Qu'appelait-on foyer d'État?

Composition.

La patrie. — PLAN : Dites ce que suggère à votre esprit ce seul mot. — Quels sont nos devoirs envers notre patrie : 1° comme enfants? 2° comme citoyens?

8. — La vie agricole.

I. ***Naissance de l'agriculture.*** — Comme la lumière du soleil, la civilisation* vint d'Orient en Occident.

A une époque lointaine, l'Asie se trouva peuplée de nomades* qui habitaient sous des tentes, vivaient de leurs troupeaux et, montés sur des chariots, allaient de pâturage en

Un campement de nomades.

pâturage. A la longue, certaines tribus* se fixèrent au sol et cultivèrent les céréales. C'est dans la Mésopotamie, vaste plaine qui s'étend entre le Tigre et l'Euphrate, que l'agriculture semble avoir pris naissance; de là, elle passa dans les pays voisins et y amena la fin de la vie sauvage.

II. ***La sélection des plantes.*** — Mais d'où vinrent le blé, l'orge et les autres céréales qui, aujourd'hui, ne poussent nulle part à l'état sauvage? On l'ignore.

Nos céréales, comme nos animaux domestiques, sont le produit d'une sélection poursuivie pendant des milliers d'années. « Aucun de ceux qui les cultivèrent, dit Darwin*, n'eut conscience* des transformations lentes qu'il contribuait à opérer; tout leur art a consisté à cultiver toujours les meilleures variétés connues, à en semer les graines, et, aussitôt qu'une variété supérieure apparaissait par hasard, à la choisir pour la reproduire encore. »

De même, les fruits âpres des sauvageons donnèrent nos fruits exquis. Ainsi se firent nos choux, nos légumes qu'on ne trouve pas dans la nature tels qu'ils sont aujourd'hui.

III. ***Le bronze, mélange de cuivre et d'étain.*** — Non seulement le feu permit aux hommes de faire cuire les productions du sol, mais il leur donna encore de meilleurs outils.

Un jour, quelqu'un remarqua que certains morceaux de roche à reflets verts, placés dans le feu, laissaient couler un métal, *du cuivre : alors prit naissance le travail des métaux. Malheureusement le cuivre se moule mal* et fond difficilement.

Un autre minerai, celui d'étain, très remarquable parce qu'il est très lourd, avait attiré aussi l'attention; l'étain fond aisément, malheureusement il n'a pas de dureté. Mais il arriva que, pour obtenir une plus grande quantité de métal, on fit fondre de l'étain avec du cuivre et le bronze fut trouvé. En présence de l'étain, le cuivre fondait beaucoup plus vite et le nouveau métal était très facile à travailler : il se moulait à merveille, pouvait se façonner au marteau et devenait extrêmement dur; on pouvait lui donner un tranchant vif et fin en l'usant sur une pierre de grès.

IV. ***Le bronze remplace le silex.*** — Dès lors les armes et les outils de silex firent place aux armes et aux outils de bronze. Le pouvoir de frapper, de couper, de fendre, de percer se trouva augmenté et mille actions nouvelles devinrent possibles. La nourriture matérielle fut plus assurée, car l'homme soumit définitivement la terre en donnant à la charrue un soc tranchant.

V. ***La vie pacifique.*** — La vie devint plus facile; l'abondance des aliments rendit les hommes moins cruels; au lieu de s'associer pour tuer et piller le voisin plus riche, ils s'unirent pour faire produire davantage à la terre :

Quand le soc a passé, la plaine devient blonde,
La paix aux doux yeux sort du sillon entr'ouvert. (V. Hugo.)

Leurs nouvelles occupations développèrent en eux l'esprit d'invention. Il leur fallut approprier les semences aux terrains, tenir compte du climat, suppléer au manque d'eau par des irrigations*; les métiers se perfectionnèrent. Alors la première civilisation naquit.

Résumé. — *En Asie, les pasteurs qui promenaient leurs troupeaux entre le Tigre et l'Euphrate, finirent par se fixer au sol et cultiver les céréales. L'agriculture gagna de proche en proche, amenant partout la fin de la vie sauvage.*
Les outils de bronze remplacèrent les outils de silex.
Par la sélection, les qualités des plantes s'accrurent. La vie devint plus facile et les hommes furent moins cruels.

Explication des mots.

Civilisation : état d'un peuple qui vit dans l'aisance sous des lois justes. — *Nomade* : qui n'a pas d'habitation fixe. — *Tribu* : l'une des parties d'un peuple peu civilisé. — *Darwin* (1807-1882) : savant anglais qui a beaucoup étudié les animaux et les plantes. — *N'eut conscience* : ne sut, ne se rendit compte. — *Se moule mal :* ne prend pas exactement la forme du moule dans lequel on le fait couler. — *Irrigation* : action d'amener de l'eau par des rigoles.

Analyse des idées et Raisonnement.

1. *Comment* la vie agricole prit-elle naissance? — 2. *Comment* les productions du sol se sont-elles perfectionnées? — 3. A quelle découverte nouvelle l'usage du feu conduisit-il? — 4. *Comment* se fit la découverte du bronze? — 5. *Pourquoi* le bronze était-il si précieux? — 6. Quelles furent les *conséquences* de la decouverte du bronze?

Composition.

Histoire du grain de blé. — Plan : Semailles... Blé en herbe... Blé en épis... Moisson... Battage... Etc.

9. — La vie égyptienne, il y a cinq mille ans.

I. ***En Égypte.*** — La première civilisation brilla du plus vif éclat en Égypte. Un savant qui l'a beaucoup étudiée, M. Maspéro, va nous dire comment vivait le peuple égyptien, il y a cinq mille ans.

II. ***Le quartier populaire à Thèbes.*** — « C'était un amas de huttes entre lesquelles serpentaient des sentiers qui, çà et là, se perdaient dans quelque place ombragée d'acacias et de

Le quartier populaire à Thèbes

sycomores. Les huttes étaient en terre ou en briques crues*, le toit était en feuilles de palmier juxtaposées et si bas qu'un homme se levant sans précaution l'aurait défoncé d'un coup de tête. Les maisons les plus riches avaient un rez-de-chaussée ; sur ce rez-de-chaussée, on plaçait côte à côte des troncs de palmier fendus en deux, on les revêtait d'un lit de terre battue et sur ce plancher on élevait deux ou trois chambres ; un escalier appliqué contre le mur extérieur y donnait accès. C'était la demeure de la famille : les petites pièces sombres du bas servaient d'étable et de magasin à provisions.

« Dans ces logis de petites gens, le mobilier est nul ou peu s'en faut. Point de sièges, ni de lits, mais quelques escabeaux très bas et des nattes en jonc, un ou deux coffres en bois à ranger le linge, de larges pierres plates afin d'écraser le grain ; dans un coin, une huche en terre battue où mettre le blé, l'huile et les provisions de bouche, une dizaine de pots, de marmites et d'écuelles. Le foyer s'appuie d'ordinaire au mur du fond et, à la place qu'il occupe, un trou correspond dans le toit, par où la fumée s'échappe.

« La famille est très unie. De grand matin l'homme part au travail, sans autre vêtement qu'un pagne* autour des reins. Il emporte avec lui ses provisions: deux petits pains cuits sous la cendre, un ou deux ognons, parfois un peu d'huile où tremper son pain, parfois un morceau de poisson séché. Vers midi, le travail s'interrompt pendant une heure ou deux dont on profite pour manger et pour faire la sieste: il cesse entièrement au coucher du soleil. Chaque métier a ses misères que les poètes décrivent dans leurs vers : *J'ai vu le forgeron à la gueule de son four ; il a les doigts comme la peau du crocodile et il est très sale. — Les artisans de toute sorte ont-ils plus de repos que le paysan ? Leurs champs à eux, c'est le bois qu'ils taillent, le métal qu'ils travaillent ; même la nuit, ils sont occupés. — Le cordonnier est très misérable et se plaint éternellement ; sa santé est celle d'un poisson crevé.*

« Le salaire est presque toujours payé en nature : quelques boisseaux de blé, quelques mesures d'huile, quelques salaisons et, les jours de fête, une ou deux cruches de vin ou de bière.

« Dans la maison, règne la femme. Elle va et vient à son gré. Elle est court-vêtue d'un sarrau* de toile blanche, étroit, collant au corps, descendant jusqu'à la cheville et qui tient en place au moyen de deux bretelles. Elle se lève à la pointe du jour, ranime le feu, distribue le pain de la journée, envoie les hommes à l'atelier, les bêtes à la pâture sous la garde des petits, puis, une fois débarrassée de son monde, sort à son tour, pour aller à l'eau. Elle descend au fleuve, ou à la source la plus rapprochée, y échange les nouvelles avec ses amies, charge sa cruche sur sa tête et remonte lentement jusque chez elle, le cou raidi sous le faix*.

« Sitôt de retour, elle étale quelques poignées de grain sur une pierre oblongue* creusée dans toute sa surface et les écrase d'une pierre plus petite en forme de molette*. Pendant une heure et plus, elle peine de tout le corps et le résultat est médiocre. La farine ramenée plusieurs fois sous le mortier est inégale, mêlée de son et de grains entiers qui ont échappé au broyage. La ménagère la pétrit telle quelle avec un peu d'eau, y incorpore en guise de levain un morceau de la pâte de la veille et en façonne des galettes rondes qu'elle étend sur des pierres plates et des cendres chaudes. Peu levé, souvent peu cuit, le pain a un goût désagréable; les impuretés qu'il renferme ont raison à la longue de la denture la plus solide.

« Entre temps la femme cuisine, file, tisse, coud et va au marché ».

MASPERO. *Lectures historiques* (Hachette et Cie, édit.).

Résumé. — *Le peuple égyptien habitait des huttes en terre dont quelques-unes avaient un rez-de-chaussée surmonté d'un étage. Le mobilier y était rare. L'homme restait au travail du matin jusqu'au soir. Son salaire lui était payé en nature. Pendant ce temps la femme faisait provision d'eau, écrasait des grains de blé, faisait du pain, cousait, tissait.*

Explication des mots.

Brique crue : non cuite au four, mais séchée au soleil. — *Pagne* : pan d'étoffe formant l'unique vêtement des peuples primitifs. — *Sarrau* : sorte de blouse longue. — *Un faix* : charge, fardeau. — *Oblong* : plus long que large. — *Molette* : petite meule pour broyer.

Analyse des idées et Raisonnement.

1. Décrivez une maison de petites gens chez les Égyptiens. — 2. Décrivez le mobilier. — 3. Quelle vie y menait-on?

Composition.

La maison d'un ouvrier d'aujourd'hui. — PLAN : Le local. — Les meubles. — La vie qu'on y mène.

10. — Au marché public, il y a cinq mille ans.

Les échanges « Sur une petite place bruyante, des paysans, des pêcheurs, des revendeurs au détail sont accroupis sur plusieurs rangs le long des maisons, étalant devant eux des pains, des fruits, des légumes, du poisson, de la viande crue ou cuite, des bijoux, des parfums, des étoffes.

Les chalands défilent et s'enquièrent de la qualité des

Un marché public en Egypte.

denrées : chacun porte à la main quelque pièce de sa fabrication, un outil neuf, des souliers, une natte.

« Deux d'entre eux se sont arrêtés au même instant devant un paysan qui expose des oignons et du blé dans un panier. Le premier a pour monnaie deux colliers de verroterie, le second un éventail arrondi à manche de bois et un de ces ventilateurs triangulaires dont les cuisiniers se servent pour activer le feu. « Voilà un beau collier qui te plaira, voilà ton affaire » s'écrie celui-là, et celui-ci : « Voilà un éventail et un ventilateur. » Le paysan ne se laisse pas troubler par cette double attaque ; il procède avec méthode et saisit tout d'abord un collier pour l'examiner de plus près. Puis, de concessions en concessions, nos gens finissent par déterminer exactement le nombre d'ognons ou le poids de blé qui équivaut au collier ou à l'éventail.

« Mais tous les petits marchands commencent à préférer le troc contre un métal usuel, qui tient peu de place et ne s'altère point, au troc* contre des objets souvent encombrants et qui risquent de se détériorer*. Une paire de canards vaut le quart d'un anneau en cuivre, un rasoir en bronze en vaut un tout entier, une pioche deux, une chèvre deux, une tête de bœuf vaut un demi-anneau en argent, une outre de vin fin vaut trois anneaux d'or.

« Dans les rues commerçantes s'ouvrent des boutiques. Voici un cordonnier qui doit être des mieux achalandés* car il emploie quatre ouvriers. L'un d'eux a pris une peau et l'a débitée en bandes de la largeur d'un pied d'homme; il étend l'une de ces bandes sur une forme pour l'assouplir. Les trois autres, assis chacun devant un établi bas, en plan incliné, où sont posés leurs outils, travaillent à des chaussures. Une chaussure consiste en une forte semelle munie au talon de deux oreillettes où passent des lanières en cuir; une troisième lanière fixée, entre le pouce et le second orteil, vient s'attacher sur le cou-de-pied avec les deux autres. »

MASPERO. *Lectures historiques* (Hachette et Cie, édit.).

Résumé. — *Au marché, les vendeurs s'alignaient le long des maisons; les acheteurs parcouraient leurs rangs. On faisait plutôt des échanges que des ventes. Cependant on commençait à payer les objets avec des anneaux de métal.*

Explication des mots.

Troc : échange d'un objet contre un autre. — *Se détériorer* : s'abîmer. — *Achalandé* : qui a beaucoup de *chalands*, c'est-à-dire d'acheteurs. — *Forer* : percer.

Composition.

Un jour de marché à la ville. — PLAN : Decrivez l'emplacement du marché, l'installation des marchands, la vente, etc.

11. — La lumière dans la maison.

I. ***Le verre.*** — Dans la vie de l'antique Égypte, nous retrouvons les éléments* de notre civilisation. Mais il faudra des milliers d'années et d'immenses efforts pour que l'humanité réussisse à les développer et fasse les progrès qui ont rendu notre vie plus facile.

Un vitrage.

Voyez le verre, par exemple. Lorsque vous regardez par la fenêtre la pluie qui tombe ou la neige qui couvre la terre, savez-vous bien l'inappréciable service que vous rendent les vitres en vous mettant à l'abri des intempéries sans, pour cela vous priver de lumière? Bouchez la fenêtre, et votre chambre si claire ne sera plus qu'une cave.

Eh bien! le verre a été trouvé par des Phéniciens, au temps de la vieille Égypte; mais l'art du verrier est resté longtemps un secret; il ne fut connu en France que sous le règne de Henri II et il ne produisait que de la verrerie de luxe*. Les bourgeois, les vilains, continuaient toujours à ne recevoir dans leur logis qu'une mince ration de lumière filtrant péniblement à travers une feuille de corne ou un morceau d'étoffe huilée. Plus tard, de rares vitrages apparurent. On les plaçait dans des ouvertures petites, bien petites, car la dépense était lourde. Puis ces vitrages se généralisèrent* peu à peu, les ouvertures s'élargirent et devinrent presque des fenêtres; les plaques de verre s'agrandirent à leur tour et devinrent de petits carreaux : on commençait à y voir clair. Encore un pas : les grandes vitres succèdent aux carreaux; et, enfin, c'est avec des panneaux de glace de dix mètres carrés de surface que nous éclairons aujourd'hui nos magasins.

II. ***L'éclairage.*** — Mais voici la nuit : par les vitres n'ar-

Une lampe à becs.

Chandelle.

Bougie.

Flamme de gaz.

rive plus de lumière. Comment s'éclairer? Il y a quelques siècles seulement, à l'exception des grands seigneurs qui pouvaient se permettre le luxe des « cierges de cire », on ne se servait que de lampes à becs, dans lesquelles fumait, plutôt que ne brûlait, une huile nauséabonde*. L'humble chandelle de suif que nous dédaignons aujourd'hui ne fut inventée que vers 1150 en Angleterre. Quand elle pénétra en France, sous Charles V, elle fut accueillie avec une grande joie. Ce fut le point de départ de l'éclairage public : pour mettre un obstacle aux crimes nocturnes dans Paris, on força chaque bourgeois à allumer une chandelle au-dessus de sa porte. Seulement, qu'arrivait-il? Les bandits commençaient par fourrer les chandelles dans leur poche, puis

Devanture de boutique éclairée à l'électricité

ils se livraient tranquillement à leurs exploits. Il fallut cinq cents ans pour que les édiles* parisiens eussent l'idée d'enfermer ces chandelles dans des lanternes inaccessibles (1667). Cent ans plus tard, les réverbères à huile firent leur apparition. Et, en 1792, Lebon découvrait le gaz d'éclairage, auquel sont venus s'adjoindre de nos jours la bougie, le pétrole et l'électricité.

N'est-ce pas qu'il a fallu bien du temps pour conquérir la lumière?

Résumé. — *Il a fallu des milliers d'années et d'immenses efforts pour que l'humanité fît les progrès qui ont rendu notre vie plus facile. Le verre a été trouvé dans l'antiquité, mais il n'y a que quelques siècles que les vitrages ont fait leur apparition. L'humble chandelle de suif ne fut inventée qu'au* XIIe *siècle. La bougie, le gaz d'éclairage, le pétrole et l'électricité datent du* XIXe *siècle seulement.*

Explication des mots.

Éléments : les parties les plus simples. — *Verrerie de luxe* : objets en verre, travaillés avec art, et par suite coûteux. — *Se généralisèrent* : devinrent d'un emploi général. — *Nauséabond* : qui donne des *nausées*, c'est-à-dire des envies de vomir. — *Édile* : magistrat d'une ville, appelé aujourd'hui conseiller municipal.

Analyse des idées et Raisonnement.

1. L'humanité a-t-elle fait des progrès rapides? — 2. Quand le moyen de faire du verre a-t-il été trouvé? — 3. Jusqu'au XVIe siècle *comment* donnait-on accès à la lumière dans la maison? — 4. Quels progrès furent ensuite réalisés? — 5. Jusqu'au XIVe siècle, *comment* s'eclairait-on le soir? — 6. Quels progrès furent ensuite réalisés?

Composition.

L'éclairage. — PLAN : A la maison . modes divers d'éclairage. — Que savez-vous de chacun d'eux? — Comment éclaire-t-on les rues des villes? — Progrès sur le temps passé.

12. — La domestication du feu.

I. ***Le foyer antique.*** — Il a fallu beaucoup de temps pour conquérir la pleine possession du feu. On craignit longtemps de le voir s'éteindre. Une coutume antique nous laisse deviner toute l'anxiété des premiers hommes à l'idée de perdre cet aide puissant. Chaque maison renfermait un autel ; sur cet autel, il y avait un peu de cendre et des charbons allumés. Si le feu venait à s'éteindre, la famille se croyait perdue. Chaque soir, on couvrait les charbons de cendre pour les empêcher de se consumer entièrement ; au réveil. le premier soin était de les raviver et d'alimenter la flamme avec quelques branchages. Le feu ne cessait de brûler sur l'autel que lorsque la famille avait péri tout entière : *foyer éteint, famille éteinte,* étaient des expressions synonymes*.

II. ***L'allumette et le briquet.*** — Aujourd'hui, quelle est la ménagère qui s'inquiète de voir son feu s'éteindre? Elle aura si vite fait de le rallumer ! Frrrtt ! — une jolie flamme bleuâtre jaillit aussitôt et voilà du feu ! — Frrrtt ! en voilà encore. C'est la chimie qui a créé cette petite merveille : l'allumette ! Mais savez-vous à quelle époque? Dans les premières années qui suivirent la Révolution de 1830, c'est-à-dire qu'il n'y a pas encore cent ans ! Jusque-là, il fallait se servir du briquet et ce n'était pas aussi facile que vous pourriez le croire.

« Sur la tablette de la cheminée de notre cuisine, raconte un écrivain contemporain, on remarquait une boîte ronde en fer-blanc, munie d'un couvercle à frottement qui la fermait hermétiquement. Lorsqu'on avait soulevé le couvercle, on avait sous les yeux une pierre à fusil et un briquet* ; mais où était donc l'amadou*?

En y mettant un peu plus d'attention, on s'apercevait bientôt que le fond de la boîte était mobile et recouvrait des chiffons auxquels il servait d'étouffoir. L'appareil était donc complet, mais la question était de savoir en tirer du feu. Pour cela, il fallait d'abord prendre une chaise et s'asseoir. On fixait ensuite solidement la boîte entre ses deux genoux, comme on fait d'un moulin à café ; on serrait fortement entre le pouce et l'index replié de la main gauche, la pierre à fusil dont on ne laissait, pour plus de solidité, dépasser que strictement le nécessaire ; et enfin, de la main droite, on saisissait le briquet.

« Les préparatifs étant alors terminés, on consacrait quelques secondes à examiner si toutes choses étaient en règle et à prendre sur la chaise une position solide. L'instant critique* était arrivé.

« On introduisait la pierre à fusil — et conséquemment une bonne partie de la main gauche — dans la boîte, afin de rapprocher, autant que possible, la pierre et les cendres de chiffon. L'on frappait un premier coup de briquet dont on n'espérait pas grand'chose : il n'avait pour objet que de prendre la mesure des coups suivants. — Puis, un second coup, sérieux celui-là, — un troisième... rien!.. un quatrième... aïe! (on a frappé sur son pouce)..., un cinquième..., un sixième... ah! une étincelle!... un septième..., autre étincelle qui semble vouloir se fixer sur les chiffons, mais qui s'éteint!...; un huitième..., un dixième..., un quinzième... Enfin! une bienheureuse étincelle s'est accrochée aux chiffons ; on aperçoit à leur surface un tout petit point en ignition*! Vite, on lâchait pierre et briquet, et, le nez dans la boîte, on soufflait jusqu'à ce que le soufre qui recouvrait le bout d'une chènevotte* pût être enflammé. Ouf! la chandelle était allumée.

« Cette opération, pénible en plein jour, devenait interminable dans l'obscurité. Nous nous souvenons que, pendant l'hiver, Mitje, notre vieille servante, devait quitter son lit une demi-heure plus tôt que d'habitude pour allumer dans les ténèbres le feu nécessaire à la confection du café. De notre lit, nous entendions la pauvre vieille chercher à tâtons, cette maudite boîte d'abord et sa chaise ensuite; puis se démener comme un diable avec la pierre et le briquet. Il arrivait parfois que la pierre ou que le briquet lui échappât des mains; il fallait entendre alors l'avalanche d'imprécations que Mitje adressait à la boîte, au briquet, au café, à la terre entière, pendant que, rampant à quatre pattes, elle fouillait les ténèbres pour y retrouver l'inconscient auteur de toute cette fureur. »

Convenez que cela rappelait encore trop les deux morceaux de bois des sauvages !

Résumé. — *Il a fallu beaucoup de temps à l'homme pour se rendre maître du feu.*

Les anciens avaient une telle crainte de le voir s'éteindre, que chaque famille entretenait sur un autel un feu perpétuel.

Nos ancêtres se servaient de l'incommode briquet.

Aujourd'hui, il suffit de frotter une allumette pour obtenir une belle flamme brillante, mais il n'y a pas un siècle que les allumettes furent inventées.

Explication des mots

Expressions synonymes : mots ayant la même signification. — *Briquet* . morceau d'acier qui sert à frapper du silex pour en tirer des étincelles. — *Amadou* : champignon qui, desséché, prend feu très facilement. (Des chiffons à demi consumés prennent feu aussi aisément.) — *Instant critique* · moment difficile. — *En ignition* : en train de brûler, en feu. — *Chènevotte* : brin de chanvre dépouillé de son écorce et qui, très sec, s'enflamme facilement.

Analyse des idées et Raisonnement.

1. *Pourquoi* le feu avait-il une si grande importance dans la famille antique? — 2. De quand les allumettes datent-elles? — 3 *Comment* se procurait-on du feu jusqu'au siècle dernier?

Composition

Le feu; le bien et le mal dont nous lui sommes redevables. — PLAN : La cuisson des aliments. Le chauffage. L'éclairage. La fabrication des outils La locomotive et les voyages. — Brûlures et incendies.

II. TRANSFORMATION DU MONDE PAR L'EFFORT

CONQUÊTE DÉFINITIVE DE LA DURETÉ

13. — Le fer, la fonte, l'acier.

I. ***L'apparition du fer.*** — Dès qu'on se fut aperçu que certaines pierres contiennent des métaux comme le cuivre, comme l'étain, les chercheurs se mirent en quête et le fer ne tarda guère à faire son apparition.

Les minerais de fer sont très lourds. Par leur poids, ils attirèrent tout de suite l'attention. Le difficile était de trouver que, pour en faire sortir le fer, il faut les chauffer avec du charbon. Le hasard y pourvut. La découverte se fit dans l'Inde; de là elle passa en Égypte, puis en Europe. Bien longtemps avant la conquête romaine, la Gaule était couverte de forges; on en a retrouvé des centaines avec leurs fourneaux en ruines sous les cendres.

L'art du forgeron se perfectionna pendant le moyen âge. Les seigneurs n'aimaient rien tant que les belles armures; il nous en reste qui sont des chefs-d'œuvre. Mais c'est seulement de nos jours que l'industrie du fer a pris tout son développement. Elle a transformé notre vie. Ce progrès est dû aux chimistes qui ont trouvé des procédés rapides pour débarrasser les minerais de fer des matières étrangères qu'ils contiennent.

II. ***Le haut fourneau.*** — Il fallait d'abord une chaleur puissante : elle est donnée par le *haut fourneau.* Un haut fourneau est une sorte de tour formée par la superposition de deux troncs de cône.

Que se passe-t-il dans le haut fourneau? Les chimistes nous l'ont expliqué : le fer est un métal qui aime beaucoup

Un haut fourneau.

l'oxygène de l'air; tous les morceaux de fer que vous laisserez dehors ne tarderont pas à s'unir avec de l'oxygène et à se changer en *rouille.* Ce sont ces rouilles qui constituent les minerais; on en trouve en beaucoup d'endroits. En chassant l'oxygène du minerai, on retrouve le fer; mais comment le chasser? Très facilement, car l'oxygène, s'il aime le fer, aime encore mieux le carbone qui se trouve dans le charbon. Par conséquent, il suffit de chauffer du minerai avec du charbon : l'oxygène quitte le minerai pour s'unir au carbone, et le fer, abandonné, s'écoule. Mais, aujourd'hui, nos forêts ne suffiraient pas à fournir tout le charbon nécessaire à l'industrie du fer; on l'a remplacé avantageusement par le coke qui provient du charbon de terre.

III. ***La fonte.*** — Le fer qui sort du haut fourneau a pris un peu de carbone; on lui donne le nom de *fonte*. La fonte est cassante, elle se brise sous le choc : grand défaut, car on ne peut la forger avec le marteau. En revanche elle a le grand avantage de se mouler facilement.

Quand elle est liquide, au sortir du haut fourneau, on la fait couler dans des moules faits de sable très fin et, quand elle est refroidie, on a les objets les plus divers : ustensiles de ménage, poêles, grilles, etc.

IV. ***Le fer et l'acier.*** — Pour avoir du fer, il faut enlever le carbone que contient la fonte; il suffit pour cela de faire passer sur la fonte en fusion un courant d'air rapide : l'oxygène de l'air brûle complètement le carbone et il reste du fer. Ou bien il ne brûle pas complètement le carbone et il reste de l'acier. C'est la couleur des flammes qui indique le moment où il faut arrêter l'opération, selon que l'on veut obtenir du fer ou de l'acier.

V. ***Ténacité.*** — Le fer l'emporte sur tous les métaux par son extrême *ténacité*, c'est-à-dire par la résistance qu'il oppose à la rupture. Un fil de fer épais de deux millimètres portera un poids de 250 kilogrammes sans se rompre. C'est pourquoi les ingénieurs ont pu construire ces ponts suspendus qui sont jetés par-dessus les fleuves et les vallées à des hauteurs effrayantes.

Le fer, si résistant, n'est pas dur : il se laisse tordre, rouler, redresser, aplatir, allonger; on peut donc le forger et lui donner toutes les formes : de là, d'admirables ouvrages en fer.

VI. ***Dureté.*** — Devenu de l'acier, le fer n'est pas moins précieux, car il peut acquérir la dureté qui lui manquait et fournir des outils à travailler les métaux, des instruments de chirurgie, des couteaux, des rasoirs, des armes, des ressorts, des vis, etc. Pour donner à l'acier cette dureté, on le fait chauffer au rouge et on le plonge brusquement dans l'eau froide.

Possédant cette ténacité et cette dureté que l'homme cherchait depuis l'âge de la pierre, l'acier prend de jour en jour plus d'importance. Depuis trente ans, il tend à prendre la place du fer. A Paris, le pont Mirabeau (1898) et le pont Alexandre III (1900) sont en acier.

Résumé. — *On découvrit le fer, il y a des milliers d'années, dans l'Inde. De nos jours seulement, les chimistes ont trouvé le moyen de l'obtenir rapidement en grande quantité. Toute notre vie en a été transformée. C'est en chauffant du coke et du minerai de fer dans un haut fourneau qu'on fait écouler le fer. — La fonte est du fer qui contient un peu de charbon. L'acier est du fer qui contient très peu de charbon.*

Le fer est très résistant sans être dur; aussi peut-on le forger et lui donner toutes les formes. La fonte est cassante, mais on peut la mouler. L'acier, aussi résistant que le fer, a, en plus, la dureté.

Explication des mots.

Procédé : manière de faire une chose. — *Forger* : travailler un métal au feu de la forge et au marteau. — *Ustensile* : instrument pour la cuisine et le ménage.

Analyse des idées et Raisonnement.

1. *Pourquoi*, après le bronze, le fer fut-il bientôt trouvé? — 2. *Pourquoi* faut-il chauffer du charbon avec du minerai de fer pour obtenir du fer pur? — 3. *Pourquoi* la fonte est-elle précieuse? — 4. *Comment* change-t-on la fonte en fer? en acier? — 5 *Pourquoi* le fer est-il précieux? — 4. *Pourquoi* l'acier est-il précieux?

Composition.

Le fer et l'or. — Plan : Ce qu'est le fer. — Ce qu'est l'or. — A quoi servent ces deux metaux? — Quel est le plus utile?

14. — Au Creusot.

Une usine moderne. — Pour nous rendre compte de ce qu'est aujourd'hui la fabrication de l'acier, allons visiter la plus grande usine de France, celle du Creusot. Un écrivain, Guy de Maupassant, va nous servir de guide.

« Là-bas, devant nous, un nuage s'élève, noir, opaque*, qui semble monter de la terre, qui obscurcit l'azur clair du

Le Creusot.

jour, un nuage lourd, immobile. C'est la fumée du Creusot. On approche, on distingue. Cent cheminées géantes vomissent dans l'air des serpents de fumée; d'autres, moins hautes et haletantes*, crachent des haleines de vapeur; tout cela se mêle, s'étend, plane, couvre la ville, emplit les rues, cache le ciel, éteint le soleil.

« Un bruit sourd et continu fait trembler la terre, un bruit fait de mille bruits, que coupe d'instant en instant un coup formidable, un choc ébranlant la ville entière.

« Entrons dans ce royaume du Fer, où règne Sa Majesté le

Feu et voyons comment se fabrique l'acier. Sous une vaste galerie fonctionnent quatre énormes machines. Elles vont avec lenteur, remuant leurs roues, leurs tiges. Que font-elles? Pas autre chose que de souffler l'air aux hauts fourneaux où bout la fonte. De même, elles sont les poumons monstrueux des cornues colossales où la fonte devient de l'acier. Les voici : elles sont deux, aux deux extrémités d'une galerie, grosses comme des tours, ventrues, rugissantes* et crachant un tel jet de flammes qu'à cent mètres les yeux sont aveuglés, la peau brûlée et qu'on halète comme dans une étuve. On dirait un volcan furieux. Le feu qui sort de la bouche est blanc, insoutenable à la vue.

« Là-dedans, l'acier bout, l'acier Bessemer dont on fait les rails. Un homme regarde attentivement l'effroyable souffle. Il est assis devant une roue pareille au gouvernail d'un navire, et parfois il la fait tourner à la façon des pilotes. Aussitôt la colère de la cornue augmente; elle crache un ouragan de flammes. C'est que le chef fondeur vient d'augmenter encore le monstrueux courant d'air qui la traverse.

« Et, toujours pareil à un capitaine, l'homme à tout moment porte à ses yeux une jumelle pour considérer la couleur du feu. Il fait un geste : un wagonnet s'avance et verse d'autres métaux dans le brasier rugissant. Le fondeur encore consulte les nuances des flammes furieuses, cherchant des indications et, soudain, tournant une autre roue toute petite, il fait basculer la formidable cuve. Elle se retourne lentement, crachant jusqu'au toit de la galerie un terrifiant jet d'étincelles, et elle verse délicatement, comme un éléphant qui ferait des grâces, quelques gouttes d'un liquide flamboyant dans un vase de fonte qu'on lui tend, puis elle se redresse en rugissant.

« Un homme emporte ce feu sorti d'elle. Ce n'est plus maintenant qu'un lingot rouge qu'on dépose sous un marteau mû par la vapeur. Le marteau frappe, écrase, rend mince comme une feuille le métal ardent qu'on refroidit aussitôt dans l'eau. Une pince alors le saisit, le brise, et le contremaître examine le grain* avant de donner l'ordre : « Coulez ! »

« La cornue se renverse de nouveau et, comme un valet qui emplirait des verres autour d'une table, elle verse le flot flamboyant d'acier qu'elle porte en ses flancs dans une série de récipients de fonte déposés autour d'elle.

« .... Et toujours un coup formidable et régulier, dominant le tumulte des roues, des chaudières, des enclumes, fait trembler le sol. C'est le gros pilon du Creusot qui travaille. Il pèse cent mille kilos et tombe, comme tomberait une montagne, sur un morceau d'acier rouge plus énorme encore que lui. A chaque choc, un ouragan de feu jaillit de tous les côtés et l'on voit diminuer d'épaisseur la masse que travaille le monstre. Il monte et redescend sans cesse avec une facilité gracieuse, mû par un homme qui appuie doucement sur un frêle levier ; et il fait penser à ces animaux effroyables domptés jadis par des enfants, à ce que disent les contes. »

Résumé. — *Des machines soufflent de l'air dans les hauts fourneaux et dans les énormes cuves où la fonte devient de l'acier. Un petit levier suffit à faire mouvoir ces cuves et elles versent gracieusement leur acier liquide dans des récipients. Cet acier est ensuite travaillé par des marteaux-pilons dont l'un pèse cent mille kilogrammes.*

Explication des mots.

Opaque : qui ne laisse pas passer la lumière. — *Haletant* : qui *halète*, dont la poitrine se soulève et s'abaisse comme à bout de souffle. — *Rugissant* : faisant un bruit semblable aux cris d'une bête fauve. — *Le grain* : les fines petites parties qui forment la masse du métal.

Analyse des idées et Raisonnement.

1. Que voit-on en approchant du Creusot ? — 2. Que voit-on en entrant ? — 3. Que se passe-t-il dans les cornues ?

Composition.

Une grande usine. — Plan : Ce qu'on voit en approchant du Creusot. — Ce qu'on voit en entrant. — Une cornue. — Le gros pilon.

15. — La vapeur.

I. ***Puissance de la vapeur.*** — Qu'est-ce qui donne le mouvement à la masse énorme du marteau-pilon? Qu'est-ce qui fait aller et venir en tous sens les puissants outils qui découpent et façonnent le fer? Bien impuissante serait ici la main de l'homme.

Sur les rails de la voie ferrée, passe à toute vitesse la locomotive d'un train express; elle entraîne en se jouant le lourd fardeau des wagons : quelle force, plus puissante que tous les attelages de chevaux, l'anime donc?

Voici enfin, sur l'Océan, des navires qui fendent les flots : ce ne sont ni les rames, ni la poussée du vent dans les voiles qui leur font braver les vagues en fureur. Quelle puissance nouvelle l'homme s'est-il donc asservie*?

Cette puissance, c'est celle de la vapeur d'eau, de la vapeur qui est l'âme des machines.

La vapeur est un gaz. Or, les gaz comprimés dans un endroit clos pressent fortement contre les parois qui les emprisonnent. Si donc on fait bouillir de l'eau dans une marmite fermée par son couvercle, il se formera une telle quantité de vapeur qu'elle soulèvera le couvercle afin de s'échapper. Si le couvercle était vissé à la marmite, la vapeur ne trouvant aucune issue pour s'échapper, briserait l'enveloppe de fonte et en projetterait les éclats comme autant de morceaux d'obus.

Comment a-t-on pu maîtriser une telle force? Un homme de génie en a indiqué le moyen; c'est le Français Denis Papin.

II. ***Denis Papin.*** — Denis Papin. né en 1647, était médecin à Blois. Un jour, assis devant l'âtre de sa cuisine, il regardait un pot bouché par un couvercle et où cuisaient des aliments. L'eau bouillait, et la vapeur, pour s'échapper, soulevait le couvercle à petits coups successifs. Ce phénomène s'était déjà produit des milliers de fois et, aujourd'hui encore, quelle est la cuisinière qui ne le constate à chaque instant? Qui aussi en tire la moindre conséquence? Mais ce jour-là, l'homme qui observait les mouvements du couvercle était animé de la curiosité scientifique. Il se posa cette question : *Pourquoi cela se passe-t-il ainsi?* Et il découvrit que la vapeur est une force et qu'elle acquiert une puissance redoutable lorsqu'on lui refuse toute issue. Le principe de la machine à vapeur était trouvé, et du pot au feu de Denis Papin allaient sortir toutes les merveilles de la civilisation moderne : les grandes usines, les trains rapides, les puissants transatlantiques. En 1690, Denis Papin donna le plan de la première machine à vapeur.

Denis Papin.

Il vous vient aussitot à l'esprit que Denis Papin dut être bien récompensé de son invention. Écoutez : né dans la religion protestante, il avait été obligé de s'exiler en 1685, lors de la révocation de l'édit de Nantes, et c'est en Allemagne qu'il avait conçu le plan de sa machine. Faute de ressources, il ne put l'exécuter lui-même. En 1707, il parvint cependant à créer le premier bateau à vapeur qu'on eût encore vu, mais les bateliers du Weser le lui mirent en pièces par peur de la concurrence. A partir de cette époque, l'infortuné Papin languit dans la misère et l'abandon; on ignore même l'année précise de sa mort. Que sa mémoire soit du moins éternellement glorifiée!

La machine de Denis Papin fut perfectionnée par un grand mécanicien anglais, James Watt, qui créa une machine à vapeur facile à utiliser.

Ainsi se trouva mise à la disposition de l'homme une force

d'une puissance extraordinaire. « Aujourd'hui on installe sur nos navires des machines de quatorze mille *chevaux-vapeur**; mais la puissance possible, celle qu'elles déploient quand la nécessité s'en fait sentir allant jusqu'au quintuple, ce sont réellement des machines de soixante-dix mille chevaux-vapeur. Comme le cheval-vapeur a le double de la puissance du cheval de chair et d'os, que la machine travaille vingt-quatre heures par jour, tandis que le cheval qu'emploie le roulier ne peut aller communément au delà de huit heures, un cheval-vapeur rend les mêmes services que six de ces animaux que nous regardons cependant comme de si utiles serviteurs. Voilà donc un appareil qui, à lui seul, représente 420 000 chevaux à l'œuvre. »

Elles sont bien vraies ces paroles d'un savant : « Doter le monde d'une invention nouvelle est l'une des plus belles actions qu'un homme puisse accomplir. Les inventions font le bonheur de tous, sans causer de peine ou nuire à qui que ce soit. »

Résumé. — *Denis Papin trouva le moyen de produire un mouvement de va-et-vient en vaporisant l'eau. James Watt rendit la machine à vapeur facile à utiliser.*

Le travail que, fournissent certaines machines à vapeur représente celui de 420 000 chevaux.

Explication des mots.

Moteur : ce qui donne le mouvement à une chose. — *Asservir* : soumettre à sa puissance comme un esclave. — *Cheval-vapeur* : quantité de force nécessaire pour élever un poids de 75 kilos à un mètre de haut.

Analyse des idées et Raisonnement.

1. *Comment* Denis Papin a-t-il découvert que la vapeur est une force? — 2. *Pourquoi* l'une des plus belles actions qu'un homme puisse accomplir consiste-t-elle à doter le monde d'une invention nouvelle?

Composition.

La vapeur — Plan : Qu'est-ce que la vapeur? — Quand acquiert-elle une grande force? — Exemples de ce qu'on peut lui faire faire.

16. — Le diamant noir.

I. ***Le travail de la vapeur.*** — Depuis Watt, d'autres perfectionnements ont encore été apportés à la machine à vapeur et elle répond aujourd'hui à tous les besoins.

C'est quelque chose de merveilleux, par exemple, que les machines-outils qui travaillent le fer. Autrefois, on le grattait à peine, aujourd'hui on le rabote comme du bois, on le découpe et on le perce comme du carton; certaines machines-outils enlèvent un copeau de fer de quarante millimètres sur une longueur de onze mètres : le burin qui fait cette prodigieuse entaille est porté par un chariot mobile qui pèse quatorze mille kilos.

Aux meules qui servent à tailler le diamant, la vapeur imprime la prodigieuse vitesse de 2 500 tours à la minute.

Dans cent autres opérations industrielles, elle est le moteur puissant, régulier, rapide.

Grâce à elle, mille objets rares autrefois sont devenus communs; le mobilier du paysan et de l'ouvrier s'est enrichi d'ustensiles qui, jadis, étaient des objets de luxe; la rapidité des communications, que les grands seigneurs seuls pouvaient obtenir par des relais* coûteux, est aujourd'hui à la portée de toutes les bourses, et on franchit l'Océan Atlantique dans le temps qu'une diligence mettait pour aller de Paris à Lyon.

II. ***La houille.*** — Que faut-il pour changer l'eau en vapeur? Du feu.

Mais de quoi nourrit-on le feu, à l'usine ?

Ce n'est pas avec du bois : nos forêts ne pourraient en fournir assez. C'est avec de la houille. La houille, à qui nous devons déjà de pouvoir travailler le fer, est ainsi la source de toutes nos richesses : plus précieuse que l'or et l'argent, elle mérite le nom que lui ont donné les Anglais : le **diamant noir.**

Qu'est-ce donc que la houille? Du charbon qui, aux temps où l'homme n'existait pas encore, fut des plantes et des arbres immenses. La terre était alors couverte d'épaisses

La forêt primitive.

forêts dont rien ne gênait la croissance. Les arbres y mouraient de vieillesse et, sur leurs débris, d'autres arbres s'élevaient qui succombaient à leur tour dans la suite des siècles. La houille provient de la lente décomposition de ces végétaux. On rencontre fréquemment dans les houillères des empreintes de feuilles et même des troncs encore debout. Aux mines de

Treuille, à Saint-Étienne, des troncs fossiles* sont emprisonnés dans un amas de charbon ; ils se dressent dans leur tombeau à la place qui les a vus naître ; carbonisés, inertes, ils sont tels qu'ils étaient au jour lointain où ils aspiraient la lumière solaire. « Il est probable, dit M. Tissandier, que le sol où s'enfonçaient leurs racines s'est lentement affaissé, et des nappes d'eau les ont peu à peu engloutis dans leur sein ; puis les dépôts de terre les ont recouverts. Dans la mine de Parkfield (Angleterre) on a mis à découvert en 1854 une couche de houille qui a fourni soixante-treize troncs d'arbres garnis encore de leurs racines. Quelques-uns de ces troncs gigantesques avaient trois mètres de tour ; ils s'étendaient sur une couche d'argile au-dessous de laquelle on rencontrait les débris d'une autre forêt. Au-dessous de celle-ci, d'autres arbres existaient encore, en grande abondance. Entassement formidable et majestueux : des forêts superposées aux forêts, des arbres sur des arbres, ont donné naissance à ces mines gigantesques qui nous frappent par leur grandeur et leur étendue. »

Résumé. — *C'est le feu qui nous donne les métaux et la vapeur. Mais pas de feu, à l'usine, sans la houille, ce diamant noir! La houille provient de la lente décomposition des végétaux qui couvraient la terre avant l'homme.*

Explication des mots.

Relais : chevaux frais pour relayer ou remplacer des chevaux fatigués. — *Fossile :* appartenant à des plantes très anciennes, conservées dans la terre.

Analyse des idées et Raisonnement.

1. Quelles *conséquences* heureuses a eu l'emploi des machines à vapeur ? — 2. *Pourquoi* la houille est-elle la source de nos richesses ? — 3. *Comment* la houille s'est-elle formée ? — 4. Décrivez la mine de Parkfield, en 1854.

Composition.

Le charbon de terre. — PLAN : Formation. — Exploitation. — Usages.

17. — Dans la mine de houille.

I. ***Le travail souterrain.*** — Une houillère est une véritable usine où tous les services sont admirablement organisés. Près de l'ouverture du puits sont des machines puissantes : les unes font circuler l'air au fond de la mine, les autres pompent les eaux qui ruissellent dans les galeries. Une cage, suspendue à un câble qu'un mécanicien déroule lentement, descend le personnel. A l'entrée de chaque galerie, elle s'arrête afin de permettre aux mineurs de gagner le lieu de leur travail.

De ces galeries les unes sont horizontales, les autres sont plus ou moins en pente; parfois elles ont plus de deux mètres de hauteur et alors c'est un plaisir d'y marcher; mais quelquefois elles sont si étroites qu'il faut y ramper et que les ouvriers y travaillent *à col tordu*, c'est-à-dire se couchent sur le dos ou sur le ventre pour piocher la houille.

La houille abattue est chargée dans des wagonnets; des chevaux vigoureux, qui passent leur vie dans la mine, les amènent au bord du puits et la houille est remontée au jour par la puissante machine qui fait aller et venir la cage.

II. ***Les ennemis du mineur.*** — Dans son travail, le mineur est exposé à rencontrer deux ennemis terribles : le feu et l'eau.

Le *grisou* est un gaz formé d'hydrogène et de carbone, qui se dégage de la houille; il est semblable à notre gaz d'éclairage. Pur, il brûle paisiblement; mélangé d'air, il détone avec un bruit effrayant. Et, quand il s'est amassé dans les galeries d'une mine, il suffit d'une étincelle pour amener l'explosion. Entourés de flammes, les hommes sont carbonisés; lancés contre les parois, écrasés sous les éboulements, leurs cadavres ne forment plus que des masses informes. Elle est longue la liste de ces catastrophes. Qui ne se souvient de l'une des plus effrayantes : celle qui, en 1906, fit

1200 morts dans les mines de Courrières (Pas-de-Calais)?

Non moins dangereuses sont les inondations souterraines. Dans les entrailles du sol existent des rivières et des lacs : si l'extraction de la houille affaiblit la paroi qui les contient, tout à coup une masse de terre s'éboule: un torrent impé-

Explosion de grisou.

tueux se fait jour et emporte les mineurs dans ses flots. En 1880, à la suite d'un violent orage, la Cèze, affluent du Rhône, grossit subitement et inonda la campagne. Une grande crevasse se forma dans le sol et brusquement la houillère de Lalle qui se trouvait dans le voisinage fut inondée. Vingt-neuf mineurs purent gagner les échelles le long d'un puits et s'enfuir; cent dix restaient dans le fond empli par les eaux. Le sauvetage s'organise; un jeune homme se fait descendre dans le gouffre creusé par l'inondation; il frappe aux parois et il entend dans le lointain des coups qui lui répondent : c'étaient des coups extrêmement faibles, mais rythmés*, en un mot le *rappel* des mineurs. Pour parvenir aux prisonniers, il fallait percer un énorme massif de houille. En temps ordinaire, il aurait fallu un mois; on le perça en trois jours, tant est merveilleux et passionné le travail du mineur qui va au secours de ses compagnons. Le deuxième jour, on entendit la voix des prisonniers « *Nous sommes trois* » dirent-ils. Ils s'étaient réfugiés dans une excavation* au pied de laquelle les eaux passaient. Quand on les joignit, ils n'étaient plus que deux : l'un presque mort, l'autre délirant. Le troisième, dévoré de soif, s'était penché pour boire; à bout de forces dans l'air vicié, il avait roulé dans le flot. Pas un seul des autres ne fut retrouvé vivant.

Chaque année, soit par le feu, soit par l'eau et les éboulements, deux mille hommes en moyenne trouvent la mort dans les houillères qui couvrent le globe.

Diamant noir, pain de l'industrie, source de lumière et de force, pourquoi faut-il que tu sois taché de sang?

Résumé. — *Une cage descend les mineurs dans le puits de la mine. Elle s'arrête à l'entrée de chaque galerie. La houille abattue est amenée du fond des galeries au bord du puits par des wagonnets. Le mineur a deux ennemis : le grisou et l'eau souterraine.*

Explication des mots.

Détoner : produire du bruit en faisant explosion. — *Rythmé* : composé de sons qui reviennent à intervalles réguliers. — *Excavation* : creux.

Analyse des idées et Raisonnement.

1. *Comment* les mineurs descendent-ils dans les puits? — 2. *Comment* la houille est-elle extraite de la mine? — 3. *Pourquoi* le grisou est-il dangereux? — 4. Que se passe-t-il quand il s'enflamme? — 5. *Comment* l'inondation se produit-elle dans une mine?

Composition.

Le grisou. — Plan : Décrivez la gravure. Que faisaient les ouvriers? Que s'est-il produit? Attitude des ouvriers. Conséquences....

18. — Du diamant noir à l'électricité.

I. ***La houille dans les usines.*** — Les millions de tonnes de houille arrachées aux entrailles de la terre vont porter la vie dans toutes les usines. La consommation qu'en font celles-ci est extraordinaire.

Au Creusot, 15 000 ouvriers, sous la direction de leurs ingénieurs et de leurs contremaîtres, fabriquent des locomotives, des rails d'acier, des ponts, des chaudières, des canons, des plaques pour cuirasser les navires : chaque jour, trois cents wagons apportent leur charge de charbon; à la fin de l'année, ils ont apporté cent vingt millions de kilos de houille et deux cents millions de kilos de coke.

Autour de Saint-Etienne, le pays est couvert d'un nuage immense formé par les torrents de fumée que vomissent les cheminées d'usine. Le soir tout s'illumine et l'on dirait que des milliers de volcans lancent leurs gerbes de feu : c'est la houille, c'est le coke qui flambent. Même spectacle autour de Saint-Chamond, de Châtillon-Commentry, dans la Nièvre, dans le Nord, dans l'Aveyron. En Belgique, les cheminées d'usine se pressent si bien entre Liège et Mons, sur une étendue de 160 kilomètres, qu'on dirait presque les arbres d'une immense forêt. Ajoutez l'Angleterre où l'on extrait sept fois plus de houille qu'en France, les États-Unis, l'Allemagne et tant d'autres pays!

II. ***La houille et les machines.*** — Et n'y a-t-il que les usines à consommer de la houille? Non : après les usines où l'on fabrique les machines, ce sont ensuite les machines elles-mêmes qui tirent leur vie de la houille. Sans houille, en effet, point de vapeur; sans houille, point de mouvement, point de travail. Le travail produit par toutes les machines à vapeur est de beaucoup supérieur à celui que pourraient effectuer un milliard d'ouvriers, nombre de quatre à cinq fois plus grand que celui de tous les hommes valides* du monde entier. Mais il faut les nourrir de houille, ces machines!

Voyez la locomotive et le navire qui établissent les liens entre toutes les parties du monde et ont presque supprimé la distance. Avec le développement des échanges commerciaux, il a fallu augmenter le nombre et la longueur des trains. Elles doivent être puissantes les locomotives qui vont tirer ces lourds convois; elles pèsent de 50 à 60000 kilos et

La Provence

peuvent entraîner des trains de 200000 kilos à une vitesse de cent kilomètres à l'heure. En 1900 le Creusot a exposé une locomotive colossale du poids de 80000 kilos; avec son tender* qui en pèse 50000, elle mesure 25 mètres de long et peut entraîner un train de 200000 kilos à la vitesse de cent vingt kilomètres à l'heure. Pour la nourrir, le tender emporte 7000 kilos de houille et vingt-sept mètres cubes d'eau.

Les vaisseaux ont grandi de même. Une compagnie de Hambourg a lancé sur mer le *Deutschland* qui a 208 mètres de long. Une compagnie anglaise a lancé ensuite l'*Oceanic* qui en a 215 et qui est haut comme une maison à six étages; deux tramways passeraient de front dans chacune de ses cheminées. Il fait quarante-deux kilomètres à l'heure; mais pour sa nourriture, il lui faut, **par jour, sept cent mille kilos** de houille. Puis en 1908 sont venus le *Lusitania* et le *Mauritania*, plus grands encore.

Nos transatlantiques sont de proportions plus modestes, car nos ports n'ont pas une profondeur suffisante pour recevoir des navires géants; mais leurs chaufferies où de vastes chaudières cylindriques s'alignent sur deux rangées n'en consomment pas moins d'énormes masses de charbon. La *Provence* a besoin pour un voyage à New-York, aller et retour, soit pour douze jours de mer, de cinq millions de kilos de houille.

Fabrication du gaz.

III. ***La houille et l'éclairage.*** — Hauts fourneaux, locomotives, navires de commerce, vaisseaux de guerre, machines de toutes sortes, est-ce là enfin tout ce qui consomme de la houille? Mais, le soir venu, voyez dans toutes les villes du monde, ces lumières innombrables qui s'allument et jettent dans le ciel obscur comme un reflet d'incendie. C'est toujours la houille qui flambe, cette fois sous forme de gaz d'éclairage.

Chaque année, l'industrie absorbe en Europe la quantité colossale de cent quarante-sept millions de tonnes de houille, de quoi bâtir entre Paris et Marseille un mur de dix mètres d'épaisseur et vingt mètres de hauteur! La houille n'est-elle pas véritablement plus précieuse que tout l'or et tous les diamants de la terre?

Eh bien, la houille s'épuise. Dans cinq cents ans il n'y en aura probablement plus en Europe; il n'y en aura peut-être plus nulle part dans mille ans. Que deviendra le monde alors? Les hommes de ce temps verront-ils les usines s'éteindre, les machines s'arrêter? Leur faudra-t-il revenir à la vie de nos ancêtres? Non: une force nouvelle a été conquise: la force électrique.

Résumé. — *La houille est le pain de l'usine. Sorties de l'usine, les machines qu'on y a fabriquées, dévorent elles-mêmes de la houille : locomotives géantes et colossales chaufferies de navires en consomment des quantités énormes. C'est encore la houille qui, le soir, flambe dans toutes les villes du monde, sous forme de gaz d'éclairage.*

Explication des mots.

Valide : vigoureux, en bonne santé. — *Tender* : arrière-train de la ocomotive qui porte l'approvisionnement en charbon.

Analyse des idées et Raisonnement.

1. *Pourquoi* la houille est-elle nécessaire à l'usine? — 2. *Pourquoi* les seuls travaux de l'usine entraînent-ils une consommation prodigieuse de houille? — 3. *Pourquoi* la houille est-elle nécessaire à la machine à vapeur? — 4. *Pourquoi* le seul fonctionnement des machines à vapeur entraîne-t-il une consommation prodigieuse de houille? — 5. *Pourquoi* le seul éclairage entraîne-t-il encore une consommation extraordinaire de houille?

Composition.

La houille. — Faites connaître les principaux services qu'elle rend. — PLAN : La houille dans les usines. — La houille et les machines. — La houille et l'éclairage.

19. — La fée Électricité.

Une usine électrique. — Le XIXe siècle a été le siècle de la vapeur, le XXe sera le siècle de l'électricité.

Entrons dans une usine électrique, celle de Saint-Denis, près Paris. Voici d'abord la salle où, sans arrêt, des pompes puisent l'eau par millions de litres; voici ensuite la salle de chauffe où bouillent seize chaudières qui transforment l'eau en vapeur. Cette vapeur passe dans la salle des *dynamos*; elle y fait tourner quatre machines colossales qui font soixante-dix tours à la minute et dont le volant, c'est-à-dire la grande roue qui régularise le mouvement, a sept mètres de diamètre et pèse 35000 kilos. L'axe* de chaque machine porte aux deux bouts une *dynamo*. Une dynamo est une machine à produire de l'électricité. Elle se compose de deux disques* qui tournent en face l'un de l'autre. Sur l'un se trouvent des aimants, sur l'autre s'enroule un fil enveloppé de soie. En tournant près des aimants en mouvement, le fil se charge d'électricité. Cette force mystérieuse ne demande qu'à s'échapper : des câbles l'emmènent le long des murs et se ramifient ensuite en fils innombrables. Partout, longeant les trottoirs, traversant les rues, enterrées dans des caniveaux souter-

Une des 8 dynamos de l'usine électrique de Saint-Denis.

rains, les conduites d'électricité se développent, se replient, se collent aux parois des murs, grimpent jusqu'au faîte des maisons, apportant à volonté la force, ou la lumière, ou les deux à la fois.

C'est l'électricité qui entraîne les wagons du Métropolitain bondés de voyageurs; c'est l'électricité qui fait courir les tramways dans les rues, qui actionne les presses dans les grandes imprimeries. Et c'est aussi l'électricité qui illumine la ville : la nuit venue, près de deux millions d'étoiles jaillissent de toutes parts, dessinant la longue ligne des grands boulevards, illuminant les rues, les places.

On commence seulement à entrevoir les conséquences prodigieuses de cette nouvelle conquête de l'homme. Quand on pense que l'on peut aujourd'hui transporter une telle force à toute distance, et cela par un fil qui entrerait dans le trou d'une serrure; que, pour s'en servir, il suffit de tourner une clé, on est émerveillé. Mais, dira-t-on, il faut encore de la houille pour mettre les dynamos en mouvement : et quand il n'y aura plus de houille?... Quand il n'y aura plus de houille noire, il y aura toujours de la *houille blanche*.

Résumé. — *Une dynamo se compose de deux disques tournant en face l'un de l'autre : sur l'un se trouvent des aimants, sur l'autre s'enroule un fil enveloppé de soie, qui se charge d'électricité. L'électricité fournit de la force ou de la lumière.*

Explication des mots.

L'axe : la pièce autour de laquelle se fait le mouvement de rotation. — *Disque* : plateau rond dont les deux surfaces sont semblables.

Analyse des idées et Raisonnement.

1. Décrivez l'usine électrique de Saint-Denis, — 2. Décrivez une dynamo. — 3. *Comment* l'électricité est-elle distribuée?

Composition

L'électricité. — Les services qu'elle nous rend. — PLAN : Comment on l'obtient; comment on la distribue; à quoi on l'emploie.

20. — La houille blanche.

Les chutes d'eau. — Lorsqu'en 1869, un industriel* de l'Isère, M. Bergès, parla de mettre à contribution une mine de *houille blanche*, les gens simples ouvrirent de grands yeux, croyant à quelque découverte d'un combustible in-

Une chute d'eau captée.

connu. Alors il leur montra les glaciers qui couronnent les montagnes de Belledonne* : « La voilà, ma houille blanche, dit-il, car elle donne naissance aux torrents inépuisables que je veux utiliser pour produire la force dont j'ai besoin. »

Quelle force, en effet, dans ces torrents !

Voyez un moulin sur une rivière : la nappe d'eau qui passe sur les aubes de la roue, pèse de tout son poids et met la roue en mouvement. Mais supposez qu'au lieu de couler, la nappe d'eau tombe de haut : elle acquerra une puissance immense. Et si la roue qui la reçoit est une turbine, c'est-à-dire une roue couchée horizontalement, cette turbine se mettra à tourner avec une vitesse sans pareille.

Voilà ce que M. Bergès, le premier, a su réaliser. Il barra une gorge à cinq cents mètres au-dessus de la vallée, réunit les eaux de deux ruisseaux insignifiants qui jusque-là descendaient en cascades, les jeta dans un long tube de tôle planté presque verticalement et les amena sur une turbine* qui, sous le poids de cette colonne de liquide, se mit à tourner avec une rapidité vertigineuse*. L'usine de Lancey, près de Grenoble, était fondée et, du premier jour, disposait ainsi d'une force de trois mille chevaux. Elle fabrique du papier et c'est la force des chutes d'eau qui débite les sapins, enlève les nœuds, broie les bûches, blanchit la pâte, achève le papier, le roule, le plie et en envoie chaque jour 30 000 kilos à l'atelier de transport.

Ce n'est pas tout : M. Bergès se trouvait avoir à sa disposition plus de force que n'en demandait son usine; il s'est servi de l'excédent pour mettre en mouvement des dynamos et produire le courant nécessaire à l'éclairage électrique de toute une vallée de l'Isère.

Une œuvre admirable était accomplie. Elle n'avait pas dit son dernier mot. Là-haut, sur les sommets de Belledonne, quatre fois plus haut que la chute du ruisseau de Lancey se trouvent des réservoirs de force presque illimitée : le lac Blanc et le lac Crozet. C'était là qu'il fallait aller et M. Bergès conçut le hardi projet de les attaquer par-dessous et de leur appliquer, comme à de simples tonneaux, une bonde par où on les viderait à volonté sur les turbines d'en bas! Tout un système de canalisation et de conduites a été construit. Au lac Blanc, un tunnel de quatre cents mètres permet d'atteindre le fond et d'y prendre le million de mètres cubes d'eau qu'il contient.

Ainsi la montagne est domptée : elle est devenue un réservoir de forces, un réservoir de richesses. Aujourd'hui des usines considérables sont installées dans tous les coins et recoins du massif alpestre. « Ce pays qui, il y a quelques années, vivait misérablement, se transforme à vue d'œil. Les cabanes deviennent maisons. Les moindres villages sont éclairés à la lumière électrique. Partout les poteaux qui supportent les fils transporteurs de la force sont plantés. Les tramways électriques courent le long des vallées[1]. »

Les grands fleuves peuvent de même fournir d'énormes forces motrices : il suffit d'établir des barrages produisant une chute d'eau. La Seine, la Marne, le Rhône sont utilisés ainsi.

Le jour vient où, dans toutes les campagnes, chaque maison aura à sa disposition la force et la lumière électriques.

La Terre hostile est devenue la Terre soumise.

Résumé. — *Pour faire tourner les dynamos, on se sert de machines à vapeur; mais on commence à leur substituer la force des eaux qui, tombant de très haut sur une turbine, la font tourner avec une rapidité extrême. Cette eau, qui remplace la houille et la vapeur d'eau, a reçu le nom de houille blanche, parce qu'elle provient d'ordinaire des glaciers.*

Explication des mots.

Un industriel : personne qui transforme les produits naturels en aliments, vêtements, outils, machines, etc. — *Montagne de Belledonne* : chaîne des Alpes du Dauphiné. — *Vertigineux* : qui donne le vertige, qui fait que tout semble tourner autour de nous.

Analyse des idées et Raisonnement.

1. *Pourquoi* a-t-on donné aux glaciers le nom de *houille blanche?* — 2. *Comment* la force des torrents fut-elle utilisée à l'usine de Lancey? — 3. Que sont devenues les montagnes alpestres? — 4. Les fleuves peuvent-ils fournir aussi des forces motrices?

Composition.

La houille blanche. — PLAN : Qu'appelle-t-on ainsi? — Qui l'a employée le premier? — Comment l'utilise-t-on? Exemple.

1. G. HANOTAUX. *L'énergie française* (Flammarion, édit.).

21. — La locomotive.

I. *L'immensité de la Terre vaincue par la locomotive.* — Maîtres des forces de la Nature, les hommes achèvent de soumettre la Terre. Ils ont réussi de nos jours à supprimer les grandes distances. C'en est fait maintenant de l'obstacle opposé sur chaque continent par l'étendue, la montagne, le précipice. C'en est fait de l'immensité des mers. La vapeur qui meut la locomotive et le paquebot, l'électricité qui vole le long des lignes télégraphiques et téléphoniques ont fait de toute l'humanité un immense atelier.

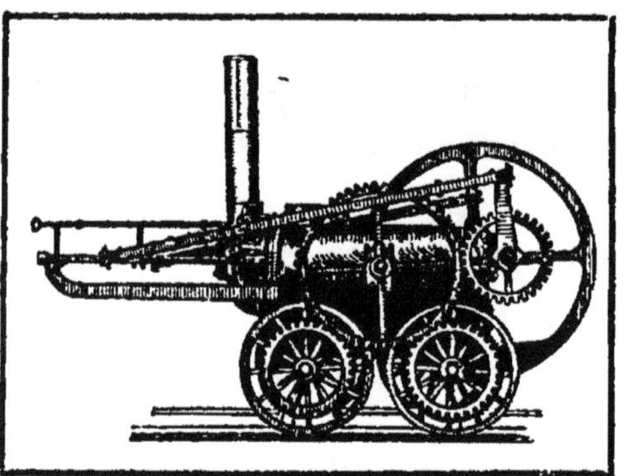

Première locomotive à vapeur sur rail

La première machine ayant quelque ressemblance avec la locomotive d'aujourd'hui fut construite en 1812 par le mécanicien anglais Georges Stephenson. Elle ne remorquait* d'abord que des trains de charbon. Stephenson organisa ensuite des trains mixtes de voyageurs et de marchandises (1825); mais, pour en arriver là, il lui avait fallu une suite d'efforts extraordinaires. Le plus grand journal d'Angleterre avait combattu son projet en disant : « Quoi de plus évidemment absurde et ridicule que la perspective qu'on nous présente de locomotives circulant *deux fois plus vite que des diligences*! Autant vaudrait croire que des gens consentiraient à se laisser lancer en l'air sur une fusée, que de les supposer capables de se mettre à la merci d'une telle machine marchant avec une pareille vitesse! » Avant de voter l'autorisation d'établir une ligne ferrée, la Chambre anglaise des députés interrogea longuement Stephenson et, entre autres questions, lui posa celle-ci :

« Supposez maintenant qu'une de vos machines marchant à la vitesse de quinze kilomètres à l'heure, une vache vienne à se coucher sur la voie et à se trouver ainsi sur le passage du train, ne serait-ce pas là une chose très gênante?

— Oui, répondit Stephenson, très gênante en effet... pour la vache! »

L'autorisation qu'il demandait lui fut enfin accordée. Alors

Locomotive d'express en 1908.

il eut à vaincre le mauvais vouloir de la population qui, excitée par les maîtres de diligence, chassa plusieurs fois les ouvriers qui construisaient la voie. Sa persévérance triompha de tous les obstacles. En 1829, aidé de son frère Robert, il construisit sur les plans de l'ingénieur français Séguin, une puissante locomotive, la *Fusée*.

En France, l'emploi de la locomotive rencontra le même mauvais vouloir qu'en Angleterre. Thiers affirmait que les chemins de fer ne seraient jamais que des joujoux, qu'ils ne pourraient relier les villes séparées par de grandes distances. Ce ne fut qu'en 1832 que la première locomotive française se hasarda de Lyon à Saint-Étienne. Les wagons étaient très incommodes. On y enfermait les voyageurs à clé pour éviter les accidents. Il fallut attendre dix ans encore pour voir les lignes de chemin de fer se multiplier.

Qui, aujourd'hui, imagine qu'on ait jamais pu se passer de locomotive ? La plus grande vitesse du cheval est de quinze mètres par seconde ; ce qui fait 54 kilomètres à l'heure ; mais, au bout d'un quart d'heure, l'animal est à bout de forces. Et s'il fallait traîner les 150 000 kilos que pèse un train de voyageurs, ce n'est pas un cheval qu'il faudrait, mais plusieurs centaines ! Cela, la locomotive le fait à elle seule. Tant qu'on veut, elle va, en conservant une allure supérieure à la plus grande vitesse du cheval.

II. *En rapide*. — La locomotive qui entraîne les rapides fait de 80 à 100 kilomètres à l'heure, 120 au maximum. Cet engin* monstrueux, aux rouages puissants, est d'une docilité exemplaire. Rien de curieux comme les proportions menues* des appareils qui le dirigent : un tout petit levier commande la pression, un volant pas plus gros que celui d'une petite automobile règle la mise en marche, une courte poignée régit le frein* ; un tube où se meut un liquide indique la vitesse ; il est gradué de 0 à 120. Montons à côté du mécanicien.

Sans une secousse, la machine se met en marche. Jusqu'à 70 kilomètres à l'heure, le voyage n'est pas trop pénible ; mais à partir de 80 kilomètres, la machine est secouée par un roulis* pénible. Le chauffeur ne cesse d'enfourner du charbon dans le foyer, la vitesse augmente. Encore quelques pelletées et le maximum est atteint. Imaginez à la fois l'étourdissement que provoque le roulis d'un bateau, le vertige qu'on ressent sur une montagne escarpée, l'impression d'être aspiré par un gouffre qui s'ouvre devant vous, voilà ce qu'on ressent sur le tender. Penchez légèrement la tête en dehors : vous recevrez comme un formidable coup de poing dans la figure et la violence de l'air vous rejettera brutalement en arrière. Dernièrement un mécanicien expérimenté et sûr de lui tenta, pendant une marche en vitesse, de se pencher sur le marchepied pour regarder sous sa machine un appareil dont le fonctionnement ne le satisfaisait pas : en une seconde, la terrible trombe le saisit, l'arracha et le lança sur la voie où il s'ouvrit le crâne et se brisa les reins.

Métier pénible que celui de mécanicien et qui demande des hommes sûrs. Il faut qu'un mécanicien soit continuellement en éveil et concentre son attention sur la voie et les signaux; il faut qu'il saisisse au vol les indications fournies par les appareils échelonnés le long de la ligne. S'il ne parvient pas à *bloquer* son train à temps, un effroyable accident se produit. Mais l'accident est presque toujours évité, car les mécaniciens sont des hommes de devoir. Et dans leurs rangs, les héros mêmes ne sont pas rares.

Résumé. — *La locomotive et le paquebot ont supprimé les distances infranchissables. C'est Stephenson qui inventa la locomotive. Aujourd'hui une seule locomotive remplace des milliers de chevaux et peut faire 120 kilomètres à l'heure. Mais c'est un métier pénible que celui de mécanicien.*

Explication des mots.

Remorquer : entraîner derrière soi. — *Engin* : instrument, machine quelconque. — *Menu* : qui a peu de grosseur. — *Frein* : appareil qui sert à arrêter aussi vite que possible la marche d'un train, d'une machine, etc. — *Roulis* : mouvement d'un vaisseau qui incline alternativement à droite et à gauche.

Analyse des idées et Raisonnement.

1. *Pourquoi*, maintenant, la conquête de la Terre se fait-elle partout à la fois? — 2. Racontez les débuts de la locomotive. — 3. *Pourquoi* l'emploi de la locomotive constitue-t-il un grand progrès? — 4. *Pourquoi* est ce un métier pénible que celui de mécanicien?

Composition.

Racontez un voyage que vous avez fait en chemin de fer. — Plan L'arrivée à la gare. — Le départ. — Impressions de route ... Etc.

22. — Obstacles aux communications par terre.

I. ***Le précipice supprimé par le viaduc.*** — Dans les contrées montagneuses, les voies ferrées se heurtent à un double obstacle : la profondeur des précipices, l'escarpement et l'épaisseur des montagnes.

Sur les abîmes, nos ingénieurs ont jeté des *viaducs*. Le plus étonnant est le viaduc de Garabit : jeté au-dessus de la crevasse où coule la Truyère, principal affluent du Lot, il domine les eaux de 122 mètres. Quand on le traverse, on aperçoit de la portière des taches grises qui sont les moutons des prairies environnantes et le berger ressemble à un petit bonhomme de carton.

II. ***La montagne supprimée par le tunnel.*** — L'escarpement et la masse des montagnes offrent des obstacles plus grands. Comment franchir les Pyrénées, par exemple ? Elles ne laissent nos chemins de fer se glisser en Espagne qu'à leurs deux extrémités, où elles s'abaissent au voisinage de la mer. Moins massives, nos montagnes intérieures se sont laissé percer. Le premier tunnel fut fait en trois ans, de 1846 à 1849 : c'est le tunnel de Blaisy-Bas, long de quatre kilomètres, qui passe sous la Côte-d'Or à deux cents mètres de profondeur. Pour le faire, on fora* vingt-deux puits au fond desquels les ouvriers établirent une galerie souterraine, creusant, étayant, bâtissant, avec la crainte constante des éboulements.

On peut encore citer le tunnel de la Nerthe, près de Marseille, celui du Lioran dans le Cantal, celui de Rolleboise près de Rouen. Mais que sont tous ces travaux auprès du tunnel franco-italien qui passe sous la masse des Alpes sur une longueur de douze kilomètres ! Ce travail de géant qui dura quatorze ans (1857-1871) est l'œuvre de l'ingénieur italien Sommeiller, aidé de quinze cents ouvriers.

III. *Le tunnel du Mont-Cenis.* — Le 31 août 1857, le roi Victor-Emmanuel alluma la première mine au moyen d'un fil électrique, à Modane, côté italien; le 14 novembre, la première mine fut allumée du côté français, à Bardonnèche. Les ouvriers travaillaient péniblement à la main, ne progressant que de 0 m. 60 par jour. Alors Sommeiller, qui était sur pied nuit et jour, inventa sa machine perforatrice. Mue par

Machine perforatrice employée pour le percement du Mont-Cenis.

l'air comprimé, elle perçait un trou dix fois plus vite que la main de l'ouvrier et elle en perçait soixante à la fois. On fit alors un mètre par jour, puis 2 mètres, 2 m. 50. Enfin le 25 décembre 1870, la sonde traversa la dernière masse rocheuse qui séparait les deux galeries. Les précautions avaient été prises avec tant de soin que la rencontre se fit presque mathématiquement*. Il était temps : les ouvriers ne pouvaient plus travailler que deux jours sur trois et seulement cinq heures par jour. A cette grande profondeur, dans une chaleur toujours humide, la température de leur corps montait à 40 degrés et leur pouls donnait 130 pulsations à la minute; ils baignaient dans une sueur continue.

La première locomotive franchit le tunnel au mois d'août suivant. Sommeiller n'assista pas à son triomphe. Il était mort quelques jours auparavant, emporté par une maladie de cœur, à la suite des fatigues incessantes qu'il avait endurées. « Je suis perdu, disait-il à son médecin. — Vous qui avez percé la grande montagne, vous surmonterez cette épreuve », répondit celui-ci. Mais lui : « *No, è ferma* » (non, il est fermé), dit-il en mettant la main sur son cœur. Et le 11 juillet, il expira.

Le tunnel du mont Cenis a dix mètres d'ouverture; sa traversée dure vingt-cinq minutes. Il a coûté 75 millions dont 38 ont été payés par la France.

Depuis, l'art des perceurs de montagne a fait de merveilleux progrès. On lui doit le tunnel, long de quinze kilomètres, qui passe sous le Saint-Gothard et, depuis 1906, les vingt kilomètres du tunnel du Simplon. Ce dernier, le plus grand du monde, a été achevé en huit ans, mais il a fait de nombreuses victimes : l'ingénieur Brandt fut écrasé par la chute d'une roche et de nombreux ouvriers moururent brûlés par les poches d'eau chaude qui crevaient sous le pic.

Résumé. — *Pour faire passer les chemins de fer, les ingénieurs ont jeté des viaducs sur les abîmes et percé des tunnels dans les montagnes. Il a fallu quatorze ans à l'ingénieur Sommeiller pour percer le mont Cenis. Le plus grand tunnel du monde est celui du Simplon.*

Explication des mots.

Forer : percer un trou — *Mathématiquement* : avec la plus grande exactitude.

Analyse des idées et Raisonnement

1. *Comment* les ingénieurs ont-ils fait disparaître le précipice et la montagne devant les voies ferrées ? — 2. *Comment* a-t-on établi le tunnel de Blaisy Bas ? — 3. *Pourquoi* les tunnels ont-ils une grande importance ?

Composition

Le percement du mont Cenis. — PLAN : L'obstacle entre la France et l'Italie. — L'idée de Sommeiller. — Comment elle fut exécutée.

23. — L'exploration du globe.

I. ***La mer vaincue par le navire à voile.*** — Quel est l'homme hardi qui osa, le premier, se confier aux vagues? On ne sait; mais il n'avait à sa disposition qu'un tronc d'arbre creusé à l'aide de la hache et du feu : tel fut l'ancêtre primitif des grands paquebots* qui sillonnent aujourd'hui les mers.

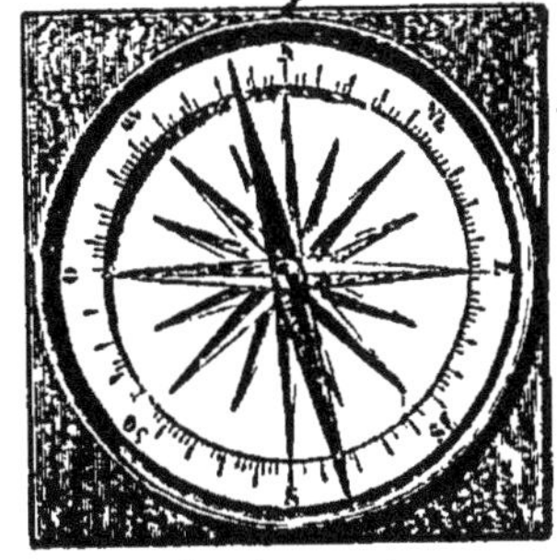

La boussole.

Pour avancer, on ne se servait que de rames. Longtemps, bien longtemps après, on songea à utiliser la force du vent, et les navires à voiles firent leur apparition. Ce sont eux qui ont vaincu l'Océan : à la fin du xve siècle, la boussole* ayant été inventée, les marins se risquèrent à s'éloigner des côtes.

Les grandes explorations commencèrent en 1484. Elles furent l'œuvre du Portugal et de l'Espagne.

II. ***Diaz.*** — En 1484, le Portugais Barthélemy Diaz longea la côte d'Afrique dans le but de trouver une route des Indes par mer. Il n'osa dépasser le cap formidable qui termine l'Afrique au Sud. Là se trouve le point de rencontre de l'Atlantique, de l'Océan Indien et de l'Océan glacial antarctique. Les vents et les courants de chaque océan s'y heurtent en une lutte perpétuelle; des tourbillons affreux et des vagues énormes, hautes quelquefois de près de vingt mètres, rendent le passage redoutable, même aux puissants navires d'aujourd'hui. Diaz donna au cap le nom bien justifié de *cap des Tempêtes*, mais le roi de Portugal changea ce nom de mauvais augure* en celui de cap de *Bonne-Espérance* pour ne pas décourager ses marins. Cette espérance, l'espérance de trouver la route des Indes, ce fut Vasco de Gama qui la réalisa.

II. ***Vasco de Gama.*** — Vasco de Gama partit en 1497 pour continuer l'œuvre de Diaz. Après quatre tentatives que fit échouer une tourmente* affreuse, ses trois bâtiments réussirent à doubler le cap et entrèrent dans une mer où jamais Européen n'avait navigué. Vasco de Gama longea d'abord la côte orientale d'Afrique, puis il se lança à travers l'Océan Indien. Il eut à souffrir du manque d'eau, fut obligé de livrer bataille aux Cafres pour se ravitailler et vit son équipage atteint par le scorbut, affreuse maladie due à la mauvaise

Itinéraires des premiers explorateurs.

nourriture, qui fait enfler les pieds et les mains, gonfler les gencives, tomber les dents et ruisseler le sang par le nez. Vingt fois il courut le danger d'être pris par des pirates et de périr dans de cruels supplices. Sa prudence et sa volonté de fer vinrent à bout de tous les obstacles et, après un voyage de cinq mille lieues, il aborda heureusement à Calicut (Hindoustan), le 17 mai 1498. L'Inde allait devenir une possession portugaise.

IV. ***Christophe Colomb.*** — Avant que Vasco de Gama fût arrivé aux Indes par l'Est, Christophe Colomb avait essayé d'y arriver par l'Ouest, à travers l'Atlantique. On ignorait tout des régions situées à l'ouest de cet océan. On regardait avec terreur cette mer immense qui paraissait sans bornes. Les plus hardis n'osaient s'éloigner des côtes, car on racontait des choses effrayantes sur la profondeur des abîmes et les poissons monstrueux qui les peuplaient.

Colomb avait beaucoup réfléchi pendant ses premiers voyages sur mer. Il était convaincu de la rondeur de la terre, vérité qui était alors niée par la plupart. Il en concluait que, partant des côtes d'Europe et naviguant toujours à l'Ouest, on devait revenir aux pays de l'Est. Le raisonnement était exact : d'Espagne, Colomb serait arrivé aux Indes par l'Ouest, si l'Amérique, inconnue alors, ne lui avait barré la route.

Parti de Palos, petit port du golfe de Cadix, le 3 août 1492, il arrivait aux îles Lucayes ou Bahama, le 12 octobre. Il se crut arrivé aux Indes, mais c'était un nouveau monde qu'il venait de découvrir.

Résumé. — *L'invention de la boussole permit aux navigateurs de s'éloigner des côtes.*

En 1484, Barthélemy Diaz longea la côte d'Afrique jusqu'au cap de Bonne-Espérance.

Vasco de Gama doubla le cap et arriva aux Indes en 1498.

Six ans auparavant, Christophe Colomb avait découvert l'Amérique (1492).

Explication des mots.

Paquebot : navire à marche rapide qui transporte des passagers et fait le service postal. — *Boussole* : cadran au centre duquel se trouve une aiguille aimantée tournant librement ; comme l'une des extrémités de l'aiguille se dirige toujours vers le Nord, elle sert de guide en mer. — *De mauvais augure* : qui fait croire qu'on ne réussira pas dans une entreprise. — *Tourmente* : orage en mer.

Analyse des idées et Raisonnement.

1. *Comment* la mer a-t-elle été vaincue? — 2. Racontez le voyage de Diaz. — 3. Racontez le voyage de Gama. — 4. Quel était le but de Christophe Colomb? — 5. Le raisonnement qu'il avait fait était-il exact? — 6. Quand l'Amérique fut-elle découverte?

Composition.

Vasco de Gama. — Plan : But de son voyage. — Passage au cap de Bonne-Espérance. — Dans l'Océan Indien.

24. — Le premier voyage autour du monde. (1519-1522).

I. ***Le raisonnement de Magellan.*** — Par le sud de l'Afrique, en allant toujours à l'Est, Vasco de Gama avait trouvé les Indes. A travers l'Atlantique, en allant toujours à l'Ouest, Christophe Colomb était arrivé aux côtes d'Amérique. Un troisième explorateur, Magellan, compléta l'œuvre de ces deux grands navigateurs. « Si vraiment la Terre est ronde, se disait-il, il suffit de trouver un passage dans l'immense barrière que forment les côtes américaines pour arriver dans l'Océan Indien et faire le tour de la Terre. » La suite a montré que, quoique Magellan ignorât l'existence de l'Océan Pacifique, son raisonnement était juste.

II. ***Le voyage.*** — Avec cinq navires que lui confia Charles-

Rio-de-Janeiro.

Quint, Magellan se mit en route le 20 septembre 1519. Trois mois après, il arrivait à Rio-de-Janeiro. Là commença l'exploration minutieuse de la côte : toutes les échancrures furent visitées, car elles pouvaient être l'entrée d'un détroit. Le 24 octobre 1520, on arriva devant une passe* qui fit bondir de joie le cœur de Magellan. Et cependant la mer y était terrible! Dans cette passe très longue et tortueuse, des vents violents s'engouffrent en tourbillons; ils sifflent avec un bruit effrayant et soulèvent des trombes* redoutables. Beaucoup d'autres couloirs secondaires s'ouvrent sur le principal; à chaque détour, à chaque carrefour*, de nouveaux courants d'air violents viennent surprendre les navires.

« La mer est profondément soulevée par ces tempêtes; on y a vu des vagues hautes de vingt-sept mètres. Supposez-vous entre deux murailles liquides hautes comme des maisons de six étages : même avec nos gros navires d'aujourd'hui, n'y a-t-il pas de quoi être justement effrayé? Cette mer a de loin en loin de véritables forêts marines de varech; le navigateur redoute à chaque instant de ne pouvoir se dégager de ces millions de lianes et de bras, ou de sombrer sur des rochers invisibles. Et quelle angoisse de ne jamais voir au loin devant soi! d'avoir toujours sous les yeux de hautes murailles de rochers et de glaces! de ne savoir comment choisir entre les centaines de petits canaux qui se présentent comme issue possible[1]! »

Songez combien tous ces dangers étaient plus grands encore pour le hardi capitaine qui s'engageait le premier à la découverte!

Les marins espagnols voulurent reculer. Avec une énergie farouche, Magellan fit décapiter les chefs de la révolte et lança sa flotte en avant. Cent fois il se perdit au milieu des amas confus de rochers, dans des gorges étroites, sans soleil, presque sans lumière. Toujours il donnait l'ordre de marcher en avant. Il était au-dessus de toute terreur. Il voulait vaincre la nature ou mourir, et, dans ce grand duel, sa volonté l'em-

1. Henri Vast. *Le Ier Voyage autour du monde* (Hachette et Cie, édit.).

porta. Un mois après, le 28 novembre, au détour d'un dernier couloir, il vit tout à coup se déployer sous ses yeux l'immensité de l'Océan. C'était le Pacifique qui n'est séparé de l'Océan Indien que par un groupe d'îles.

Magellan ne devait pas jouir longtemps de son triomphe. Après trois mois d'une marche rapide, constamment favorisée par des vents propices, ses navires abordèrent aux îles Philippines. Là, le grand navigateur s'engagea imprudemment dans un combat contre les indigènes; il fut atteint de plusieurs flèches et mourut (1521). Un seul navire, le *Victoria*, revit l'Europe; Sébastien del Cano, qui le commandait, doubla le cap de Bonne-Espérance et, le 6 septembre 1522, il jetait l'ancre au port de San-Lucar, juste trente-sept mois après son départ. En récompense, Charles-Quint lui offrit un globe d'or sur lequel était gravée cette inscription : « Tu as le premier parcouru ma circonférence ».

Après cet extraordinaire voyage de quinze mille lieues, le monde était connu dans toutes ses dimensions. Il n'y avait plus qu'à explorer les terres découvertes. Ce fut l'œuvre des siècles qui suivirent.

Résumé. — *Magellan (1470-1521) chercha le passage qui devait permettre d'aller de l'Atlantique à l'Océan Indien. Il s'engagea hardiment dans le terrible détroit qui porte aujourd'hui son nom, traversa le Pacifique et fut tué aux îles Philippines. Son lieutenant regagna l'Espagne, en doublant le cap de Bonne-Espérance.*

Explication des mots

Passe : canal entre deux terres. — *Trombe* : colonne d'air et de vapeur qui s'avance en tournoyant et cause de grands ravages. — *Carrefour* : endroit où plusieurs voies se croisent.

Analyse des idées et Raisonnement.

1. Quel raisonnement Magellan fit-il? — 2. Racontez son voyage. — 3 Qui acheva le tour du monde ainsi commencé?

Composition.

Magellan. — Plan : Le départ; la traversée du détroit; la mort

25. — Le navire à vapeur.

I. ***Les grands paquebots.*** — Rien de plus facile aujourd'hui que de faire le tour du monde. La route est connue et nous avons de merveilleux bâtiments qui sont comme des petites villes flottantes. Ils ont quatre ou cinq étages superposés où l'homme peut se tenir debout. Ils ont des cabines commodes,

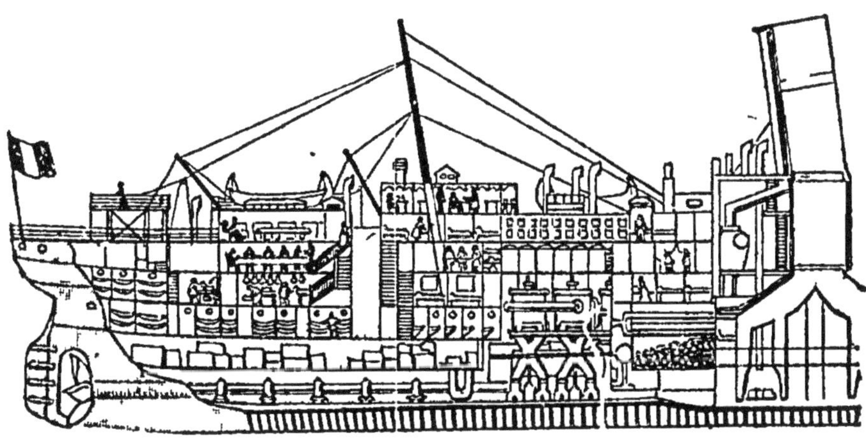

Coupe d'une partie d'un paquebot.

de grandes salles à manger et des salons où l'on peut danser. Malgré leur masse énorme, ils vont plus vite qu'un cheval au grand trot. C'est qu'ils sont mus par de puissantes machines à vapeur.

II. ***Fulton.*** — Le premier bateau à vapeur fut construit par Denis Papin en 1707. L'inventeur n'eut pas le temps de l'améliorer ; les bateliers du Weser (Allemagne) le lui mirent en pièces.

Un siècle après, en 1809, l'Américain Fulton réussit à construire un bateau mû par une machine de Watt : le navire moderne était créé, mais on l'accueillit d'abord fort mal.

« Lorsque je construisais mon navire à New-York*, dit Fulton, je m'approchais souvent sans me faire connaître des groupes d'étrangers qui venaient visiter le chantier et j'écoutais ce qu'on disait du nouveau bâtiment. La règle générale était d'en parler avec mépris, d'en plaisanter ou de le tourner en ridicule. On ne parlait que de la folie de Fulton. Jamais je n'entendais la moindre remarque qui pût m'encourager.

« Enfin le jour de l'épreuve arriva ; j'invitai un grand nombre d'amis à m'accompagner ; quelques-uns seulement vinrent, et il était facile de voir qu'ils ne le faisaient qu'avec répugnance, tant ils étaient silencieux et montraient d'inquiétude. Le signal est donné, le bateau marche un peu, ensuite il s'arrête ; impossible de le faire avancer. Alors, au silence succèdent les chuchotements, les haussements d'épaules :

Portrait de Fulton.

« Je savais bien qu'il en serait ainsi, disait l'un.

— C'est un fou, répondait l'autre ; je voudrais bien être hors d'ici. »

« Je m'élançai dans l'intérieur du bâtiment, je visitai la machine et je découvris que l'obstacle provenait d'une pièce mal ajustée. Il ne me fallut qu'un instant pour la remettre en place ; le bateau put continuer sa route. Nous quittâmes New-York et nous fîmes route jusqu'à Albany[*]. Eh bien, dans ce moment même, oui dans ce moment où tout marchait à souhait, personne ne se rendit à l'évidence ; on doutait que la même expérience pût être faite une seconde fois, ou, si elle venait à réussir, qu'on en retirât une grande utilité. »

Quand il fallut revenir à New-York, Fulton vit ses amis l'abandonner. Plus confiant, un Français, nommé Andrieux, lui demanda de le prendre comme passager et offrit six dollars (30 francs) pour prix du voyage. Fulton demeura immobile et silencieux. « N'est-ce pas assez? » demanda le passager. A ces mots, Fulton, relevant la tête, laissa voir ses yeux pleins de larmes. « Excusez-moi, répondit-il, je songeais que ces six dollars sont le premier salaire qu'aient encore obtenu mes longs travaux sur la navigation. Je voudrais bien, ajouta-t-il, consacrer le souvenir de ce moment en vous priant de partager avec moi une bouteille de vin; mais je suis trop pauvre pour vous l'offrir. »

Depuis ce jour mémorable, les navires ont reçu des perfectionnements de toute sorte et leurs dimensions ont considérablement grandi. L'un des géants de la mer est le paquebot anglais *Lusitania*; il est long de 240 mètres. Parti de Liverpool avec deux mille passagers, il arrivait pour la première fois à New-York le 13 septembre 1907, après cinq jours seulement de traversée.

Résumé. — *Pour naviguer, les premiers hommes faisaient avancer, à l'aide de rames, un tronc d'arbre creux. Les navires à voiles vinrent ensuite. Le premier bateau à vapeur fut construit par Denis Papin en 1707; il fut aussitôt détruit par des bateliers. Le premier bateau à vapeur qui ait servi fut construit cent ans plus tard par l'Américain Fulton. Aujourd'hui, le* Lusitania *franchit en cinq jours l'Océan, de Liverpool à New-York.*

Explication des mots.

New-York : grande ville d'Amérique, sur l'Atlantique, à l'embouchure de l'Hudson, peuplée de près de deux millions d'habitants. — *Albany* : grande ville située sur l'Hudson.

Analyse des idées et Raisonnement.

1. *Pourquoi* est-il facile aujourd'hui de faire le tour du monde? — 2. Qui construisit le premier bateau à vapeur? — 3. Que fit l'Américain Fulton? — 4. Racontez le premier voyage en bateau à vapeur.

Composition.

Papin, Stephenson et Fulton. — Plan : Qu'ont-ils inventé? — A quoi se sont-ils heurtés? Détaillez.

26 — Obstacles aux communications par eau.

I. *La communication établie par le canal.* — Pour livrer passage aux locomotives, on a percé des tunnels dans les montagnes et jeté des viaducs sur les vallées. Pour livrer passage aux bateaux et aux navires, on a creusé des canaux entre les fleuves et percé des isthmes entre les mers.

II. *L'établissement du canal du Midi.* — Pour aller des côtes de Gascogne aux côtes méditerranéennes, les navigateurs n'eurent, jusqu'au XVIIe siècle, d'autre ressource que de contourner l'Espagne par le dangereux détroit de Gibraltar. Cependant l'Aude, qui se jette dans la Méditerranée, n'est qu'à quatorze lieues de la Garonne qui se jette dans l'Océan. Pour établir la communication entre les deux mers, il semble qu'il aurait suffi d'unir les deux cours d'eau. On y avait songé. Mais l'Aude n'étant pas navigable ne pouvait porter de bateaux; d'autre part la Garonne ne roule pas assez d'eau pour alimenter un canal. En 1662, on attendait encore l'homme qui résoudrait le problème.

Paul Riquet, né à Béziers, en 1604, se rendit compte qu'il était possible d'alimenter un canal en dérivant les ruisseaux des Cévennes et que ce canal pouvait être conduit jusqu'à Cette. Dès lors, la jonction des deux mers devenait possible. Riquet soumit ses plans à Colbert. Le grand ministre de Louis XIV promit son appui; mais il laissa tous les risques de l'entreprise, ruine ou fortune, à l'ingénieur. Avec une belle hardiesse celui-ci se mit à l'œuvre. Le 17 novembre 1667, la première pierre de la première écluse fut posée : six mille ouvriers reçurent les invités de marque aux portes de Toulouse, tambours en tête, pendant que le canon tonnait et que les cloches sonnaient à toute volée. Treize années de luttes suivirent ce beau jour : luttes contre la nature, luttes contre l'envie et les calomnies.

Les prises d'eau établies dans les Cévennes exigèrent des travaux qui font encore aujourd'hui notre admiration. A Saint-Ferréol, la vallée fut barrée par une longue digue haute de 32 mètres, épaisse de 70 mètres et l'on eut un lac immense. Ailleurs un pont, long de 130 mètres, fut bâti en pierres de taille pour porter le canal au-dessus du torrent de Rapdouze. Dans la montagne de Malpas, une voûte fut établie pour naviguer sous terre. D'innombrables écluses permirent d'élever les navires jusqu'au seuil qui domine d'un côté la pente vers l'Océan, de l'autre côté la pente vers la Méditerranée.

Ces travaux coûtaient des sommes énormes. « Les exorbitantes* dépenses que j'ai faites, écrivait Riquet en 1669, m'ont mis dans un état de disette d'argent inconcevable. » Et cependant les envieux multipliaient les accusations contre lui. Ecrasé de soucis, constamment sur la brèche*, dans l'eau, à la pluie, sous le soleil, Riquet tomba gravement malade en 1677 et mourut trois ans après. Ses fils achevèrent son œuvre. Notre grand Vauban l'a jugée ainsi : « C'est, sans contredit, le plus beau et le plus noble ouvrage de nos jours; il pouvait devenir la merveille du siècle, si l'auteur avait été aidé, comme il le devait être ».

III. ***Le canal de Suez.*** — Abandonné à ses seules forces, Riquet n'avait pu faire le large canal maritime, accessible aux vaisseaux de guerre, qu'il avait rêvé. Le canal du Midi ne peut servir qu'à la batellerie. C'est seulement de nos jours qu'on a creusé un véritable canal maritime. Chef-d'œuvre de la science au XIXe siècle, il n'a pu être exécuté que grâce à la ténacité d'un Français : Ferdinand de Lesseps.

Un isthme, l'isthme de Suez, large de 150 kilomètres soude l'Afrique à l'Asie, séparant la Méditerranée de la mer Rouge. Pour aller aux Indes, les vaisseaux étaient obligés de faire le tour de l'Afrique, voyage long, coûteux et dangereux. Un ingénieur français, Lepère, avait indiqué la possibilité de réunir les deux mers par un canal allant de Pord-Saïd à

Suez. C'était une œuvre de géant : Ferdinand de Lesseps, consul de France en Égypte, résolut de la mener à bien.

Avec l'autorisation du Khédive (vice-roi), il fit donner le premier coup de pioche le 25 avril 1859. Presque aussitôt il fallut arrêter les travaux : l'Angleterre s'opposait au percement. Ses journaux couvraient M. de Lesseps d'injures et déclaraient que son but était de faciliter l'invasion des Indes

Canal de Suez

anglaises par les soldats français. L'Europe fut indignée. Napoléon III soutint M. de Lesseps et les travaux furent repris. Vingt mille ouvriers creusèrent le canal. Trois ans après avait lieu l'inauguration de la portion qui va de la Méditerranée au lac Timsah. Entouré d'une foule de spectateurs, M. de Lesseps dit : « Qu'on ouvre un passage aux eaux de la Méditerranée ». Et au milieu d'un silence solennel, on vit par la coupure de la digue les eaux se précipiter en grondant et rouler à grands flots jusqu'au lac. Ce succès émut les deux mondes, mais il surexcita la jalousie de l'Angleterre qui força le Gouvernement égyptien à rappeler ses ouvriers. L'énergie de M. de Lesseps était heureusement à la hauteur de tous les obstacles : il fit appel aux ouvriers d'Europe, poussa les ingénieurs à inventer de puissantes machines à creuser la terre; partout présent, rendant le courage à tous, il se prodigua encore pendant la terrible épidémie de choléra survenue en 1865.

Enfin, après onze années d'un travail prodigieux, il vit luire le jour du triomphe : le 17 novembre 1869 eut lieu l'inauguration solennelle du canal de Suez. L'impératrice des Français, l'empereur d'Autriche, le prince royal de Prusse, le prince des Pays-Bas et le vice-roi d'Égypte se rendirent à Port-Saïd. 50 vaisseaux de guerre et 80 navires, représentant toutes les nations civilisées de la terre, attendaient dans la Méditerranée. Un petit bateau français, pavoisé de drapeaux tricolores, vint se mettre à leur tête. Il portait M. de Lesseps et, le premier, il entra dans le canal, au bruit des acclamations de la foule massée sur les deux rives. La flotte suivait; elle accomplit la traversée sans rencontrer d'obstacle.

Aujourd'hui, près de quatre mille navires empruntent chaque année cette voie, longue de cent cinquante kilomètres et large de cent mètres, qui a réduit de moitié la distance de Bordeaux à Bombay.

Résumé. — *Le canal du Midi, œuvre de Riquet, permet aux bateaux d'aller de l'Océan à la Méditerranée. Plus large, le canal de Suez, œuvre de Ferdinand de Lesseps, permet aux grands navires de passer de la Méditerranée dans la mer Rouge.*

Explication des mots.

Exorbitant : énorme, qui sort des bornes. — *Sur la brèche* : à l'endroit qui demande surveillance.

Analyse des idées et Raisonnement.

1. Qu'a-t-on fait pour livrer passage aux navires? — 2. Quels obstacles s'opposaient à l'établissement du canal du Midi? — 3. *Comment* Riquet parvint-il à les surmonter? — 4. Qu'est-ce que l'isthme de Suez? — 5. *Pourquoi* le percement de cet isthme avait-il une grande importance? — 6. *Comment* a-t-il été percé?

Composition

Le canal de Suez. — PLAN : L'isthme. — Le projet de canal. — Les obstacles. — Le succès.

27. — Le télégraphe et le câble.

I. ***Diminution des distances.*** — La locomotive est rapide : cependant il faut plusieurs jours pour venir d'Allemagne, des semaines pour venir du fond de la Russie, des mois pour venir de Chine.

Les paquebots sont rapides : cependant il faut encore six jours pour aller du Havre à New-York, douze jours pour aller de Saint-Nazaire à la Martinique, vingt jours pour aller de Bordeaux dans l'Amérique du Sud, quarante jours pour aller de Marseille en Chine.

Quoique bien réduite, la distance existe encore pour ceux qui veulent se rejoindre, mais voici qu'elle n'existe plus pour ceux qui ne veulent que correspondre [1] : le télégraphe, le câble sous-marin et le téléphone l'ont supprimée.

II. ***Le télégraphe.*** — Dans notre corps, des nerfs portent nos ordres aux membres ; sur terre, c'est le réseau des fils télégraphiques qui joue ce rôle du système nerveux : la pensée humaine y circule sans interruption ; chaque année des millions de dépêches sont échangées entre tous les points du globe.

Au point de départ, un appareil produit de l'électricité qui s'enfuit le long du fil avec la rapidité de l'éclair ; au point d'arrivée, cette électricité transmet à un autre appareil les mouvements qu'on lui a communiqués ; elle imprime des points et des tirets qui signifient des lettres, ou bien elle fait mouvoir des caractères d'imprimerie : la dépêche est arrivée. Et avec quelle rapidité ! Le 1er octobre 1880, à l'inauguration de l'exposition de Melbourne (Australie), un télégramme fut expédié à la reine d'Angleterre : 38 minutes après, il était à Londres, à 4.000 lieues de là. Mais l'Australie est entourée de tous côtés par l'Océan, direz-vous ; y a-t-il donc des poteaux télégraphiques plantés dans les abîmes océaniques ? Non : c'est sur le fond des mers que reposent les fils : ils sont réunis en faisceaux [2] qu'on appelle des câbles.

III. ***La pose du premier câble.*** — Lorsque l'ingénieur anglais Brett proposa de relier la France et l'Angleterre par un fil électrique sous-marin, les savants déclarèrent la chose impossible : le courant, dirent-ils, ne passerait pas. Néanmoins l'entreprise fut autorisée et le 28 août 1849 un bateau quittant la côte de Douvres se dirigea sur le cap Gris-Nez; il portait un énorme cylindre d'où six mille mètres de fil électrique tombaient par heure dans la mer. L'opération réussit : l'extrémité du fil fut rattachée aux appareils télégraphiques de Calais et une première dépêche fut envoyée en Angleterre où l'attendait une foule nombreuse. Grâce à l'enveloppe de gutta-percha qui isolait le fil de cuivre, le courant électrique traversa la mer et arriva à Douvres. La dépêche y fut accueillie avec enthousiasme : les chapeaux volaient en l'air et de toutes parts retentissaient les cris de : *Vive la Reine! Vive la France!*

Première tentative pour la pose d'un câble.

Mais quand les Anglais voulurent répondre par un télégramme de félicitations, rien ne passa. Qu'était-il donc arrivé? Une chose à la fois extraordinaire et très simple. Un pêcheur de Boulogne qui traînait ses filets le long des côtes avait accroché le câble; par curiosité, il l'avait coupé et la couleur brillante du cuivre lui avait fait croire qu'il venait de découvrir une plante merveilleuse dont la moelle était en or : aussi en avait-il rapporté triomphalement un grand bout avec ses soles et ses limandes ! Ainsi fut ruiné, par ce simple d'esprit, l'ingénieur qui avait prouvé la possibilité d'une entreprise déclarée impossible par les savants de cette époque.

Deux ans après (1851) le câble fut rétabli par les soins d'une compagnie financière : cette fois il était formé de quatre fils isolés les uns des autres au moyen de gutta-percha. Recouvert de chanvre et protégé par une enveloppe de fer, il pouvait défier tous les couteaux des pêcheurs de la Manche. Dès que les deux extrémités eurent été rattachées aux bureaux télégraphiques, une étincelle électrique fut envoyée à Douvres où elle mit le feu à une pièce d'artillerie ; aussitôt après, une étincelle anglaise venait faire tonner les canons de Calais. Et les foules assemblées sur les deux rives de la Manche mêlèrent leurs acclamations*.

Vaincue une première fois par le navire, la mer l'était une seconde fois par le câble.

Résumé. — *Les fils télégraphiques sont comme des nerfs qui portent la pensée d'un bout de la Terre à l'autre. Ils sont tenus sur des poteaux ou réunis en câbles au fond des mers. C'est l'ingénieur anglais Brett qui a imaginé le premier câble.*

Explication des mots.

Correspondre : échanger des idées par lettre, télégramme ou conversation téléphonique. — *Faisceau* : réunion d'objets liés ensemble. — *Acclamation* : cris de joie poussés par une foule.

Analyse des idées et Raisonnement.

1. *Pourquoi* dit-on que la distance existe encore pour ceux qui veulent se rejoindre ? — 2. *Pourquoi* dit-on qu'elle n'existe plus pour ceux qui ne veulent que s'entretenir ? — 3. *Comment* communique-t-on par télégraphe ? — 4 Racontez la pose du premier câble.

Composition

La pose du premier câble. — PLAN Départ du bateau. — Il aborde — Interruption des communications.

28. — Le câble transatlantique.

I. ***Du bord de l'Europe au bord de l'Amérique.*** — La victoire remportée sur la mer n'était pas encore complète : les poses de câble se succédaient rapidement dans les mers étroites, comme la mer du Nord, la mer Noire, la Méditerranée même, mais il restait à affronter l'immensité de l'Océan. Parviendrait-on à porter un fil de quatre mille kilomètres, sans qu'il se rompît, du bord de l'Europe au bord de l'Amérique? Cette œuvre, l'une des plus étonnantes que l'homme ait accomplies, les Anglais et les Américains l'entreprirent le 6 août 1857.

II. ***Première tentative.*** — Ce jour-là, le navire américain *Niagara*, accompagné du navire anglais *Agamemnon*, partit de l'île Valentia (Irlande) et commença d'immerger* les trois millions de kilos que pesait le câble dont il était chargé. Les interminables anneaux de ce long serpent descendaient du pont avec une lenteur majestueuse, quand tout à coup, au dixième kilomètre, on entendit clapoter les vagues brusquement fouettées : le câble venait de se rompre. Il avait suffi d'un instant d'inattention de la part du matelot chargé de surveiller les couloirs par où la longue corde se dirigeait vers la machine qui régularisait sa descente : les anneaux s'étaient emmêlés et une rupture s'était produite. Comme on n'était pas encore arrivé au-dessus des grandes profondeurs, le sauvetage fut l'œuvre de quelques heures. La semaine suivante, tout alla bien; mais le 12 août, le *Niagara* arriva au-dessus d'une chaîne sous-marine dans laquelle s'ouvre un abîme. le câble tombait avec une vitesse prodigieusement accrue. Épouvantés, les matelots criaient qu'une pieuvre* immense l'avait saisi dans ses tentacules et qu'elle le déviderait jusqu'au bout. Pour comble de malheur un vent violent chassa le navire en avant : la tension du câble tiré en sens contraires devint telle qu'il se rompit.

Impossible de l'aller chercher ! Il fallut revenir en Angleterre.

III. ***Deuxième tentative.*** — Un nouveau câble fut fabriqué; cette fois le *Niagara* et l'*Agamemnon* l'emportèrent directement au milieu de l'Atlantique. Après l'avoir immergé, ils devaient tirer chacun de leur côté, l'un sur l'Angleterre, l'autre sur l'Amérique (18 juin 1858). L'*Agamemnon* faillit manquer au rendez-vous : pris par la tempête, ses convulsions devinrent si violentes qu'une partie du câble bondit de l'arrière à l'avant, semblable à un gigantesque serpent. Là, roulant dans tous les sens, saisissant les matelots qui n'étaient pas assez lestes pour se dérober à ses embrassements, il les étranglait dans ses anneaux. Plusieurs furent roulés, aplatis, écrasés. Cette terrible scène dura trois jours et trois nuits.

Parvenus au milieu de l'Océan, l'*Agamemnon* et le *Niagara* procédèrent à la soudure du câble et commencèrent à s'éloigner l'un de l'autre. Trois ruptures successives firent échouer cette seconde tentative.

IV. ***Le succès.*** — Le mois suivant, les navires repartaient de Liverpool et regagnaient le milieu de l'Océan avec un autre câble. L'immersion se fit sans accroc et l'on comptait sur un succès complet, quand, tout à coup, l'électricien de service sur l'*Agamemnon* découvrit une avarie* dans la partie du câble qui allait être appelée au fond. « Le compteur indiquait qu'on n'avait que vingt minutes pour couper la partie avariée et ressouder les deux bouts. Le sort de l'entreprise dépendait de la rapidité avec laquelle la soudure serait exécutée. Les ouvriers d'élite* qui se trouvaient sur le navire se mirent au travail avec l'allure calme, réfléchie, silencieuse, de gens qui connaissent le merveilleux proverbe : « *C'est surtout quand on veut aller vite qu'il ne faut pas se presser.* » Mais, à mesure que chacun des sept brins de la corde de cuivre était coupé en biseau, rapproché du biseau* correspondant, puis soudé à l'argent, à mesure qu'on rabattait les enveloppes, le moment redoutable approchait, car le câble filait toujours. Officiers et marins entouraient les ouvriers; le silence était profond. Comme la cloche d'alarme annonçait que la traction du câble devenait dangereuse, le raccord se termina et la descente put continuer sans l'arrêt fatal qui eût tout brisé[1]. »

Et le 5 août 1858, les deux extrémités du câble transatlantique étaient rattachées, l'une à Valentia (Irlande), l'autre à Terre-Neuve (Amérique). La reine d'Angleterre et le Président de la République des États-Unis échangèrent un télégramme qui ne mit qu'une heure à franchir les profondeurs de l'immense Atlantique.

Résumé. — *Les premiers, les Anglais et les Américains réussirent à déposer au fond de l'Océan un câble de 4000 kilomètres. A la troisième tentative les vaisseaux* l'Agamemnon *et le* Niagara *gagnèrent le milieu de l'Océan, laissèrent tomber le câble, puis, s'éloignant l'un de l'autre, se rendirent l'un en Irlande, l'autre à Terre-Neuve (1858).*

Explication des mots.

Immerger : plonger dans un liquide (ici : dans la mer). — *Pieuvre* : ou *poulpe*, animal marin dont le corps mou est muni de lanières (*tentacules*) longues et armées de suçoirs. — *Sans accroc* : sans accident, sans difficulté. — *Avarie* : dégât, détérioration. — *Elite* : ce qu'il y a de meilleur. — *En biseau* : taillé obliquement.

Analyse des idées et Raisonnement.

1. *Pourquoi* la pose du câble transatlantique est-elle une œuvre extraordinaire? — 2. Racontez la première tentative; puis la seconde.

Composition.

La pose du câble transatlantique. — PLAN : Immersion. — Découverte d'une avarie. — Raccord. — Le succès.

1. W. DE FONVIELLE *La pose du premier cable* (Hachette et Cie, édit.). — En 1866, ce câble fut remplacé par un autre tout à fait perfectionné, il fut posé par un navire géant, le *Great Eastern.* Aujourd'hui, le réseau sous-marin est formé par près de [illegible]00 cables; deux vont de Brest en Amérique; un troisième relie le Havre et New-York.

29. — La télégraphie sans fil et le téléphone.

I. *La télégraphie sans fil.* — Bientôt, l'homme n'aura plus besoin de câbles, ni de lignes télégraphiques pour diriger l'électricité, il l'a soumise plus complètement encore. Comment donc peut-on télégraphier sans fil?

Poste de télégraphie sans fil : mât récepteur.

Si vous jetez une pierre dans l'eau, il se forme des cercles qui grandissent de plus en plus; l'électricité voyage de même dans l'air : ses ondulations* vont en s'étendant avec une rapidité inimaginable. Un savant français, le docteur Branly, a inventé un appareil qui enregistre les ondulations électriques envoyées d'un point quelconque : comme dans le télégraphe, des points et des tirets représentent les lettres de l'alphabet.

Plus l'appareil est haut placé, plus la dépêche va loin. C'est ainsi que l'appareil placé au sommet de la tour Eiffel communique en moins d'une seconde avec celui qui se trouve en haut de la tour de Nauen près de Berlin; entre les deux, il y a une distance de mille kilomètres. Et, de Nauen, on communique avec Saint-Pétersbourg, situé à mille trois cents kilomètres de là, toujours avec la vitesse de l'éclair.

En mer, les navires ont des appareils qui saisissent dans les airs les dépêches lancées sur l'Atlantique, des côtes d'Europe et des côtes d'Amérique. Et un journal imprimé à bord tient les passagers au courant de ce qui se passe dans le monde.

A leur tour, les navires peuvent donner de leurs nouvelles. Et c'est quelquefois le salut. Figurez-vous un navire dont les flancs viennent de s'entr'ouvrir contre un écueil* inconnu ou par suite d'un abordage* : l'eau l'envahit et les passagers voient la mort monter vers eux, sans que rien puisse les sauver. Tout autour, à perte de vue, c'est la mer immense, rien que la mer! *La Bourgogne* disparut ainsi sous les flots, il y a quelques années, sans qu'on ait jamais rien su de son agonie. Mais aujourd'hui le navire en péril peut appeler au secours.

Le 23 janvier 1909, le vaisseau *Republic* partait des États-Unis pour ravitailler l'escadre américaine qui avait distribué ses vivres aux victimes du tremblement de terre de Messine. Monté par 300 marins, il avait encore 400 passagers à bord. Comme il naviguait dans un brouillard épais, il fut abordé par un vaisseau qui lui fit une blessure profonde. Il commença de s'enfoncer. Alors le télégraphiste du bord lança une dépêche dans les airs : « Le *Republic* coule à 45 milles, Sud-Ouest, du phare de Nantucket ». Cela suffit : la dépêche fut enregistrée par tous les navires qui passaient au loin; ils accoururent et *sept cents vies humaines* furent arrachées à la mort.

Vraiment, la distance n'existe plus.

II. ***Le téléphone.*** — Est-ce tout? Non; l'électricité est une fée dont la puissance n'a pas de bornes : dans le téléphone, elle porte au loin la voix humaine. Parlez devant une plaque téléphonique : le son de vos paroles fait vibrer la plaque; toutes les vibrations* sont communiquées par des fils électriques à une autre plaque située à des lieues de là;

ébranlée à son tour, cette plaque reforme vos paroles à l'oreille de celui qui écoute.

Téléphone.

On commence même à téléphoner sans fil !

Non, la distance n'existe plus! L'humanité a fait un pas immense vers le but suprême : rapprocher tous les hommes pour que chacun d'eux soit assuré d'un appui et d'une protection de tout instant.

Résumé. — *Dans l'appareil du docteur Branly, les ondulations électriques envoyées d'un point quelconque sont enregistrées sans y avoir été amenées par un fil.*

Dans le téléphone, des fils électriques emportent au loin les vibrations communiquées à une plaque par la voix humaine.

Explication des mots.

Ondulation : mouvement de l'electricité qui se propage au loin, emplit l'espace. — *Écueil* · rocher ou banc de sable dans la mer, qui peut faire échouer un navire. — *Abordage* : choc de deux vaisseaux qui se heurtent, bord à bord. — *Vibration* : mouvement de va et-vient tres rapide, qui ressemble à un tremblement.

Analyse des idées et Raisonnement.

1. *Pourquoi* l homme n'aura-t-il bientôt plus besoin de câbles, ni de lignes telegraphiques? — 2 *Comment* peut-on telégraphier sans fil? — 3. *Comment* le navire *Republic* fut-il sauve? — 4. *Comment* le telephone porte-t-il la voix humaine au loin? — 5 En quoi ces découvertes rapprochent elles l'humanité de son but?

Composition.

Le sauvetage du « Republic » — Plan : La navigation dans le brouillard. — L abordage. — Le peril. — Le salut.

30. — Le premier voyage aérien.

I. *Les frères Montgolfier.* — Plongez un morceau de liège dans l'eau; il prend la place d'un volume d'eau qui est plus lourd que lui : de là, une poussée de bas en haut qui le renvoie flotter à la surface. Lâchez dans l'air un ballon gonflé d'un gaz plus léger que l'air; il prend la place d'un volume d'air plus lourd que lui : de là, une poussée de bas en haut qui l'envoie flotter dans les couches supérieures où l'air raréfié devient aussi léger que le ballon lui-même.

Qui a imaginé le premier ballon ? Deux fabricants de papier d'Annonay (Ardèche), les frères Montgolfier. Doués d'un grand esprit d'observation, ils avaient remarqué que l'air chaud est plus léger que l'air froid et que, par suite, il s'élève dans l'atmosphère. Ils construisirent une machine, faite d'une toile d'emballage doublée de papier, qui portait un réchaud à sa partie inférieure. Le 4 juin 1783, ils allumèrent sur le réchaud un grand feu de paille, le ballon s'emplit d'air chaud et s'éleva à cinq cents mètres de hauteur.

Ce premier essai suscita dans toute la France une émotion extraordinaire. « L'homme, disait-on, sera bientôt maître de l'air; il va pouvoir voler à travers son immensité. » Le 19 septembre, les frères Montgolfier répétèrent leur expérience à Paris. Ils avaient enfermé dans une cage d'osier suspendue à la partie inférieure du ballon, un mouton, un coq et un canard. Ces premiers voyageurs aériens firent un heureux voyage; après s'être élevés à une assez grande hauteur, ils touchèrent terre sans accident.

II. *Autres essais.* — Un troisième ballon fut entouré d'une galerie circulaire faite en osier. Le 21 octobre 1783, un jeune savant, Pilâtre des Rosiers, et un officier, le marquis d'Arlandes, se placèrent dans cette espèce de balustrade. A portée de leur main, ils avaient des bottes de paille pour entretenir le feu du réchaud. Le ballon s'éleva majestueuseiment du château de la Muette (au Bois de Boulogne). « Les intrépides voyageurs ont salué les spectateurs, dit le procès-verbal qui fut dressé ensuite. On n'a pu s'empêcher d'éprouver alors un sentiment mêlé de crainte et d'admiration. Bientôt les navigateurs aériens ont été perdus de vue, mais la machine n'a jamais cessé d'être visible quoiqu'elle soit montée au moins à trois mille pieds de hauteur. Elle a traversé la Seine et passé entre l'École Militaire et l'hôtel des Invalides. S'apercevant que le vent les portait sur les maisons de la rue de Sèvres, les voyageurs ont conservé leur sang-froid et, développant du gaz, ils se sont élevés de nouveau et ont continué leur route jusqu'à la campagne où ils sont descendus tranquillement. »

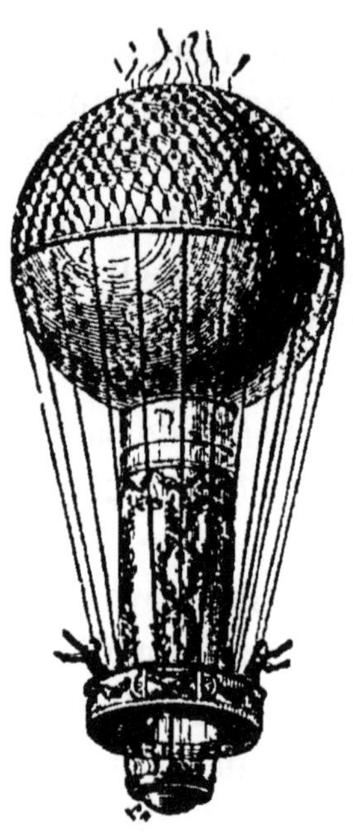

Aéro-montgolfière de Pilâtre des Rosiers.

D'ingénieux perfectionnements furent apportés aux *montgolfières* : à l'air échauffé on substitua le gaz hydrogène, on imagina la soupape*, l'emploi du lest*. Les voyages aériens se multiplièrent et un beau jour l'aéronaute Blanchard, qui se trouvait en Angleterre, annonça qu'il allait regagner la France en ballon. Accompagné d'un Anglais, le docteur Gefferies, il s'éleva dans les airs le 7 janvier 1784, à une heure de l'après-midi. Son ballon, poussé par un vent favorable, franchit les rochers escarpés de la côte de Douvres, et arriva en pleine mer. Là il commença de descendre. Les aéronautes jetèrent du lest et se relevèrent, mais pour redescendre bientôt. Ils durent sacrifier le reste de leur lest, quoiqu'ils n'eussent encore fait qu'une moitié du trajet. A deux heures, ils jetèrent tous les livres qu'ils avaient emportés. Vingt-cinq minutes après, les côtes de France se montrèrent dans le lointain, mais le ballon descendait de nouveau. Blanchard et Gefferies jetèrent alors leurs provisions de bouche, leurs habits même. La descente en fut à peine ralentie. Dans ce moment suprême, Gefferies offrit à son compagnon de se jeter à la mer : « Nous sommes perdus tous les deux, lui dit-il ; si vous croyez que cela puisse vous sauver, je suis prêt à faire le sacrifice de ma vie ». Blanchard refusa cette offre héroïque ; il dit à Gefferies de l'imiter et tous deux se suspendirent aux cordes du ballon avec l'intention de se débarrasser de leur nacelle. Comme ils allaient couper les liens qui la retenaient, ils sentirent un léger mouvement d'ascension : le ballon remontait ; et une demi-heure après, les voyageurs prenaient terre non loin de Calais.

Dans la suite, de nombreux accidents rendirent les aéronautes plus prudents. Beaucoup périrent dans une chute. Et personne n'ayant trouvé le moyen de diriger les ballons, les ascensions se firent plus rares. On avait même fini par croire qu'il était impossible de triompher de l'air, quand, de nos jours, l'obstacle fut levé.

Résumé. — *Le premier ballon fut lancé par les frères Montgolfier le 4 juin 1783. Le premier voyage aérien fut fait par Pilâtre des Rosiers et le marquis d'Arlandes, le 21 octobre suivant. Dans la suite les voyages aériens firent de nombreuses victimes.*

Explication des mots.

Soupape : sorte de couvercle qu'on peut ouvrir pour laisser fuir le gaz quand on veut descendre. — *Lest* sable placé dans la nacelle d'un ballon et qu'on jette, le moment venu, pour l'alléger et remonter.

Analyse des idées et Raisonnement.

1. *Pourquoi* les ballons s'élèvent-ils ? — 2. Par qui et *comment* le premier ballon fut-il lancé ? — 3. Racontez le premier voyage aérien.

Composition

Les ballons. — Plan : Pourquoi les ballons montent-ils ? — Comment les remplit-on ? — Et pour redescendre ?

31. — Dirigeables et aéroplanes.

1. *Les ballons dirigeables.* — Dans une atmosphère calme, les ballons restent immobiles. Ils ne se meuvent que sous la poussée du vent. Mais le vent n'obéit pas à l'homme; c'est pourquoi on se demanda tout de suite par quoi on pourrait bien le remplacer pour arriver à diriger les bal-

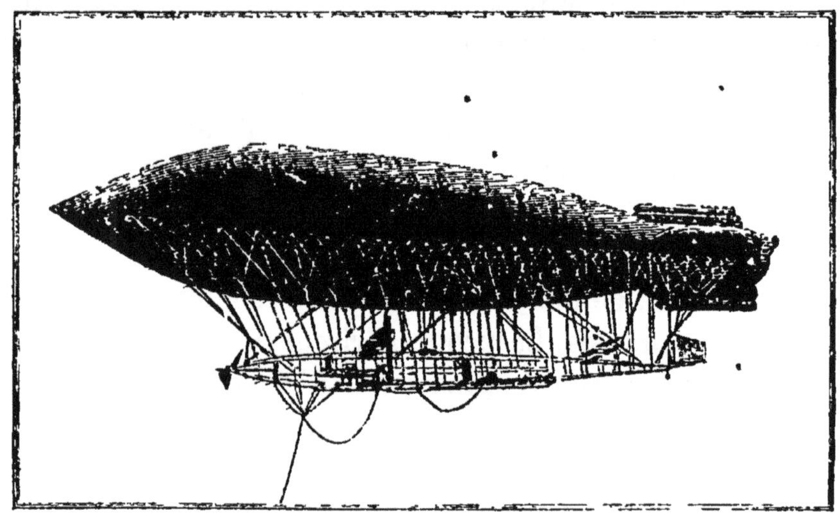

Dirigeable Patrie.

lons. On ne trouvait rien quand, tout à coup, l'invention de ces légers et puissants moteurs à pétrole qui entraînent les automobiles sur nos routes vint fournir le moyen qu'on cherchait depuis cent ans.

En 1902, l'ingénieur Julliot, mettant à profit les travaux des capitaines Krebs et Renard, construisit le premier ballon dirigeable. Véritable navire aérien, ce ballon possédait deux hélices* d'acier qui faisaient mille tours à la minute, frappant l'air comme les hélices des paquebots frappent l'eau de la mer. Parti de l'atelier de Moisson, près Mantes (Seine-et-Oise), le 3 juillet, il gagna le camp de Châlons en trois étapes*. Il avait ainsi parcouru 217 kilomètres avec une vitesse de huit lieues à l'heure.

Alors le ministre de la Guerre demanda à l'habile ingénieur de construire un dirigeable pour notre armée. Et le 22 novembre 1907, le ballon militaire *Patrie* faisait sans arrêt le voyage de Meudon à Verdun, soit 255 kilomètres en six heures et demie.

Six jours après, il fut surpris par un vent violent, au cours d'une manœuvre. Deux cents soldats essayèrent désespérément de le maintenir ; ils résistèrent vingt-quatre heures, mais le vent finit par le leur arracher. Il l'emporta, par delà l'Angleterre et l'Irlande, en plein Océan, et personne ne le revit.

D'autres constructeurs se mirent à l'œuvre et moins de deux ans après, à la Revue du 14 juillet 1909, on pouvait voir le ***République*** et le ***Ville-de-Nancy*** évoluer au-dessus de Longchamp, aller et venir, se jouer l'un sous l'autre, pendant qu'en dessous défilaient l'infanterie et la cavalerie.

II. ***Les aéroplanes.*** — L'homme ne s'est pas contenté de diriger les ballons à travers les airs ; il a voulu voler comme l'oiseau et le succès a couronné ses efforts.

Quand l'oiseau plane, il se soutient sur ses ailes étendues sans qu'elles paraissent remuer. Il peut même se déplacer dans l'air en les tenant ainsi immobiles : c'est ce qu'on nomme le *vol plané*, par opposition au vol par battements d'ailes ou *vol ramé*.

L'homme est parvenu à imiter le vol plané. Il a imaginé l'*aéroplane* dans lequel les ailes étendues de l'oiseau sont représentées par des surfaces planes légèrement inclinées sur l'horizon. La force que dépense l'oiseau pour s'avancer est fournie par un léger moteur qui fait tourner une hélice avec une grande rapidité.

Quand on assiste au départ d'un aéroplane, qu'on le voit s'élever et décrire dans l'air des courbes gracieuses, on éprouve une sensation de stupeur, puis on se dit : encore quelques efforts et la voiture aérienne sera à notre disposition.

Oh! alors, quels changements dans le monde!

Ce qui a permis la locomotion sur terre, c'est la roue. La roue, invention de génie! Sans elle, il ne pouvait y avoir ni voitures, ni chemins de fer. Seulement la roue frotte, et le frottement produit une chaleur en rapport avec la vitesse. Que les trains marchent à plus de cent kilomètres à l'heure et

Un aéroplane.

les voies seront bientôt disloquées. Que les automobiles fassent *du 120 à l'heure*, comme on dit, et les pneumatiques ne tarderont pas à éclater.

Mais avec les aéroplanes, on ne roulera plus, on glissera sur l'air, support idéal où il n'y aura à redouter ni échauffement dangereux, ni cahot, ni trépidation, ni tourbillons de poussière : devant soi, on aura l'immensité libre. Plus de montagnes ni de cours d'eau ; la mer même ne sera plus un obstacle, puisque l'ingénieur Blériot a pu franchir la Manche, en un vol de 30 km., au-dessus des flots.

Le 25 juillet 1909, au lever du soleil, il partit du petit village des Baraques, près de Calais. On le vit monter rapidement à 80 m. de hauteur et filer au-dessus de la plaine, parallèlement à la mer, puis, après un virage à droite, parvenu au-dessus des flots, il piqua droit sur Douvres. Une demi-heure après, un marin anglais voyait apparaître à l'horizon une sorte de gros oiseau qui, avec une vitesse effrayante et un bruit semblable à celui d'une puissante automobile, fut sur lui en un instant. C'était Blériot qui arrivait, vainqueur de la Manche.

Quelques jours après, le Conseil municipal de Paris lui faisait une réception triomphale, à l'Hôtel-de-Ville. Très simplement, Blériot remercia et dit : « Ces honneurs s'adressent, non pas au modeste Français que je suis, mais au bon sang de France qui coule dans nos veines à tous et qui veut que le plus petit d'entre nous, comme moi-même, soit toujours prêt à tenter de grandes choses ».

Résumé. — *Aujourd'hui un ballon peut être dirigé, grâce à un moteur à pétrole qui fait tourner deux hélices. Le premier dirigeable fut construit en 1902.*

Les aéroplanes imitent le vol plané des oiseaux. Quand ils auront été perfectionnés, nous aurons de rapides voitures aériennes que la mer même n'arrêtera pas.

Explication des mots.

Hélice · appareil dont les ailes, en forme de filets de vis, produisent une poussée en avant quand elles tournent. — *Étape* . Marche comprise entre deux haltes.

Analyse des idées et Raisonnement.

1. Qu'est-ce qui a rendu possible la direction des ballons? — 2. *Pourquoi* les dirigeables sont-ils de véritables navires aériens? — 3. Qu'arriva-t-il au *Patrie*? — 4. Qu'est-ce que le *vol plané*? — 5 *Comment* a-t-on imité le vol plane? — 6. *Pourquoi* l'air est-il supérieur au sol comme support?

Composition.

Les voyages. — PLAN : Qu'est-ce qu'un voyage? Voyages d'affaires et voyages d'agrément. — Moyens de locomotion; avantages et inconvénients.

32. — Méthode d'observation, de raisonnement et d'expériences.

I. *Rapide transformation du monde au XIXe siècle.* — Relisez les dates données dans les chapitres précédents et vous verrez que la transformation du monde s'est faite d'abord avec une grande lenteur jusqu'au XVIIIe siècle, puis, soudain, avec une extraordinaire rapidité quand, au XIXe siècle, on eut conquis l'acier, la vapeur et l'électricité.

Photo Braun

Pasteur dans son laboratoire

Brusquement, l'ancienne manière de vivre a changé. Des outils de toute espèce, outils durs, pénétrants, tranchants, mobiles, rapides, mis en mouvement par les forces immenses de la nature ont fait de l'homme le roi de la Terre.

Pour l'exploitation de ce vaste domaine, d'illustres savants français, Lavoisier*, Pasteur*, Claude Bernard*, ont imaginé une bonne manière de chercher ce qui est encore ignoré. Aujourd'hui, on n'attend plus que le hasard vous mette sur le chemin d'une découverte. Une armée de savants appliquent la **méthode d'observation et de raisonnement** à tout ce qui se passe dans la nature et cette méthode les mène, à coup sûr, à d'extraordinaires découvertes. En voici un exemple :

II. ***Les découvertes de Pasteur.*** — Quand on regarde au microscope* une goutte d'eau ou une goutte prise dans une infusion de plantes, on voit qu'elle est peuplée d'une multitude de petits êtres. D'où viennent ces petits êtres? On disait : ils se font eux-mêmes tout d'un coup, car, si vous faites bouillir le liquide, vous les tuez tous et cependant le liquide ne tarde pas à se repeupler d'êtres semblables. C'était mal *observer* et mal *raisonner*.

Pasteur, lui, se disait : Tous les êtres vivants que nous connaissons viennent du germe contenu dans un œuf ou dans une graine; il est bien étonnant qu'il y ait des êtres qui se fassent comme cela, tout d'un coup, eux-mêmes, sans germe. Et Pasteur regardait toujours le liquide dans son microscope : ce liquide, inhabité quand il venait de bouillir, se repeuplait au bout de quelques jours.

Alors, Pasteur raisonnait : « Si ces petits êtres sortent de germes, eux aussi, où donc se trouvent ces germes en ce moment? Ils ne peuvent être que dans l'air qui m'entoure. L'air promènerait donc des masses de germes invisibles? » — C'était une supposition*, une *hypothèse* comme disent les savants. Il fallait prouver qu'elle était vraie.

Pasteur continua de raisonner : « Si cela est vrai, en faisant bouillir mon liquide dans un vase que je boucherai aussitôt, les germes ne pourront retomber dedans et le liquide ne se repeuplera pas. » Il fit des essais nombreux, ou, comme on dit, des **expériences**. Chaque fois, il se remettait à **observer** et à **raisonner**. Et il vit que sa supposition était juste, que son **hypothèse** était une **vérité** : il existe partout dans l'air des germes invisibles à l'œil nu. Il dit ce qu'il avait trouvé. Plusieurs savants crièrent que c'était absurde. Pour les convaincre, Pasteur fit une dernière **expérience** : il prit des ballons de verre, il y fit le vide pour en chasser l'air et ses poussières, il les remplit avec un liquide où les germes peuvent se développer très facilement. Il les porta ensuite sur le mont Blanc; là, il les ouvrit à l'air, puis les referma. A ces grandes hauteurs, au-dessus de l'éternelle blancheur des glaciers, pas une poussière ne trouble la pureté de l'atmosphère : aussi, plusieurs années après, il ne s'était pas développé un seul germe dans le liquide. Cela prouvait bien que, quand l'air ne contient pas de poussières, les *infiniment petits* ne se développent pas dans les liquides, que, par conséquent, leurs germes se trouvent en suspension* dans les poussières de l'air.

Que sont donc ces *infiniment petits?*

Résumé. — *L'acier, la vapeur, l'électricité ont transformé le monde au* XIXe *siècle. La méthode d'observation et de raisonnement continue à le transformer en amenant chaque jour des découvertes extraordinaires. C'est cette méthode qui a mené Pasteur à la découverte des infiniment petits.*

Explication des mots.

Lavoisier : (1745-1794), savant français, créateur de la chimie moderne, mourut sur l'échafaud. — *Pasteur* : (1822-1895), savant français qui a découvert le monde des infiniment petits. — *Claude Bernard* : (1813-1878), savant médecin français, qui a fait connaître le rôle du foie — *Microscope* : instrument qui grossit beaucoup et qui permet ainsi de bien voir ce qui est tout petit — *Supposition* : chose que l'on admet pour vraie, sans qu'elle soit prouvée. — *En suspension* : qui se soutient dans l'air.

Analyse des idées et Raisonnement.

1. *Pourquoi* la transformation du monde s'est elle faite avec une extraordinaire rapidité au XIXe siècle? — 2. *Comment* Pasteur raisonnait-il devant la goutte d'infusion qu'il examinait au microscope? — 3. *Comment* prouva-t-il que les germes des infiniment petits se trouvent dans les poussières de l'air?

Composition.

Le raisonnement de Pasteur. — PLAN : L'eau bouillie où il n'y a rien ... De petits êtres s'y montrent ... Sont-ils produits par un germe?... Mais d'où ce germe tomberait-il dans l'eau?. . Réponse . . Expériences.

33. — Les infiniment petits.

I. *La fermentation*. — Les infiniment petits sont des espèces de champignons. On leur a donné le nom de *microbes*.

Pasteur montra que certains microbes respirent. Ils ont donc besoin d'oxygène. C'est en respirant qu'ils produisent la fermentation*. Ainsi le microbe qui transforme le jus de raisin en vin et celui qui transforme l'eau d'orge en bière prennent de l'oxygène au sucre qui se trouve dans ces liquides : alors le sucre devient de l'alcool. Au contraire, le microbe qui transforme le vin en vinaigre prend de l'oxygène à l'air et le donne à l'alcool du vin qui devient du vinaigre.

Quant aux microbes qui ne respirent pas, ils n'ont pas besoin d'oxygène; c'est en décomposant le milieu où ils se trouvent, pour se nourrir, qu'ils produisent la fermentation. C'est ainsi que le beurre devient du beurre rance.

Infiniment petits, ces microbes se multiplient avec une rapidité extraordinaire. Celui qui produit le vinaigre a la forme d'un boudin minuscule*; quand il a suffisamment grossi, il se dédouble de lui-même. Celui qui donne la bière est un petit grain ovale qui se coupe en deux; chaque morceau grossit et fait de même; en une heure, le premier grain en a donné cinq autres.

Voilà pourquoi, lorsque certains microbes s'introduisent dans un fût de vin ou de bière, le contenu en est si vite gâté. C'étaient chaque année des pertes énormes jusqu'à ce que Pasteur eût découvert le remède : chauffer la bière ou le vin à 60°.

II. ***Le microbe des vers à soie.*** — La même méthode d'observation, de raisonnement et d'expériences fit trouver à Pasteur le moyen de sauver notre industrie de la soie.

Par suite de la maladie qui sévissait* sur les vers à soie, le seul arrondissement d'Alais avait perdu en quinze ans cent vingt millions de francs. Pasteur fut envoyé dans le Midi.

Après avoir examiné au microscope, cinq années durant, des milliers de vers malades, il découvrit que la maladie était causée par un petit être parasite* qui rongeait le ver. Comment détruire ce microbe? On ne pouvait faire chauffer les vers comme on fait chauffer du vin ou de la bière. Pasteur apprit aux éleveurs à examiner au microscope les œufs des papillons et à rejeter tous ceux qui, déjà malades, auraient donné des vers malades. L'épidémie* fut aussitôt arrêtée. En reconnaissance, la ville d'Alais a élevé une statue à celui qui l'avait sauvée de la ruine.

III. ***Les maladies microbiennes.*** — Un monde d'infiniment petits, invisibles, innombrables, pullulant* autour de l'homme, envahissant l'eau qu'il boit, l'air qu'il respire, existant par milliers dans les poussières qui se posent sur son épiderme, telle est la vision qui se dresse alors devant Pasteur. Il est persuadé que ces infiniment petits, qui s'introduisent dans le corps des vers à soie et leur donnent la mort, peuvent chez les animaux supérieurs et chez l'homme provoquer les pires désordres et causer les maladies contagieuses. De là d'admirables recherches sur certains microbes : ceux qui causent le *charbon* et la *rage*. Si bien que la méthode d'observation, de raisonnement et d'expérience finit par transformer la médecine.

Résumé. — *En respirant ou en se nourrissant, les microbes produisent la fermentation. Les uns sont utiles, les autres nuisibles et peuvent causer des maladies. Pasteur prouva que le charbon et la rage sont des maladies microbiennes.*

Explication des mots.

Fermentation · séparation des parties, produite dans un corps par la présence d'un microbe. — *Minuscule* tout petit. — *Sévir* : faire de grands ravages. — *Parasite* qui vit aux dépens d'autrui — *Épidémie* maladie qui se déclare chez un grand nombre d'individus en même temps. — *Pulluler* . se multiplier très vite.

Composition.

Les microbes. — PLAN Leur nature, leur action; leurs effets.

34. — Les savants.

Traits de dévouement à la science. — Avec toutes ses découvertes, Pasteur aurait pu entasser millions sur millions, mais il ne s'en réserva aucune et permit à qui voulut d'en tirer profit. Comme l'empereur Napoléon III s'en étonnait un jour, Pasteur répondit : « *En France, un savant croirait démériter* en agissant autrement.* »

Les savants français, en effet, ont toujours fait preuve de désintéressement*. C'est toujours une noble idée qui les conduit : *le dévouement à la science*. Pour faire avancer cette science qui transforme le monde, combien ont risqué leur vie, combien même l'ont sacrifiée !

Claude Bernard.

Pendant l'épidémie de choléra de 1865 qui faisait à Paris deux cents victimes par jour, Claude Bernard et Pasteur s'installèrent à l'hôpital Lariboisière et recueillirent, pour les étudier, de l'air et des poussières autour des malades et du sang des morts. « *Il faut du courage pour ce genre d'études* », dit-on un jour à Pasteur. — « *Et le devoir?* » répondit-il.

Plein de cette idée du devoir et de cette passion pour la science que le maître prêchait d'exemple, un élève de Pasteur, Louis Thuillier, sacrifia noblement sa vie. Il alla étudier le choléra qui désolait alors l'Égypte (1885) : il voulait essayer d'en découvrir la cause pour qu'il fût possible d'en trouver le remède. Pendant deux mois, il vécut au milieu des malades et des morts, penché sur ces cadavres empoisonnés et les fouillant sans frayeur de l'œil et de la main, si bien que la contagion qu'il semblait braver le saisit un jour et le coucha dans la tombe. Ses camarades ont eu la pensée touchante d'associer son nom à celui d'un autre normalien* qui s'est fait tuer héroïquement à la bataille de Champigny (1870). Dans le vestibule de l'École normale, aux deux côtés de la porte d'entrée, ils ont placé deux plaques de marbre : l'une porte ces mots : *Georges Lemoine, mort pour la patrie*, et l'autre : *Louis Thuillier, mort pour la science.*

C'est encore par dévouement à la science que Gay-Lussac*, l'un de nos plus grands physiciens, exposa sa vie en tant de circonstances, si bien qu'il finit par mourir, en 1850, des suites des blessures reçues au cours d'expériences dangereuses.

Jamais le danger n'a arrêté un savant dans ses recherches. Mille exemples le prouvent! Un jour que Dulong* examinait un liquide explosif qu'il venait de découvrir, l'appareil éclata dans ses mains, lui enlevant un doigt et lui crevant un œil. Il n'en poursuivit pas moins ses dangereux travaux.

Thénard* faisant sa leçon de chimie à l'École polytechnique croit tenir le verre d'eau qui permet aux orateurs d'humecter leurs lèvres; il l'approche de ses lèvres, en avale une gorgée et s'écrie : Je suis perdu!... Vite, Messieurs, procurez-vous de l'albumine*, des œufs! — Il avait avalé une solution de sublimé corrosif* qui devait lui servir à faire sa leçon. — On court, on revient en toute hâte avec des œufs, on en fouette les blancs que le malheureux chimiste avale en abondance; — il est sauvé.

Et que fut la vie de Victor Regnault, physicien illustre, sinon un long dévouement à la science? Brûlé au visage par des vapeurs de soufre en ébullition, plus tard les joues labourées par l'explosion d'un vase plein de mercure, enfin les mains déchirées par les débris d'un récipient d'acide carbonique qui éclate comme un obus, il continue à donner ce qui lui reste de force et de vie à des expériences nouvelles. Un jour, on le trouve sans connaissance, étendu sur le sol, à la suite d'une nouvelle explosion. Une violente commotion cérébrale fit longtemps craindre pour son intelligence. Il guérit cependant. Des souffrances morales, plus cruelles que tout ce qu'il avait souffert, l'attendaient. Il était devenu directeur de la manufacture de Sèvres; pendant le siège de Paris (1870), les Prussiens saccagèrent son laboratoire et, par un raffinement de cruauté, réunirent en tas ses registres d'expériences et ses manuscrits qu'ils livrèrent aux flammes. Au moment où le savant était ainsi frappé, le père recevait un coup plus cruel encore : son fils, le grand peintre Henri Regnault tombait en brave au combat de Buzenval. Qui n'eût cédé à tant de coups? Victor Regnault résista en se réfugiant dans le travail; il servit la science jusqu'à sa mort, arrivée en 1878.

Résumé. — *Les savants sont soutenus dans leurs longues et pénibles recherches par le désir d'augmenter nos connaissances. Beaucoup, comme Louis Thuillier, Gay-Lussac et Victor Regnault, ont sacrifié leur vie à la science.*

Explication des mots.

Démériter : se rendre indigne d'estime. — *Désintéressement* : qualité de celui qui n'agit pas par intérêt. — *Normalien* : élève d'une école normale. L'École normale dont il s'agit est celle qui fournit des professeurs aux lycées; elle se trouve à Paris. — *Gay-Lussac* : physicien et chimiste (1778-1850). — *Dulong* : physicien et chimiste (1785-1838). — *Thénard* : chimiste (1777-1857). — *Albumine* : substance qui compose le blanc de l'œuf et qui est le contrepoison du sublimé. — *Sublimé corrosif* : bichlorure de mercure, poison violent.

Analyse des idées et Raisonnement.

1. Quel est le sentiment qui anime les savants? — 2. Que firent Claude Bernard et Pasteur pendant une épidémie de choléra? — 3. Comment Louis Thuillier mourut-il? — 4. Qu'arriva-t-il à Gay-Lussac? à Dulong? à Thénard? — 5. Que savez-vous de Victor Regnault?

Composition.

Racontez un trait de dévouement à la science. — PLAN : Le sentiment qui anime les savants. — La mort de Louis Thuillier.

35. — A l'assaut du pôle.

I. *Nansen*. — Le dévouement à la science s'est manifesté à toutes les époques et sous toutes les formes. C'est l'ardent désir de savoir qui a entraîné Colomb sur l'Océan inconnu. C'est le même sentiment qui, depuis quatre cents ans, a poussé tant de marins dans les régions mystérieuses qui environnent le pôle Nord. Le formidable rempart des banquises* a causé la mort d'un grand nombre d'entre eux, tels Hudson et aussi l'amiral John Franklin avec ses 129 compagnons.

Photo Van der Weyde

Nansen.

De nos jours, un homme d'une audace extraordinaire, d'un courage héroïque qu'aucune souffrance ne pouvait vaincre, le Dr Nansen, un Norvégien, conçut l'audacieux projet de se laisser entraîner vers le Nord par la dérive des eaux* qui charrient* les bancs de glace à travers le bassin polaire; puis, arrivé au bord du grand désert glacé, de se lancer au travers sur un traîneau attelé de chiens sibériens. Sa marche vers le pôle est l'un des exploits les plus extraordinaires dont un homme puisse se glorifier.

Le 24 juin 1893, Nansen s'embarqua avec treize marins éprouvés sur le *Fram*, mot norvégien qui signifie *En avant*. « Ce jour-là, écrit-il, est plein de tristesse; je quitte ma maison de Christiania et, seul, je descends à travers le jardin vers la grève où m'attend le canot du *Fram*. Derrière moi, je laisse ma femme et ma fille, tout ce que j'ai de plus cher au monde. Reverrai-je ces êtres adorés ? Ma petite Liv est là, assise à la fenêtre ; la pauvre enfant bat des mains. »

Après avoir longé les côtes de Sibérie, le navire dériva lentement entre les bancs de glace ; trois mois après, il arrivait dans une région où l'homme n'avait jamais pénétré : la glace épaissit et le *Fram* fut emprisonné. Il ne marcha plus dès lors qu'avec une extrême lenteur, au gré de la banquise dont il faisait partie. Et la longue nuit de l'hiver arctique* commença.

Pour tous voisins, des ours blancs. Comme distraction, les chocs épouvantables causés par les rencontres de banquises. Le thermomètre descend à 40 degrés au-dessous de zéro et Nansen écrit dans son journal :

« Par un tel froid, la lecture des instruments de météorologie* n'est pas précisément agréable. Plus pénibles encore sont les observations astronomiques* exécutées tous les deux jours. Souvent le froid est si pénétrant que les observateurs doivent interrompre leur travail pour battre la semelle et pour se frapper les bras. Et cependant, jamais ils ne veulent avouer leur souffrance. Un jour, par 40 degrés au-dessous de zéro, le lieutenant Hansen monta sur le pont en chemise et en caleçon pour une lecture d'instrument. »

Le printemps, puis l'été n'apportèrent aucun changement à la vie des prisonniers. C'était toujours la même plaine de glace. Le navire, au milieu de sa banquise, dérivait lentement vers le Nord. Et un deuxième hiver se passa au milieu des glaces. Le moment approchait où il allait falloir dire adieu au *Fram* et, sans espoir de secours, se lancer dans le grand désert blanc.

II. ***A travers les plaines de glace.*** — Au printemps de 1895, Nansen se résout à laisser le *Fram* s'en aller lentement au gré du courant vers la mer libre du Groenland* et à piquer droit au pôle. 800 kilomètres, c'est-à-dire la distance de Paris à Marseille, l'en séparaient.

Après des adieux émouvants à ses compagnons, n'emmenant avec lui qu'un matelot aussi héroïque que lui-même, il s'enfonce dans le désert polaire. Sur trois traîneaux attelés de chiens sibériens, il emportait un *sac de couchage*, un fourneau à pétrole, des vivres, des fusils, des cartouches et un certain nombre d'instruments scientifiques.

Les deux explorateurs avancèrent d'abord très rapidement sur de larges plaines de glace unie. Plus loin des amoncel-

Attelage de chiens

lements de glaçons les obligèrent à descendre et à porter eux-mêmes leurs traîneaux. Exténués par ce pénible travail, ils risquent à chaque instant de glisser et de se casser bras ou jambe. Et chaque jour, c'est ainsi : tantôt des plaines, tantôt des montagnes de glace hérissées d'aiguilles.

Le froid est terrible; le thermomètre tombe à — 42°.

« Les manches de ma jaquette, écrit Nansen, sont dures comme de la pierre et leur frottement contre mes poignets ouvre dans la chair de profondes entailles[1]. » La nuit, les deux explorateurs s'introduisent dans leur *sac de couchage* et, quand ils se sont réchauffés, les glaçons qui forment comme une carapace autour de leurs habits, fondent len-

1. Extraits de NANSEN, *Vers le Pôle* (E. Flammarion, édit.).

tement et les imprègnent d'humidité. Ils ont beau se serrer l'un contre l'autre; pendant plus d'une heure et demie, ils claquent des dents.

A ce terrible régime, les chiens meurent. Et cependant les monticules et les ravins de glace se font de plus en plus nombreux. Le halage* des traîneaux sur un pareil terrain aurait épuisé les forces d'un géant. Nansen gravit un monticule et n'ayant aperçu, à perte de vue, qu'un chaos de glaces, il se résolut à battre en retraite (8 avril 1895). Le retour fut extrêmement pénible. Il dùra plus d'un an. Cent fois les deux explorateurs faillirent perdre la vie; ils furent réduits à vivre presque sans manger. A demi morts, ils atteignirent enfin la terre François-Joseph; de là, ils furent rapatriés en Norvège (août 1896), après trois ans du plus extraordinaire voyage.

Résumé. — *Le dévouement à la science a poussé de nombreux marins vers le pôle Nord. Pendant un an et demi (deux hivers terribles), le Norvégien Nansen se laissa entraîner par les banquises jusqu'au bord du grand désert de glace qui entoure le pôle Nord.*

A 800 kilomètres du pôle, Nansen accompagné d'un matelot se lança en traîneau à travers le désert polaire. Après avoir enduré de grandes souffrances, les deux explorateurs furent arrêtés par une succession de monticules et de ravins de glace.

Explication des mots.

Banquise : montagne de glace, dans les mers polaires. — *La dérive des eaux* : le mouvement des eaux marines qui coulent lentement à la façon d'un fleuve, le long des côtes de la Sibérie et de l'Amérique du nord. — *Charrier* : entraîner avec soi. — *Arctique* : du Nord. — *Météorologie* : science qui étudie les phénomenes atmosphériques. — *Observations astronomiques* observations sur la position et les mouvements des astres dans le ciel. — *Groenland* · vaste région, au nord de l'Amérique, appartenant aux Danois. — *Halage* action de haler ou tirer à l'aide d'un cordage.

Composition.

Racontez le voyage de Nansen. — PLAN : Le but; la marche à travers le désert polaire; le retour.

36. — L'étude de l'atmosphère.

I. *Ascensions scientifiques.* — Comme la conquête de la terre et celle de la mer, la conquête de l'air, qui ne fait que commencer, a eu aussi ses héros et ses victimes.

Glaisher et Coxwell.

Un homme ne peut passer impunément de l'air auquel il est habitué. Dans un air beaucoup plus rare, comme celui des hautes couches de l'atmosphère : les liquides qui font partie de son corps, moins pressés qu'ils ne doivent l'être, se dilatent et agissent* contre les tissus qui les enveloppent ; de là un malaise général, des bourdonnements d'oreilles et souvent des hémorragies*.

En 1804, deux illustres savants, Biot et Gay-Lussac, qui s'étaient élevés à 4000 mètres pour étudier l'électricité, constatèrent que leurs yeux saignaient, que leurs lèvres se gonflaient et que leurs veines, arrondies, tendaient la peau de leurs mains. Cependant, le mois suivant, Gay-Lussac repartit et parvint à s'élever jusqu'à sept mille mètres : outre ce qu'on a nommé le *mal des hauteurs*, il éprouva un froid très vif. En 1850, deux autres savants, Barral et Bixio, dépassèrent cette hauteur; ils constatèrent une rapide augmentation du froid qui atteignit 39 degrés au-dessous de zéro. En 1862, deux savants anglais, Coxwell et Glaisher, parvinrent à 10 000 mètres : à 8850 mètres, Glaisher avait perdu connaissance et était tombé au fond de la nacelle; le froid était si vif que Coxwell eut à peine la force d'ouvrir la soupape de descente en tirant la corde avec ses dents.

II. ***L'ascension du « Zénith »***. — Ces ascensions avaient donné des résultats scientifiques importants. On désirait les renouveler. Aussi, lorsque Paul Bert eut fait, dans son laboratoire de la Sorbonne, les curieuses expériences qui prouvaient que l'oxygène, respiré à temps, fait disparaître les malaises dus aux basses pressions*, trois hommes courageux, Crocé-Spinelli, Sivel et Gaston Tissandier, résolurent-ils de s'élever le plus haut possible, en respirant de l'oxygène. Ils partirent le 15 avril 1875. A 8000 mètres, les trois aéronautes tombèrent évanouis dans leur nacelle. C'est que l'oxygène, s'il combat les malaises, n'empêche pas l'engourdissement du corps et de l'esprit qui s'affaiblissent sans qu'on s'en aperçoive.

Rien de plus émouvant que la page où M. Tissandier nous fait assister au drame qui eut lieu alors. « Il est 1 h. 20, dit-il. Je me sens tout à coup si faible que je ne peux même pas tourner la tête pour regarder mes compagnons. Je veux saisir le tube à oxygène, mais il m'est impossible de lever le bras. Tout à coup je ferme les yeux et je tombe inerte, perdant absolument le souvenir. A 2 h. 8 minutes, je me réveille un moment. Sivel et Crocé sont évanouis dans la nacelle. Je retombe évanoui. Quelques moments après, je me sens secoué par les bras, et je reconnais Crocé qui s'est ranimé : « Jetez du lest, me dit-il, nous descendons. » Mais c'est à peine si je puis ouvrir les yeux et je n'ai pas vu si Sivel était ranimé. A 3 h. 15, je rouvre les yeux. Le ballon descend avec une vitesse effrayante. Je me traine sur les genoux et je tire Sivel par le bras, ainsi que Crocé. « Sivel! Crocé! m'écriai-je, réveillez-vous! » Mes deux compagnons étaient accroupis dans la nacelle, la tête cachée sous leur manteau. Je rassemble mes forces et j'essaie de les soulever. Sivel avait la figure noire, les yeux ternes, la bouche ouverte et pleine de sang. Crocé-Spinelli avait les yeux fermés et la bouche ensanglantée. Vous dire ce qui s'est passé alors m'est impossible. J'étais comme fou et je continuais à appeler : « Sivel! Sivel! » Par bonheur j'ai pu mettre la main sur un couteau et détacher l'ancre* au moment voulu.... »

A 4 heures, le ballon s'éventrait sur un arbre. La science comptait deux soldats de plus, tombés au champ d'honneur.

Résumé. — *La conquête de l'air, à peine commencée, a eu déjà ses héros et ses victimes. S'étant élevés à 4000 mètres, Biot et Gay-Lussac ressentirent le mal des hauteurs. A 10000 mètres, deux savants anglais faillirent être gelés. Dans l'ascension du* Zénith, *Crocé-Spinelli et Sivel périrent.*

Observation des mots.

Se dilater : s'étendre, augmenter de volume. — *Hémorragie* : écoulement du sang hors des vaisseaux. — *Basse pression* . la pression atmosphérique est l'effet produit par la couche d'air qui pèse sur tous les corps; elle est égale à cent dix kilogrammes environ par décimètre carré. A mesure qu'on s'élève, elle diminue. — *Ancre* · instrument de fer à deux crochets qu'on laisse tomber pour s'accrocher.

Analyse des idées et Raisonnement.

1. *Pourquoi* l'homme ne peut-il pénétrer sans danger dans les hautes couches de l'atmosphère? — 2. *Pourquoi* Crocé-Spinelli et ses compagnons crurent-ils qu'ils pourraient s'élever très haut?

Composition.

Le drame du « Zénith ». — Plan : Les aéronautes. Le départ. L'accident.

37. — Les inventeurs.

I. *Le don d'observation.* — *Observer longtemps et patiemment, raisonner, puis essayer* : cette méthode, qui a mené les savants à la découverte des *lois de la nature*, a conduit beaucoup d'hommes qui n'étaient pas toujours des savants à d'utiles découvertes ou à de belles inventions.

L'homme qui ne sait pas observer, dit un proverbe russe, *pourrait traverser une forêt sans y voir de bois à brûler.* Qui de nous n'a vu des toiles d'araignée, et qui, aussi, en a tiré la moindre indication? Un jour, l'Anglais Brown aperçut les fils qu'une araignée avait entre-croisés d'une haie à l'autre, au-dessus d'un chemin; il eut l'idée qu'on pourrait de même jeter au-dessus des rivières des ponts faits de fils de fer et il inventa le pont suspendu. Un autre Anglais, Brunel, avait longtemps examiné le *taret*, ce petit ver qui ronge le bois des vaisseaux; il l'avait vu percer d'abord dans une direction, puis dans une autre, produire ainsi un trou rond et en recouvrir les parois d'une sorte de vernis; Brunel imita ce procédé en grand et accomplit ce merveilleux travail qu'est le tunnel qui passe sous la Tamise.

Un jour, les Suédois s'aperçurent avec effroi que toutes les charpentes dont ils construisaient leurs vaisseaux ne tardaient pas à être rongées par des milliers de petits vers; plus funestes que le *taret*, ces vers endommageaient les vaisseaux avant qu'ils eussent servi. Le roi pria le plus habile observateur du royaume, le savant naturaliste Linné, d'aller voir s'il y avait quelque remède au mal. Linné observa longtemps et patiemment; il découvrit que les vers sortaient de petits œufs déposés par une certaine espèce de mouche sur les bois fraîchement coupés; il découvrit encore que la saison de la ponte des œufs se réduisait à une quinzaine de jours en mai. Il conseilla donc de jeter dans l'eau, un peu avant cette époque, toutes les pièces de bois fraîchement coupées et de les tenir immergées* jusqu'à ce que le temps de la ponte fût passé. La chose se fit; mouches et vers, privés de leurs nids habituels, disparurent et la marine suédoise fut sauvée.

Venons en France. Rappelez-vous Denis Papin devant sa marmite. Comme l'illustre médecin de Blois, l'ingénieur Philippe Lebon, qui était venu prendre un peu de repos dans son village natal, à Brachay (Haute-Marne), était assis devant l'âtre de la cheminée (1792). Il regardait la flamme jaillir des bûches et se demandait ce qui pouvait lui donner naissance. Prenant de la sciure de bois, il en mit une poignée dans une fiole qu'il fit chauffer; une fumée abondante se dégagea, puis tout à coup elle prit feu en donnant une belle flamme lumineuse. Philippe Lebon venait ainsi d'allumer la première lampe à gaz et il allait créer cette grande industrie qui, aujourd'hui, dans toutes les villes, distribue partout la lumière et la chaleur.

Philippe Lebon.

Vers la même époque, Jacquart (1756-1834) inventait le métier qui porte son nom. Fils d'un pauvre tisseur, il avait vu de près la misère des ouvriers lyonnais et il savait par lui-même combien le tissage de la soie était chose pénible; depuis son enfance, il rêvait aux moyens de faire exécuter par une mécanique la partie la plus fatigante du travail. D'observation en observation, d'essai en essai, de perfectionnement en perfectionnement, il arriva à créer le métier qui a fait la richesse de Lyon.

II, ***L'observation des petites choses.*** — Sans avoir les hautes facultés des savants, ni le génie des inventeurs, chacun de nous, quelle que soit sa position, peut mettre à profit la méthode d'observation, de raisonnement et d'essai. On a dit très justement que l'observation attentive des petites choses est le secret du succès dans toutes les carrières[1]. Commerçants, observez le public, observez vos concurrents, cherchez quels sont les goûts de votre clientèle, essayez ce qui réussit aux autres, innovez* prudemment et le succès viendra. Agriculteurs, étudiez vos champs et leurs produits, observez vos voisins, comparez, faites des essais réfléchis et vous réussirez. **Il faut que nous nous fassions tous de bons yeux et un cerveau actif.**

Résumé. — *Observer, raisonner, puis essayer : voilà le chemin qui mène aux découvertes. En observant une toile d'araignée, l'Anglais Brown eut l'idée du pont suspendu. En observant le travail du taret, Brunel apprit à construire le tunnel qui passe sous la Tamise. En observant des mouches, Linné sauva la marine suédoise. Après avoir observé, Lebon créa l'éclairage au gaz, Jacquart inventa le métier à tisser.*

Explication des mots.

Immerger : Plonger dans l'eau. — *Innover* : Agir d'une manière nouvelle.

Analyse des idées et Raisonnement.

1. *Comment* Brown a-t-il inventé le pont suspendu? — 2. *Comment* Brunel apprit-il à construire son tunnel? — 3. *Comment* Linné sauva-t-il la marine suédoise? — 4. Que doit faire chacun de nous?

Composition.

La première lampe à gaz. — PLAN : Lebon assis devant le feu. — Il observe les flammes. — Il fait un essai. — Resultat.

1. Edison a dit : Si vous voulez vous enrichir, regardez autour de vous les choses les plus simples; en modifiant certaines parties, en améliorant certains détails, vous ferez fortune.

38. — La suppression du temps : l'alphabet rend la pensée impérissable.

I. *La tradition.* — L'humanité ne s'est pas avancée d'un pas régulier dans cette voie du progrès, qui va des outils en silex aux merveilles de la vapeur et de l'électricité. Sans doute, quand une génération* mourait, elle avait transmis ses découvertes aux jeunes : c'est ce qu'on appelle la **tradition**; mais, dans ces temps lointains, le genre humain était la proie d'une guerre sans fin, la victime de famines et d'épidémies terribles. A peine la civilisation avait-elle brillé dans un endroit qu'elle s'éteignait. Et alors que de découvertes perdues! Tout était à recommencer.

C'est l'invention de l'écriture qui a sauvé le genre humain. Avec l'écriture, ce fut comme si l'humanité montait dans un vaisseau pour traverser l'Océan des âges, ce fut comme si le temps et la mort avaient disparu, comme si la génération vivante et toutes les générations mortes n'en faisaient plus qu'une seule et mettaient en commun leurs découvertes, leurs pensées, leur sagesse.

II. *Invention de l'écriture.* — C'était en Égypte, il y a bien longtemps, cinq mille ans au moins. Un homme imagina un jour de dessiner grossièrement la chose dont il voulait donner l'idée et conserver le souvenir. Quoi de plus facile à lire que cette ligne

Bœuf.

Lion.

Oie.

Poisson.

Serpent.

On représentait de même un *chef* par un petit homme portant le *bâton de commandement*; un *roi* par un petit homme assis, ayant entre ses mains le signe de sa puissance, un *fouet*.... Ils n'étaient pas tendres, les rois

Chef.

Roi.

de ce temps-là! Voulait-on donner l'idée du pluriel, on représentait trois fois le signe; et vous lisez ici : *des oiseaux, des arbres.*

Oiseaux. Arbi

Tout va donc très bien tant qu'il s'agit de rappeler à la pensée des choses qu'on peut dessiner. Mais comment représenter, par exemple, le *vent*, le *jour*? Comment donner à entendre la *joie*, le *courage*? On eut recours à un moyen détourné* : on représenta le *vent* par une *voile gonflée*, effet du vent; le *jour* par le *disque* du soleil, cause du jour. Pour écrire le *courage*, on dessina un lion, animal courageux; ou, par abréviation, une tête de lion seulement. Pour dire la *joie*, le *plaisir*, on représenta un petit homme qui danse.

Vent. Jour. Courage. Joie

Ce n'est pas tout : il est impossible de faire une phrase sans verbe; on s'efforça donc de représenter le mieux possible les actions : *marcher* s'écrivait par une petite paire de jambes; *voir* par deux yeux; *manger* par un homme portant la main à sa bouche; *prier* par un homme à genoux, les mains tendues; *briser, détruire*, par un bras armé d'une massue; *régner* par un bras portant un fouet.... Autant d'idées à exprimer, autant de signes, c'est-à-dire des milliers!...

Marcher. Voir. Manger. Prier. Briser. Régner.

Savoir lire, savoir écrire, c'était, dans ce temps-là, une science difficile et rare. Bien plus tard, on trouva mieux.

III. ***Représentation des sons au lieu des choses.*** — On convint de représenter non plus chaque chose en particulier, mais seulement les sons de la langue : les voyelles, les articulations ou consonnes, et les syllabes.

Cela faisait encore plus de 500 caractères différents. L'écriture ainsi formée était donc encore difficile à déchiffrer, lente à apprendre.

Alors vinrent les Phéniciens.

C'était un peuple de navigateurs et de marchands dont le pays s'étendait le long du rivage de la Syrie* actuelle. En gens pratiques*, économes de leur temps, ils mirent de côté ce qui n'était pas nécessaire, tous les signes représentant des syllabes. Ils avaient dans leur langue vingt-deux sons, ils ne gardèrent que vingt-deux signes et **l'alphabet** fut créé : l'alphabet, c'est-à-dire le moyen d'écrire toutes sortes de pensées pour les conserver sur la pierre ou le papier.

CH. DELON. *Histoire d'un livre* (Hachette et Cie, édit.).

Résumé. — *L'humanite n'a pas fait de progrès réguliers. Transmises par tradition, les découvertes se perdirent souvent. La civilisation elle-même s'éteignit plus d'une fois. L'invention de l'écriture a tout sauvé. On commença par représenter les objets et les actions en les dessinant. On imagina ensuite de représenter les sons de la langue.*

Explication des mots.

Génération : tous les hommes vivant dans le même temps, ou à peu près. — *Moyen détourné* : qui ne va pas tout droit au but. — *Syrie* : partie de la Turquie d'Asie, cap. Damas. — *Gens pratiques* : qui savent s'y prendre, qui ont beaucoup d'expérience.

Analyse des idées et Raisonnement.

1. L'humanite a-t elle fait des progrès réguliers? — 2. Qu'est-ce que la *tradition*? — 3. *Pourquoi* l'invention de l'écriture a t-elle assuré le progrès? — 4. *Comment* les Égyptiens écrivaient-ils? — 5. *Comment* les Phéniciens ont-ils créé l'alphabet?

Composition.

Un illettré. — PLAN : Votre voisin, le vieux Jean Paul, ne sait pas lire. — Donnez des exemples de l'embarras où le met cette infériorité... Réflexion.

39. — L'imprimerie met le livre à la portée de tous.

I. ***Les premiers livres.*** — Pendant des milliers d'années, un livre ne fut qu'une longue bande de parchemin* formée de plusieurs feuilles collées à la suite les unes des autres; cette bande se roulait sur un petit barreau de bois comme nos grandes cartes géographiques.

Tous les livres étaient écrits à la main. Aussi un livre était-il une chose rare et précieuse. Figurez-vous un Français d'il y a six cents ans qui veut s'instruire en lisant tel ou tel ouvrage d'un écrivain célèbre; cet ouvrage, on n'en connaît qu'un seul exemplaire, en Italie, ou bien en Allemagne ou encore en Angleterre. Pour le lire, il faut faire un long voyage, pénible, dangereux : des centaines de lieues parfois, à pied ou à cheval, à travers des pays ravagés à chaque instant par les guerres entre seigneurs. Un jour, maître Yves de Reims, qui s'occupait de médecine, voulut lire un livre du célèbre médecin grec d'autrefois, Hippocrate*, qu'on a surnommé le *père de la médecine.* Dans tout le nord de la France, il n'y en avait qu'un seul exemplaire, à Chartres. Yves fit le voyage, partie à cheval, partie à pied; ce n'était qu'une soixantaine de lieues; cependant il arriva épuisé et faillit périr deux fois en route. Voyez combien il était difficile dans ce temps-là d'étudier, de trouver des maîtres et des livres. Mais voici l'année 1437, l'une des plus grandes dates de l'histoire du monde : Gutenberg commence les essais qui doivent aboutir à l'invention de l'imprimerie.

II. ***Jean Gutenberg.*** — Jean Gutenberg, né à Mayence, vivait alors à Strasbourg. Il avait peu de fortune, mais il était instruit, laborieux, chercheur, extrêmement ingénieux, courageux et patient. Une idée le tourmentait ; c'était de trouver un moyen de copier des livres sans plume, en grand nombre, rapidement et à peu de frais.

Or, depuis près d'un siècle, les Hollandais avaient imaginé la gravure sur bois : avec des outils tranchants, ils creusaient un bloc de bois de manière à laisser en saillie les lignes formant le dessin ou les mots qu'ils voulaient reproduire; après quoi ils noircissaient tout ce qui dépassait le creux et appuyaient dessus une feuille de papier.

On se contentait de faire ainsi quelques images; on ne cherchait pas à faire des livres, car, pour avoir un petit livre de cent pages, il aurait fallu graver cent blocs de bois : dépense énorme! Et encore, ces cent bois n'auraient pu servir qu'à imprimer un seul livre, toujours le même.

Une imprimerie ancienne.

Le raisonnement d'un homme de génie. — « Mais, se disait Gutenberg, si au lieu de graver ces caractères sur un seul bloc, tous tenant ensemble, on gravait chaque lettre à part sur un petit morceau de bois ou de métal séparé? En alignant, en ajustant les unes près des autres ces petites pièces portant chacune une lettre, on pourrait former des mots, des lignes, une page entière, qui s'imprimerait aussi bien que si elle était faite d'un seul bloc. Puis, la page étant imprimée, à mille ou à dix mille exemplaires*, on pourrait séparer toutes ces lettres; et alors, les groupant autrement, on pourrait former d'autres mots, d'autres lignes, une autre page. Ainsi les *mêmes lettres* gravées pourraient servir à imprimer un grand nombre de pages, de livres différents. »

Ah! voilà l'idée de l'homme de génie, la grande invention,

la trouvaille merveilleuse.... — Eh! direz-vous, c'est une chose toute simple! — Oui, toute simple. Une chose est toujours simple quand elle est inventée. C'est quand il faut la trouver qu'elle est difficile. Ces petites pièces portant les lettres de l'alphabet, qu'on peut ranger d'une manière ou d'une autre pour former des mots, cela semble un jeu. Eh bien! de toutes les découvertes qui ont été faites par les

Imprimerie moderne avec ses compositeurs.

hommes, aucune n'a produit des effets plus grands. Ces petites lettres allaient tout changer dans le monde.

D'ailleurs, si l'idée en elle-même était simple, ne croyez pas qu'elle fût facile à mettre en œuvre, surtout dans ce temps-là. Il fallut bien des essais, bien des efforts, beaucoup de travail. Le pauvre Gutenberg se ruina; son associé voulut lui prendre son invention, quand il l'eut menée à bien* (1450), et, s'il ne mourut pas dans la misère, ce fut grâce à l'archevêque de Mayence, qui lui donna une petite pension. Aujourd'hui, sa statue se dresse sur une place de Strasbourg. Le *premier des imprimeurs* est représenté debout, comme il convient à un homme de travail, enveloppé dans un grand manteau, avec sa longue barbe touffue et son air grave. Il tient dans ses mains une feuille de papier où sont imprimés ces mots : « *Et la lumière fut.* » C'est une des premières phrases de la Bible, le premier grand ouvrage imprimé par lui ; mais la « *lumière* » dont il s'agit ici, c'est celle qui éclaire les intelligences, c'est l'*instruction* qui se répand, qui rayonne par le moyen du livre et du journal.

Pendant que vous lisez ces lignes, tout ce qui se passe aux quatre coins du monde est annoncé aux journaux par le télégraphe, le téléphone et les câbles sous-marins. Et, alors, les grandes presses modernes vont entrer en mouvement : des milliers et des milliers de numéros s'imprimeront en quelques instants. Vite, les chemins de fer les emporteront dans toutes les directions. Et demain, sans vous déranger, vous pourrez savoir tout ce qui s'est passé d'important sur terre, les découvertes qu'on a faites, celles qui se préparent. Et cela, pour un petit sou ! N'est-ce pas merveilleux?

CH. DELON. *Histoire d'un livre* (Hachette et Cie, édit.).

Résumé. — *Autrefois tous les livres étaient écrits à la main. Ils étaient très rares; on ne pouvait pas étudier facilement. Gutenberg imagina de graver chaque lettre sur un petit morceau de métal. Il rapprochait les uns des autres tous les morceaux qu'il fallait pour écrire les mots d'une page. Ensuite il noircissait les lettres et appuyait dessus une feuille de papier, puis une autre et ainsi de suite. L'imprimerie était inventée. La lumière allait être mise à la portée de toutes les intelligences.*

Explication des mots.

Parchemin : peau de mouton préparée pour qu'on puisse y écrire. — *Hippocrate* : celèbre médecin grec qui vécut de 460 à 380 avant J.-C. — *Exemplaire* ; l'une des reproductions d'un même objet. — *Mener à bien* : achever.

Analyse des idées et Raisonnement.

1. *Comment* les premiers livres étaient-ils? — 2. *Comment* les Hollandais gravaient-ils sur bois? — 3. Quel raisonnement Gutenberg fit-il? — 4. *Pourquoi* cette invention est-elle si importante?

Composition.

Découverte de l'imprimerie. — PLAN : Ce qu'était Gutenberg. — Son raisonnement. — Conséquences de sa découverte.

40. — Tous pour un.

I. *L'association des efforts.* — Qu'y a-t-il de plus admirable dans toutes les découvertes faites par les chercheurs, et dans toutes les richesses arrachées à la nature? Ce ne sont ni les découvertes elles-mêmes, ni les richesses : c'est le moyen dont s'est servie l'humanité pour les produire. Ce moyen, c'est l'entr'aide, l'aide que l'homme apporte à l'homme et la génération morte à la génération vivante.

C'est grâce à cette association ininterrompue d'efforts que l'humanité a pu grandir.

Aujourd'hui, la vie la plus simple est quelque chose d'extrêmement compliqué. « Dans une petite chambre bien close, sur un lit de bois garni d'une paillasse, d'un matelas, d'une bonne couverture, sans compter deux oreillers de plume et deux draps de toile blanche, reposent un homme et une femme. Leur enfant dort auprès d'eux, dans son berceau.

« Ces gens-là ont mis un monde de travailleurs à contribution. Un architecte a tracé le plan de la maison qu'ils habitent. Un carrier a éventré la terre pour en arracher les moellons*. Un tuilier a extrait, pétri, moulé et mis au four chacune des tuiles qui les abritent. Un bûcheron a coupé des arbres dans la forêt, un voiturier les a transportés, un charpentier les a équarris* et assemblés pour leur faire une toiture. Un plâtrier a cuit le plâtre qui revêt leurs quatre murs. Un menuisier a raboté leur plancher, leur porte et leur fenêtre. Un verrier a fondu le verre de leurs croisées... L'éleveur, le boucher, le laboureur, le meunier, le boulanger, le vigneron, le tisserand, le filateur, le teinturier, le mineur, le forgeron, le tailleur et cent autres corps d'état ont travaillé pour eux. Cette heureuse famille, c'est une modeste famille d'ouvriers d'aujourd'hui, c'est la vôtre, enfants[1] ! »

1. E. ABOUT. *L'ABC du travailleur* (Hachette et Cie, édit.).

II. *Faiblesse de l'homme isolé.* — Privé de l'appui de ses semblables, l'homme ne peut plus mener qu'une vie misérable. Écoutez l'histoire de Robinson Crusoé.

Un naufrage a brisé le navire qui le portait; ses compagnons ont été engloutis pendant qu'une vague le jetait sur le rivage d'une île déserte. « Je me relevai mouillé, dit-il : point d'habits de rechange. J'avais faim : rien à manger. J'avais soif : rien à boire. Et je ne possédais pas même une arme avec laquelle je pusse tuer quelque animal pour ma nourriture. Mon sort était si affreux, que, pendant quelque temps, je courus çà et là comme un insensé. Bientôt la nuit vint; il ne me restait plus qu'à me cacher dans le branchage d'un arbre fort touffu qui croissait près de là, pour attendre le genre de mort qu'il me faudrait subir le lendemain. »

Si personne ne vient en aide à Robinson, que deviendra-t-il? Après avoir erré quelque temps à la recherche de fruits sauvages, il ne tardera guère à succomber. Mais qui donc pourrait le secourir? L'île est inhabitée et ses compagnons sont morts. Et cependant, il va être secouru; il va l'être par les générations qui sont mortes, par les hommes qui, depuis l'âge de la pierre, ont inventé et perfectionné les outils. En effet : le lendemain, la mer avait retrouvé son calme et le vaisseau était là tout près, à demi submergé* seulement.

Ce vaisseau qui contient des outils et des provisions, c'est la civilisation qui vient au secours de l'homme isolé.

A marée basse*, Robinson se mit à l'eau et grimpa sur le navire; il confectionna une espèce de radeau en attachant des mâts avec des cordes et en empilant dessus toutes les planches qu'il put trouver. Sur ce radeau, il mit ensuite trois coffres contenant du pain, du riz, des fromages de Hollande, des pièces de viande séchée, de la farine et un peu de blé. La découverte du coffre où le charpentier du vaisseau serrait ses outils lui causa une grande joie. « Voilà un trésor, dit-il, qui est beaucoup plus précieux pour moi que ne le serait un vaisseau tout chargé d'or. » Autre trouvaille non moins importante : dans la chambre du capitaine, il y avait deux fusils et deux pistolets avec de la poudre et des balles.

Dans les voyages suivants, Robinson trouva deux sacs de clous et de pointes, une grosse vrille à percer des trous dans le bois, une douzaine de haches, une pierre à aiguiser les outils, deux leviers de fer, des ciseaux, des scies, des couteaux, une caisse d'habits, un matelas, un hamac, des couvertures, des cordes, des voiles, de gros cordages.

Ainsi, Robinson avait de quoi se nourrir pendant quelque temps ; il pouvait se défendre en cas de danger, augmenter ses provisions par la chasse, se construire un abri, en un mot organiser sa vie ; mais qu'elle va être pénible la vie de cet homme isolé, qui ne peut compter sur l'aide d'aucun de ceux qui sont vivants sur la terre !

Résumé. — *Ce qu'il y a de plus admirable dans l'histoire de l'humanité, c'est l'association ininterrompue des efforts. Pour mener sa vie modeste, une famille d'ouvriers d'aujourd'hui met à contribution tout un monde de travailleurs.*

Privé de l'aide de ses semblables, l'homme ne peut rien. Robinson ne parvint à mener une vie misérable que grâce à l'aide que lui apporta le vaisseau naufragé.

Explication des mots.

Moellons : pierre de construction qui est blanche et assez tendre. — *Équarri* : taillé à angles droits. — *Submergé* : couvert d'eau. — *A marée basse* : quand les flots se retirent.

Analyse des idées et Raisonnement.

1. *Comment* l'humanité a t-elle grandi ? — 2. *Pourquoi* dit-on que ce ménage d'ouvriers a mis un monde de travailleurs à contribution ? — 3 *Pourquoi* la situation de Robinson dans son île était-elle désespérée ? — 4. *Comment* la civilisation vint-elle à son aide ?

Composition.

Tout pour chacun. — PLAN : Vos aliments pendant une journée. — Quels ouvriers avez-vous mis à contribution ? — Reflexion.

41. — L'homme isolé.

I. *A la recherche d'un abri.* — Qui construira la maison de Robinson? Où sont les terrassiers, les maçons, les charpentiers, les couvreurs, les menuisiers, les serruriers? Il n'y en a pas dans l'île. Robinson a, heureusement, une admirable énergie qu'aucun obstacle n'abat. Dans sa bouche reviennent souvent ces fortes paroles : « Il ne faut désespérer d'aucune chose. »

Il se met à la recherche d'un abri. Non loin d'une petite rivière, dont les eaux claires l'assuraient d'une excellente boisson, il trouva une petite grotte creusée dans un rocher; devant la grotte s'étendait une prairie. Il commença par entourer la prairie d'un double rang de pieux enfoncés en terre; chaque pieu était pointu par le haut. « Cet ouvrage, dit Robinson, me coûta un an de travail. Il me fallait tant de temps pour couper les pieux dans les bois, pour les façonner et surtout pour les conduire jusqu'à ma demeure, qu'un seul me prenait quelquefois deux jours. Pour entrer dans ma place forte, je fis, non pas une porte, mais une petite échelle avec laquelle je franchissais la palissade et que je retirais ensuite. Ainsi je dormais en toute sécurité.

« Dans la grotte, mes effets et mes outils étaient en tas : faute d'être bien rangés, ils tenaient toute la place; c'est pourquoi je me mis à élargir ma caverne. Le rocher était graveleux* et cédait assez facilement; mais il me manquait trois outils : une pioche, une pelle et une brouette. Je remplaçai la pioche par un levier de fer, mais, pour la pelle, il me fallut la fabriquer. Je trouvai dans l'île un arbre dont le bois était d'une dureté extrême ; j'en coupai péniblement une branche et peu à peu je lui donnai la forme d'une pelle grossière. Pour enlever la terre et les débris du rocher, je me servis, faute de brouette, d'une espèce de caisse que je fis avec des planches et des clous. Chaque jour, je travaillais un certain nombre d'heures, et, le dix-huitième jour, ma grotte était devenue un lieu assez spacieux pour me servir de magasin, de cuisine et de salle à manger.

« Les jours suivants, je m'occupai à placer de grandes tablettes les unes au-dessus des autres, sur tout un côté de la grotte. Comme chaque tablette devait être large, j'allais dans

Robinson avec ses animaux.

le bois choisir un gros arbre ; je mettais trois jours à le couper, deux à l'ébrancher, puis à force de hacher, de trancher et de charpenter, je le réduisais à une faible épaisseur. Les planchettes de ma grotte me demandèrent quarante-deux jours de travail, alors que deux scieurs avec leurs outils les auraient fabriquées en une seule journée : tant il est vrai que les ouvrages qui ne sont qu'une bagatelle quand on a de l'assistance et des outils, offrent des difficultés presque insurmontables à l'homme réduit à ses seules forces. »

11. ***Une vie pleine de difficultés.*** — Voilà donc Robinson pourvu d'un logis commode. Avec une table et une chaise

qu'il se fabriqua, il put enfin goûter toute la douceur d'être chez lui.

Le désir d'améliorer sa nourriture lui vint alors. Depuis longtemps, il regrettait d'être privé de bouillon et de viande ; or, chèvres et chevreaux abondaient dans l'île et Robinson en avait déjà tué un bon nombre ; il ne lui manquait qu'un pot de terre où mettre sa viande sur le feu ; mais comment s'en procurer un? Le hasard le mit sur la voie*. En remuant un jour les cendres de son foyer, il trouva un morceau d'argile bien cuit, rouge et dur comme une brique. Chercher de l'argile et en fabriquer trois cruches et trois pots fut l'affaire d'une journée ; « mais, dit Robinson, je n'avais aucune idée du fourneau dont se servent les potiers. A tout hasard je mis mes cruches sur un lit de cendres brûlantes et les pots par-dessus. Tout autour je fis un feu de bois sec qui flamba si bien que mes vases devinrent à la longue tout rouges ; je les laissai à ce degré de chaleur environ cinq ou six heures jusqu'à ce que j'en eusse vu un qui commençait à fondre : c'était le sable resté dans l'argile qui se liquéfiait*. Alors je modérai mon brasier et le laissai tomber par degrés de peur qu'un refroidissement subit ne fît fêler les vases. Je m'occupai toute la nuit à cela et au point du jour je me vis enrichi de trois cruches et de trois pots parfaitement cuits. Rien ne peut exprimer la joie que j'éprouvai : à peine mes pots furent-ils refroidis que j'en remis un sur le feu avec de l'eau et un morceau de chèvre, et jamais bouillon ne fut savouré avec autant de plaisir. »

Plus tard Robinson capture de jeunes chèvres, les domestique et se trouve en possession d'un troupeau qui lui donne du lait et des fromages en abondance.

Va-t-il s'en tenir là? Non : il va persévérer dans l'effort et, comme l'humanité primitive, il viendra à la culture de la terre ; il éprouvera toutes les difficultés qu'il faut surmonter pour se procurer un morceau de pain.

N'ayant que sa pelle de bois pour charrue, il retourne un petit champ et sème la poignée de blé qu'il a rapportée du vaisseau. En guise de herse, il promène sur le champ une grosse branche d'arbre qui enterre les grains tant bien que mal. Le blé lève : il le moissonne avec un couteau et l'écrase avec un pilon de bois. Pour séparer la farine du son, il la fait passer à travers un morceau de toile. Enfin les petits pains qu'il a fabriqués sans levain sont mis à cuire sous des plats de terre recouverts de braise.

Ainsi Robinson n'arrivait à vivre qu'au prix d'un effort de tous les instants. Et, s'il était resté seul dans son île, il n'aurait guère pu améliorer sa vie. C'est que, pour s'élever, l'homme a besoin de l'aide de ses semblables.

Résumé. — *Afin de se mettre à l'abri d'un danger possible, Robinson transforma une petite grotte en place forte : il lui fallut un an de travail. Pour agrandir sa caverne, il fabriqua avec beaucoup de peine des outils grossiers qui lui tinrent lieu de pioche, de pelle et de brouette. Il mit quarante-deux jours à façonner des planchettes que deux ouvriers avec une scie auraient faites en une journée.*

Robinson se fit ensuite potier, il domestiqua des chèvres et parvint à labourer, semer, moissonner, moudre et cuire du pain.

Explication des mots

Graveleux · mélangé de sable et de cailloux. — *Mettre sur la voie* : faire trouver le moyen qui mène au but. — *Se liquéfier* . devenir liquide.

Analyse des idées et Raisonnement

1. *Comment* Robinson parvint-il à s'abriter? — 2 Quel avantage une brouette offre-t-elle sur une caisse? — 3, *Pourquoi* Robinson enviait-il les scieurs de long? — 4. *Comment* se fit-il des pots de terre? — 5. Quels progrès réalisa-t-il ensuite?

Composition.

Les bienfaits des morts. — PLAN L'enfant naît débiteur de l'association humaine dette, sa nourriture, dette, son langage ; dette, le livre qu'il étudie; dette, l'outil de l'atelier. Cet héritage, il doit l'accroître.

42. — Un songe.

Aidons-nous les uns les autres et aimons-nous : un grand poète l'a dit en beaux vers :

Le laboureur m'a dit en songe : « Fais ton pain.
Je ne te nourris plus, gratte la terre et sème. »
Le tisserand m'a dit : « Fais tes habits toi-même ; »
Et le maçon m'a dit : « Prends la truelle en main. »

Et seul, abandonné de tout le genre humain
Dont je traînais partout l'implacable anathème,
Quand j'implorais du ciel une pitié suprême,
Je trouvais des lions debout dans mon chemin.

J'ouvris les yeux, doutant si l'aube était réelle ;
De hardis compagnons sifflaient sur leur échelle ;
Les métiers bourdonnaient, les champs étaient semés.

Je connus mon bonheur, et qu'au siècle où nous sommes
Nul ne peut se vanter de se passer des hommes,
Et, depuis ce jour-là, je les ai tous aimés.

SULLY-PRUDHOMME.
Poésies Un Conte. Tome I (A. Lemerre, edit.)

III. L'EFFORT

DANS UN GRAND PAYS D'AUJOURD'HUI

EN FRANCE

L'EFFORT CONTRE LA FAIM

43. — Le besoin de manger.

I. ***La machine humaine.*** — La faim est le plus tyrannique* de tous les besoins qui nous pressent. Elle est la cause de la plupart de nos actions; c'est elle qui fait que, chaque matin, l'ouvrier se rend à la fabrique, l'ingénieur à l'usine, le commerçant au magasin; c'est elle qui a occasionné les grandes migrations* de peuples au cours de l'histoire.

Qu'est-ce que la faim? L'avertissement qu'il est temps de recharger le foyer de la machine humaine. Notre corps est semblable, en effet, à une machine délicate et exigeante. Pour qu'une machine marche bien, il faut la fournir de charbon. Pour que notre corps continue d'accomplir ses mouvements, il lui faut du carbone. Ce carbone remplace celui qui se trouve dans tous nos tissus* et qui brûle constamment. Il brûle constamment parce que, sans interruption, le sang se charge d'oxygène pour le brûler jusque dans les parties les plus profondes du corps. Respirer, c'est souffler de l'air dans le foyer; manger, c'est le recharger de charbon.

Vient-on à mettre dans le foyer une quantité insuffisante de combustible, la machine travaille mal; inversement, on risque de la faire sauter en la bourrant. De même pour la machine humaine, suivant qu'on lui donne trop peu ou trop d'aliments. Pour en assurer le fonctionnement normal*, un homme doit consommer tous les jours 300 grammes de viande, 60 grammes de graisse et de beurre et environ 700 grammes de féculents fournis par le pain, les haricots,

Ce qu'un homme consomme de pain, de vin, de légumes, de viande et de lait en 70 ans

les lentilles, etc. C'est dans ces aliments qu'il trouve le carbone et l'azote que son organisme use en vingt-quatre heures.

II. *Les aliments.* — A raison de cinq cents grammes de pain par jour, un demi-litre de vin, quatre cents grammes de légumes, deux cent cinquante grammes de viande, un cinquième de litre de lait, un homme consomme en soixante-dix ans : 12.775 kilos de pain, 12.775 litres de vin, 10.220 kilos de légumes, 6.387 kilos de viande et 5.110 litres de lait.

Et quand, au lieu d'un homme, il s'agit d'une nation, on arrive pour une seule année à des chiffres effrayants. La France consomme annuellement 110 millions d'hectolitres de blé, 138 millions d'hectolitres de pommes de terre, 4 millions d'hectolitres de légumes secs, 7 millions d'hectolitres de châtaignes, 500 millions de kilos de viande, 146 millions de kilos de poisson, 3 milliards d'œufs, 200 millions de kilos de beurre, 400 millions de kilos de sucre, etc.... Ce qui représente en argent : 3 milliards de francs pour le blé, 2 milliards pour la viande, 1 milliard et demi pour le lait, 140 millions pour le poisson, 180 millions pour les œufs, 500 millions pour les légumes frais ; etc.

Que de gens travaillent sans relâche pour produire ces aliments !

Si l'on réunissait en un seul groupe les ouvriers qui s'occupent de l'alimentation publique, ce groupe comprendrait les trois quarts de la masse des travailleurs.

Résumé. — *La faim est la cause de la plupart de nos actions. Elle nous avertit qu'il est temps de recharger le foyer de notre machine.*

Le corps humain est, en effet, une admirable machine dont tous les mouvements se font en brûlant du carbone. Il lui en faut 300 grammes par jour. Il les trouve dans les aliments. Les trois quarts des travailleurs sont occupés par l'alimentation publique.

Explication des mots.

Tyrannique : qui force, tel un tyran, à faire certaines choses. — *Migration* : mouvement d'un peuple qui passe, qui émigre en masse, d'une region dans une autre. — *Tissu* · enchainement de filaments longs et fins, qui forme soit les muscles, soit les nerfs. — *Fonctionnement normal* : action qui se fait selon les règles.

Analyse des idées et Raisonnement.

1. Quels travaux deviendraient inutiles si nous n'avions pas besoin de nourriture ? — 2. En dehors de la nourriture, de quoi avons-nous besoin ? — 3. A quels travailleurs le demandons-nous ?

Composition.

Histoire d'une bouchée de pain — PLAN · Mastication. — Rôle de l'estomac dans la digestion. — Circulation du sang dans le corps.

44. — Les bons travailleurs de France.

I. *L'éleveur.* — La France est une succession de collines ensoleillées, de plaines fertiles et de vallées bien arrosées.

A l'ombre des collines, le long des rivières, l'herbe pousse dru : aussi l'élevage est-il une des grandes ressources du pays. « Que ce soit l'élevage de la Normandie ou de la Bretagne, de la Thiérache ou du Morvan, de l'Auvergne ou du Dauphiné, il exige peu de main-d'œuvre*; il isole l'homme dans son enclos, fait de lui un prince sur son domaine d'émeraude; il l'enrichit lentement, le rend lent lui-même, d'esprit réfléchi et avisé*. »

II. *Le vigneron.* — Au flanc du coteau, le sol est pierreux et caillouteux, il craque sous la bonne chaleur et la lumière de l'été. Les froids mêmes ne sont pas rudes. C'est la région de la vigne et des jardins. Vignes de Champagne et de l'Ile de France, de Touraine et d'Anjou, vignes de la Saintonge et de l'Aunis, du Bordelais et du Midi, vignes du Rhône et de la Bourgogne, elles font à l'homme un travail sain, une humeur gaie. Le vigneron est vigoureux, laborieux et tenace*. Toujours penché vers la terre, son corps en reste courbé.

III. *Le jardinier* — « Le vigneron a pour camarade le jardinier, chapeau de paille, tablier bleu et l'arrosoir à la main. Celui-ci demande à son champ deux ou trois récoltes par an. C'est lui qui fait courir le duvet sur les pêches d Argenteuil, c'est lui qui fait rougir les cerises de la vallée du Rhône, qui fait mûrir les poires juteuses et dont l'inquiète vigilance arrose et dore le chasselas. Fine oreille, il surveille en terre le travail aveugle du radis, de l'asperge, de la pomme de terre; il sait tout, c'est un débrouillard. Peu à peu, il transforme la terre de France. »

IV. *Le cultivateur.* — « Mais voici les longs plateaux qui unissent les collines, voici les vastes plaines plates qui s'allongent dans le bas cours des fleuves. Ce sont maintenant les champs et c'est le labourage. Au printemps, les blés en herbe couvrent la terre et frissonnent à l'aigre caresse du vent. Quand vient l'août, la plaine est blonde et l'océan des moissons cuit sous le grand soleil. La campagne est diaprée de la variété des récoltes : seigles haut montés, blés roux et grenus, avoines fines, orges à la barbe d'or ; puis c'est la variété des prairies artificielles, sainfoins, luzernes, trèfles ; c'est enfin l'alignement infini de la betterave, cette richesse du Nord[1]. »

V. *Le pêcheur*. — Voici que plateaux et collines s'inclinent vers la mer ; alors apparaissent les pêcheurs que les flots attirent comme un aimant. La mer, c'est leur champ, leur vigne ; ils l'aiment moins encore pour le gain qu'ils en tirent que pour son immensité et ses dangers.

Herbagers, vignerons, jardiniers, cultivateurs, pêcheurs, tels sont les bons travailleurs qui ont fait fuir de chez nous le spectre de la disette.

Résumé. — *La France est une succession de collines, de plaines et de vallées. A l'ombre des collines et le long des rivières s'étendent les prairies où se fait l'élevage. Aux flancs des coteaux pousse la vigne. Jardiniers et cultivateurs tirent des plaines une grande variété de récoltes. Au long des côtes vivent les pêcheurs qui vont chercher le poisson en mer.*

Explication des mots.

Main-d'œuvre : travail d'ouvrier. — *Avisé* : habile à se conduire. — *Tenace* : qui ne se laisse pas rebuter par les difficultés.

Analyse des idées et Raisonnement.

1. Où se fait l'elevage ? — 2. *Comment* l'éleveur vit-il ? — 3. Où se rencontre la vigne ? — 4. *Comment* le travail de la vigne rend-il le vigneron ? — 5. En quoi consiste le travail du jardinier ? — 6. Que voit on dans les plaines ? — 7. Et au bord de la mer ?

Composition.

Un repas. — PLAN L'un des repas que vous avez faits ces temps ci. — De quoi se composait-il ? — Quels travaux en avaient fourni les éléments ?

1. G HANOTAUX : *L'énergie française* (Flammarion édit)

45. — Un fléau d'autrefois.

I. ***Les grandes famines.*** — Si les aliments abondent aujourd'hui, il n'en a pas toujours été ainsi; longtemps la famine* a été le cauchemar* de nos ancêtres.

Depuis l'époque où l'invasion barbare détruisit l'ordre établi par les Romains, les famines ont été très nombreuses en France. Les plus épouvantables furent celles du moyen âge; elles causèrent d'horribles scènes de cannibalisme*; des gens furent surpris à vendre de la chair humaine au marché de Tournus (Saône-et-Loire). Puis ce furent les misères de la guerre de Cent Ans et, plus tard, celles des guerres de religion. En 1572 le blé valut jusqu'à soixante francs l'hectolitre; et soixante francs de ce temps-là en représentent cent cinquante du nôtre!

Massacre sous Louis XIII

En 1635, sous Louis XIII, cent cinquante mille Impériaux « *font leur chambre* » dans le Nord-Est. Véritables bandits, ils suivent le conseil que leur donne l'étendard de leur chef : « *Frappe fort, prends tout et ne rends rien* ». Près de Reims, les gens sont réduits à manger « *des limaçons, des chiens, des chats* ». Autour de Saint-Quentin, il ne se passe pas de jour qu'il ne meure de misère plus de deux cents personnes: « *J'assure*, dit un contemporain, *avoir vu de mes propres yeux des troupeaux d'hommes et de femmes fouiller la terre pour y découvrir des racines.* »

Sous Louis XIV, la Fronde fut une période de misère atroce : un pays affreusement ravagé, tantôt par les soldats du roi, tantôt par les Frondeurs ; d'immenses espaces abandonnés ou incultes, des villes et des provinces réduites au tiers de leur population, des troupes de bandits faisant fuir les paysans dans les forêts : telle est la situation de tout le centre de la France. La fin du règne ne fut pas moins triste et Fénelon pouvait écrire : *La France est comme un immense hôpital désolé.*

II. ***Mauvaise culture et mauvaise administration.*** — Les méthodes de culture ne pouvaient améliorer la situation du pays. L'agriculture en était encore aux manières de faire du moyen âge : les champs étaient en jachère* un an sur trois.

Les routes étaient rares, mal entretenues, les chemins vicinaux affreux et les transports impraticables.

Le cultivateur était trop pauvre pour acheter de bonnes semences. Après une sécheresse, l'inondation ou la grêle, toute une province était menacée de la famine.

Et rien à attendre du voisin, car les droits de circulation étaient infinis et singulièrement onéreux : pour venir de Bordeaux à Paris, une barrique de vin payait quatre-vingt-deux taxes différentes !

Enfin, moins l'on possédait, plus l'on payait : sur cent francs de revenu, le paysan payait 81 fr. 70 d'impôts. Quoi d'étonnant s'il refusait de cultiver, de semer, de produire !

Un jour, M. de Choiseul voulut faire couvrir de tuiles les maisons de ses paysans ; ils s'y opposèrent, car, disaient-ils, « *on augmenterait nos impôts* ».

La Révolution détruisit la mauvaise organisation, mais elle ne pouvait détruire la routine.

En 1811, l'hectolitre de blé monta à 70 francs. En 1847, il alla dans certaines provinces à 53 francs; le pain de 4 livres valait à Paris 1 fr. 25.

III. ***Triomphe du grain de blé.*** — Mais la science est venue : elle a enseigné les moyens de faire produire davantage à la terre et elle a uni par le télégraphe, le téléphone et les câbles sous-marins, tous les pays du globe. Que la récolte soit mauvaise dans un endroit : une dépêche est envoyée et aussitôt les gros navires s'emplissent de blé dans les ports d'Amérique ou de Russie et, à toute vapeur, ils accourent....

Résumé. — *La famine a désolé l'humanité jusqu'à nos jours. En France, pendant le moyen âge, la guerre de Cent Ans, les guerres de religion, la Fronde, la fin du règne de Louis XIV, les famines furent nombreuses. Les mauvaises méthodes de culture et la mauvaise administration augmentaient le mal. Aujourd'hui la science a enseigné les moyens de faire produire davantage à la terre et elle a mis en rapport tous les pays producteurs.*

Explication des mots.

Famine : manque d'aliments. Aujourd'hui encore, les Indes anglaises sont dévastées, de temps en temps, par d'horribles famines dues à l'absence de pluies et a la mauvaise administration. — *Cauchemar* : pensée effrayante dont on ne peut se débarrasser. — *Cannibalisme* : action de manger de la chair humaine. — *Jachère* : état d'une terre labourable qu'on laisse reposer. Mieux vaut la faire produire en tout temps au moyen des engrais et d'un bon assolement.

Analyse des idées et Raisonnement.

1. *Pourquoi* la famine était-elle toujours à craindre en France avant la Révolution? — 2. *Pourquoi* devint-elle plus rare après la Révolution? — 3. *Pourquoi* n'est-elle plus à craindre aujourd'hui?

Composition.

La guerre des farines. — PLAN : La famine règne dans certaines provinces tandis que les vivres surabondent dans d'autres. — Turgot décrète la libre circulation des grains. — Émeutes. — Répression.

46. — Marseille, port des blés.

I. *La ville*. — Marseille est une belle ville, bien tracée, bien arrosée. De longues et larges rues percées à travers les vieux quartiers y ont amené l'air et la lumière; de grandes et belles maisons se sont élevées. Sous ce climat, assaini par le mistral*, tout le monde, riche et content, coule une

Port de la Joliette.

existence aisée. Le caractère est jovial, bon, généreux, ouvert: on vit volontiers en plein air, sur la place publique.

« Tout le monde fabrique, vend, achète, trafique; tout le monde vit de son travail. La mouture du blé, la fabrication des produits chimiques et du savon, la trituration des graines oléagineuses, le raffinage du sucre de canne, le tannage des peaux, le lavage des laines, la préparation des pâtes, des conserves, des salaisons, la distillation du pétrole, la fonte des minerais, la construction des machines, font de Marseille une ville industrielle de premier ordre[1]. »

II. *Le port*. — Mais Marseille est bien autre chose encore. C'est comme un immense bazar. Là se promène l'univers, là s'entendent toutes les langues, là passent et repassent

1. L. Simonin. *Revue des Deux Mondes*.

tous les costumes. On n'est plus en France, on est dans je ne sais quel pays étrange qui serait comme un abrégé de tous les autres. Devant vous s'étalent tous les produits du globe : les blés de la mer Noire, les arachides* du Sénégal, les huiles de Gênes, les marbres de Carrare, le café de Rio, le camphre de Bornéo, la morue de Terre-Neuve, le bois de Campêche, le pétrole de Pensylvanie, les laines de Montevideo, le guano du Pérou, le cuivre du Chili, etc.

Toutefois, le blé est, de beaucoup, la principale marchandise importée. Sur le quai au blé, la corporation des portefaix verse les sacs sur la berge du haut de grands échafaudages : le blé, torrent d'or, roule au milieu d'une fumée blonde. Des hommes en fez rouge le criblent à mesure dans de grands tamis de peau d'âne et le chargent sur des charrettes.

Dans les années de disette, Marseille est comme le grenier d'abondance, la grande nourricière du pays. Elle reçoit du Danube, de l'Égypte, de l'Asie Mineure, de l'Algérie, les blés qui nous manquent et, par le chemin de fer de Paris-Lyon-Méditerranée, elle les déverse sur toute la France. Grâce à Marseille, les famines sont désormais impossibles chez nous.

Résumé. — *Marseille est une grande et belle ville, bien tracée, située sous un beau climat, où tout le monde travaille et vit gaiement. Par son port Marseille est devenue le rendez-vous du monde entier. On y trouve tous les produits de la terre, mais particulièrement les blés étrangers qui, de là, se déversent sur toute la France.*

Explication des mots.

Mistral vent violent du N.-O. qui souffle dans la vallée du Rhône. —*Arachide* ou *pistache*, plante légumineuse.

Analyse des idées et Raisonnement.

1. Décrivez Marseille. — 2. Décrivez le port — 3. Décrivez le déchargement du blé.

Composition.

Le rôle de Marseille. — PLAN : Situation géographique. — L'arrivée du blé. — Le déchargement. — La dispersion par chemin de fer.

47. — La pomme de terre.

Parmentier. — Du pain tout seul, c'est peu varié comme nourriture. Combien pourtant devaient autrefois s'estimer heureux lorsqu'ils n'en manquaient point! Aujourd'hui encore, même dans les années d'abondance, le blé est toujours cher pour qui n'a rien que le travail de ses bras. Et vienne une mauvaise année, le prix du pain s'élève, la faim entre au logis du pauvre. Heureusement, à côté du blé, s'est placée une plante alimentaire qui a mérité, par ses qualités, d'être appelée le pain du pauvre et le régal du riche.

C'était à la fin du XVIIIe siècle; la misère était affreuse. Beaucoup de paysans se nourrissaient d'un mélange de fougères et d'orties ou de son mouillé.

On savait bien que, dans quelques contrées, la pomme de terre importée* du Pérou depuis deux siècles servait à la nourriture des bestiaux. Mais on ne la cultivait pas, car cette plante avait une réputation effrayante, et c'est en vain que Turgot avait cherché à la propager* dans le Limousin*: c'est en vain qu'un savant de l'époque, Parmentier, avait fait l'analyse chimique* des tubercules et prouvé qu'ils ne renfermaient rien de nuisible. C'est que le fruit de la pomme de terre, le véritable fruit, petite pomme verte de la grosseur d'une cerise, est réellement vénéneux. Le feuillage l'est aussi; les animaux domestiques n'y touchent jamais. Mais les tubercules ne le sont pas; produits par le renflement des rameaux souterrains, ils constituent d'excellentes réserves alimentaires.

Pied de pomme de terre.

Fort heureusement, Parmentier n'était pas seulement un savant : c'était encore un homme de bien. La misère du peuple l'avait ému et il était résolu à mettre tout en œuvre pour vulgariser cet aliment sain, peu coûteux.

Statue de Parmentier, à Neuilly.

En 1771, il obtint de l'Académie de Besançon un prix pour son mémoire* « *Sur les substances alimentaires qui pouvaient atténuer les calamités d'une disette* ».

« La pomme de terre, disait-il, doit être parmi nous le puissant auxiliaire du blé; avec elle on ne doit plus craindre les famines. Trop longtemps dédaignée et réservée exclusivement à la nourriture des bestiaux, il faut qu'elle devienne aussi la nourriture de l'homme, il faut qu'elle apparaisse sur la table du riche et sur celle du pauvre et qu'elle occupe le rang que sa saveur et ses qualités nutritives devraient lui avoir acquis depuis longtemps. »

Le mémoire fut imprimé et répandu dans les campagnes. Cela ne suffit pas. Après avoir accusé la pomme de terre de donner la lèpre ou les fièvres, on lui reprocha de rendre incultes les champs où on la cultivait. Alors Parmentier demanda et obtint l'autorisation d'ensemencer, à Neuilly, la plaine des Sablons, jusque-là d'une grande stérilité. La pomme de terre y vint à merveille : elle était donc bien peu exigeante, elle empruntait donc bien peu à la terre! Et, afin de mieux attirer l'attention, Parmentier posta des gardes autour de son champ durant le jour, trop heureux lorsque la nuit quelque pauvre, mourant de faim, lui venait dérober quelques tubercules.

Enfin, en 1781, le jour de la Saint-Louis, Parmentier ayant offert au roi des fleurs de pommes de terre, les premières de son champ, Louis XVI en mit une à sa boutonnière;

la reine l'imita. La mode s'en mêlant, tous les courtisans suivirent l'exemple royal. Peu de temps après, Parmentier offrait aux seigneurs de la cour un repas somptueux au menu duquel figurait le précieux légume accommodé à vingt sauces différentes. La cause de la pomme de terre était gagnée.

Peu à peu, les paysans demandèrent des semences et ils se trouvèrent désormais à l'abri des horreurs de la famine.

Aujourd'hui, la statue de Parmentier s'élève à Neuilly, au lieu même où il fit faire ses plantations. Il a bien mérité d'être rangé au nombre des bienfaiteurs de l'humanité.

Résumé. — *Autrefois, dans les années de disette, le peuple était réduit à se nourrir d'herbes et de racines. La pomme de terre ne servait qu'à la nourriture des bestiaux. On disait qu'elle donnait la lèpre. Parmentier prouva qu'elle était saine et nutritive; mais il lui fallut beaucoup de temps et d'efforts pour en vulgariser l'usage.*

Explication des mots

Importer : introduire dans un pays une production etrangère. — *Propager* : repandre autour de soi. — *Limousin* : ancienne province de France, capitale Limoges, dont Turgot fut longtemps l'*intendant*, ou gouverneur. — *Faire l'analyse chimique* : chercher tout ce qui entre dans la composition d'une plante, d'un liquide, etc. — *Un mémoire* : ecrit dans lequel on etudie une question scientifique, historique, etc.

Analyse des idées et Raisonnement.

1. *Pourquoi*, aujourd'hui encore, le blé ne suffit-il pas à chasser la faim de partout? — 2. *Pourquoi* la pomme de terre avait-elle une réputation effrayante à la fin du XVIIIe siècle? — 3. Qui a vulgarisé l'usage de la pomme de terre? — 4. *Comment* Parmentier s'y prit il pour vulgariser l'usage de la pomme de terre?

Composition.

La pomme de terre. — PLAN : La pomme de terre n'est pas une racine. — Comment la cultive-t-on? — Ses usages (alimentation, nourriture du bétail, fécule, alcool).

48. — La terre de France rajeunie et améliorée.

1. ***La terre est le garde-manger des plantes.*** — La science est parvenue à rajeunir la vieille terre de France. Le blé n'y rendait en moyenne que 11 hectolitres à l'hectare en 1820; il en rend maintenant 17. Ce dernier chiffre peut, dans certaines terres, doubler et tripler. Quelle est donc la force qui rajeunit ainsi la vieille terre? C'est l'engrais chimique.

Étendues comme des mains qui fouillent un obscur garde-manger, les racines des céréales vont chercher dans la terre les quatre éléments de nutrition indispensables qui sont : l'azote, l'acide phosphorique, la potasse et la chaux. L'azote donne de la couleur à la plante et la fait croître en tous sens, en tige, en feuilles. L'acide phosphorique lui donne sa vie intérieure ; il circule dans tous les tissus, auxquels il est aussi nécessaire qu'à nous le pain. Moins indispensable, mais très utile, la potasse est pour la plante une sorte de viande. Quant à la chaux, elle forme la charpente des végétaux comme celle des animaux : nos os en sont faits.

Or, la terre arable contient ordinairement une provision suffisante de ces quatre éléments, mais, comme elle en cède chaque année une petite partie à chaque plante qu'elle nourrit, il arrive tout naturellement qu'elle s'appauvrit peu à peu. « Une bonne terre de Beauce et de Brie, dit M. Dehérain, une terre qui, depuis deux mille ans, produit du froment perd 900 grammes d'acide phosphorique par quintal de blé qui sort du domaine. C'est cet acide phosphorique passé dans le pain, qui a formé les os des générations qui se sont succédé à Paris. L'on conçoit que ce transport constant des phosphates, des champs aux cimetières des grandes villes, ait déterminé un appauvrissement qui se manifeste par la diminution de la récolte. » Quand l'un des garde-manger de la plante est vide, c'est à nous de le remplir, si nous voulons que la plante continue à grandir.

C'est pour cela qu'on répand du fumier sur la terre; mais ce moyen excellent est coûteux, car il faut trop de fumier pour rendre à la terre un peu seulement de ce qu'elle a perdu. Les provisions du garde-manger, azote, acide phosphorique, potasse et chaux, sont plus rapidement renouvelées par les engrais chimiques : nitrates, phosphates, etc....

Champagne pouilleuse avant les amendements

Photo Gris

Champagne pouilleuse après les amendements.

II. ***Amélioration de la terre.*** — La terre n'a pas seulement été *rajeunie*, elle a été *améliorée* par les amendements. Les terres crayeuses sont devenues fertiles après avoir été mélangées de marne argileuse : c'est ainsi que les terres arides* de la Champagne pouilleuse* se sont changées en riantes oasis. Les prairies argileuses du Limousin, amendées par les terres calcaires amenées du Poitou, sont devenues d'excellents pâturages.

Et, enfin, plus de trois millions d'hectares incultes ont été conquis à l'agriculture, depuis 1840. Les Dombes dans l'Ain, la Sologne au sud d'Orléans, la Brenne entre l'Indre et la Creuse, étaient couvertes de marais et à peine peuplées : on les a desséchées, les fièvres ont disparu et aujourd'hui des champs verdoyants remplacent les eaux pestilentielles*. A l'est du Rhône inférieur, le *colmatage** a changé la Crau pierreuse, où le sol se vendait « trois sous la portée de fusil » en une terre qui s'enrichit chaque année, les canaux imaginés par M. de Crapponne ayant amené sur les pierres les alluvions* de la Durance qui forment déjà une couche de terre de vingt-cinq centimètres.

Gloire à tous les bons ouvriers de la vieille terre de France! Mais il leur reste encore beaucoup à faire, depuis les étangs du Languedoc aux landes de Bretagne.

Résumé. — *Par leurs racines, les céréales vont chercher dans la terre de quoi se nourrir. Ainsi leur garde-manger se vide un peu chaque année. Les provisions de nourriture sont renouvelées par les engrais. La grande valeur des engrais chimiques, nitrates, phosphates, a été découverte par les savants. On améliore encore les terres cultivables en les amendant. On en a augmenté l'étendue par le défrichement, le drainage et le colmatage.*

Explication des mots.

Aride : qui ne produit rien. — *Champagne pouilleuse* : partie de la Champagne qui était stérile. — *Pestilentiel* : capable de donner des maladies semblables à la peste. — *Colmatage* : action d'amener des eaux chargées de limon pour exhausser le terrain. — *Alluvion* : terres et sables apportés par un cours d'eau.

Analyse des idées et Raisonnement.

1. *Pourquoi* la terre s'appauvrit-elle chaque année? — 2. *Comment* rajeunit-on la terre? — 3. *Comment* améliore-t-on les mauvaises terres?

Composition.

Amendements et engrais. — PLAN : Qu'est-ce qu'un amendement? Exemples. — Qu'appelle-t-on engrais naturels? chimiques?

49. — L'élevage

I. ***Les prairies en France.*** — Après les céréales, le produit agricole le plus important est l'herbe des prairies.

Les prairies abondent en France, surtout dans les régions humides : ce sont de grandes plaines basses où les rivières coulent à pleins bords sous les saules; tantôt ce sont des

Prairie normande

enclos bordés d'arbres, qui font de la campagne un vaste bocage, où les fermes sont cachées dans la verdure.

Les belles races de bœufs et de vaches qui nous approvisionnent de viande, de lait, de beurre et de fromage sont la richesse de la Normandie, du Morvan et de l'Auvergne; la Bretagne a ses vaches noires, petites, mais nerveuses, sobres*; véritable richesse pour un pays pauvre, elles paissent sur le caillou. Le Perche et le Boulonnais ont leurs forts chevaux de trait; la Bretagne et la Normandie leurs grands carrossiers; les Landes et la Camargue leurs petits chevaux vifs, élégants. Le Limousin a ses ânes et ses mulets; le Berri et les Causses ont leurs moutons.

L'élevage demande beaucoup d'expérience. Nos éleveurs excellent en cet art difficile qui a fait la réputation universelle des races françaises. La merveille de leur art, ce sont les bœufs présentés chaque année au « *Concours général agricole* », à Paris.

II. ***Comment on obtient un bœuf gras.*** — L'éleveur commence par choisir un jeune bœuf au corps massif, à l'allure vive ; il le retire du pâturage et lui donne un logis spécial, une étable de luxe, bien propre, suffisamment éclairée et ventilée, avec une excellente litière sans cesse renouvelée. Une douce chaleur y règne : la température est maintenue entre 15 et 18 degrés. Pour atténuer le trop grand éclat de la lumière, on a installé au-dessus des fenêtres de petits paillassons qui se lèvent et se baissent à volonté, et servent ainsi d'écrans contre le soleil.

Les moindres désirs du futur lauréat seront satisfaits. Le moral, comme on sait, influe sur le physique : pas de contrariétés! Certains aiment la solitude ; d'autres, au contraire, ne se plaisent qu'avec des voisins de table. La plupart se laissent attacher; quelques-uns ne peuvent souffrir d'être privés de la liberté de leurs mouvements.

Rien n'est laissé au hasard; chaque moment de la journée a son emploi, toujours le même : la régularité dans les habitudes n'est-elle pas le gage d'une excellente santé? Le matin, à l'aube, l'aspirant bœuf gras s'éveille mollement couché sur sa litière. Sa journée débute par une toilette générale que lui fait subir son valet de chambre; il est lavé des pieds à la tête et, si besoin est, savonné. Après la toilette, courte promenade pendant laquelle on nettoie l'écurie. Au retour, on sert à Monsieur le Bœuf son premier repas qui a lieu, comme tous les autres, à heure fixe. Repu, notre animal se couche pour ruminer : si même, après son repas, il ne se couchait pas, c'est qu'il se passerait chez lui quelque chose d'anormal* dont il y aurait lieu de s'inquiéter.

Avant le second repas, vers quatre heures du soir, on lui fait faire une seconde promenade, plus longue que la première si le temps est beau. Le repas terminé, on le laisse digérer. Peu à peu, le bœuf en viendra à faire copieusement* ses quatre repas par jour.

N'allez pas croire que, pour l'engraisser, il suffise de l'empiffrer* avec n'importe quelle nourriture. Le choix des aliments, les quantités à distribuer, autant de questions délicates! Pendant la dernière période d'engraissement, un bœuf de 800 kilos consomme dans sa journée 6 kilos de bon foin, — le foin étant indispensable pour favoriser la digestion et éviter à Monsieur le Bœuf une maladie d'estomac, — puis de 15 à 20 kilos de légumes cuits, de 5 à 8 kilos de farine d'orge ou de maïs, et de 3 à 5 kilos de tourteaux de colza, le tout assaisonné de 50 grammes de sel marin. Ajoutez 25 à 30 litres d'eau. A la fin de l'engraissement, le bœuf est passé de 800 à 1100 kilos.

L'élevage ordinaire ne demande pas tant de soins; mais il exige tout de même des connaissances précises et une surveillance de tous les instants.

Résumé. — *Les bœufs nivernais, les vaches bretonnes et normandes, les chevaux du Perche, les moutons du Berri sont justement renommés. L'élevage demande beaucoup d'expérience.*

Explication des mots.

Sobre : qui boit et mange peu. — *Anormal* : contraire à ce q doit être, à la règle. — *Copieusement* : en très grande quantité. *Empiffrer* : gorger de nourriture.

Analyse des idées et Raisonnement.

1. *Pourquoi* l'herbe des prairies est-elle un produit agricole important? — 2. *Comment* l'éleveur s'y prend-il pour engraisser un bœuf?

Composition.

Le lait. — PLAN : Ce qu'est le lait; ses différents usages.

50. — L'année du paysan.

I. *Douze mois d'efforts.* — Les campagnes de France sont une image en raccourci de la vaste Terre : on cultive l'olivier en Provence comme à Athènes, l'oranger sur la Côte d'azur comme en Algérie, la betterave à Abbeville comme en Allemagne, le pommier en Normandie comme au Canada;

La moisson.

les céréales emplissent les greniers aussi bien et mieux que nulle part ailleurs. C'est le bras et la main du paysan français qui suffisent à ces labeurs divers. Sa vie est un effort de tous les instants :

« L'hiver s'atténue*, les beaux jours reviennent : il faut vite en profiter pour semer les avoines, herser les blés, bêcher. Avril survient, et la douceur : les pêchers sont roses et les cerisiers blancs, les bourgeons s'ouvrent, les oiseaux chantent; tout cela est bien beau, mais, pour nous cultivateurs, ça signifie qu'il faut se hâter de labourer, de planter les pommes de terre. Vient mai, à qui le vert feuillage ait toujours une parure agréable : il faut briser les jachères, curer les fossés, biner*. C'est juin avec ses beaux soleils, les haies sont piquées d'églantines, les acacias sont chargés de grappes blanches qui embaument, il y a des fleurs et des nids partout; mais nous, paysans, la belle saison ça nous dit qu'il faut se lever dès trois heures du matin pour faucher, et qu'il faut travailler sans arrêt jusqu'à neuf ou dix heures chaque soir. C'est juillet : qu'il fait bon n'avoir rien à faire! mais, pour nous, ce n'est pas le moment de faire des siestes*. En grande hâte, il faut finir le foin : le seigle mûrit. Le seigle est coupé : il faut se dépêcher de le battre, car sa paille est nécessaire pour lier le blé qui nous appelle. Hardi! au froment! Abattons à grands coups les tiges sèches! Serrons les javelles brûlantes! Édifions en meules les gerbes lourdes! Il fait tellement chaud qu'on n'en peut plus. Mais moi, le maître, je dois quand même entraîner les autres : — *Le travail dégourdit; de se remuer, ça donne de l'air; hardi! les gas! hardi!...*

« Août bat son plein, et l'on cuit de plus belle. La moisson est finie; bouvier, vite à tes bœufs, il faut conduire les fumiers pendant que les chemins sont secs. Au chargement des tombereaux, les autres! Puis, au labour!

« Septembre : les jours raccourcissent, allongeons-les; le travail presse, les pommes de terre sont bonnes à extraire, continuons de nous lever à quatre heures. Hardi! les gas!... Octobre et les semailles : l'eau peut survenir; profitons de ce qu'il fait bon, continuons de nous lever matin. Hardi! les gas! Ouf! voici novembre enfin : c'est la saison d'hiver, la saison du calme. C'est la saison du calme, mais non celle du repos; il y a encore des besognes en masse, des labours de chaumes, des rigoles à creuser dans les prés, des ronces à extirper, des bouchures à tailler, des arbres à ébrancher; il y a surtout les animaux qui ont réintégré l'étable et qu'il faut soigner[1].... »

1. GUILLAUMIN : *La vie d'un simple* (Stork, édit.).

II. ***Travail sain et productif.*** — Eh ! oui, c'est cela l'année du paysan : année de travail incessant, sans doute, mais de travail sain, en pleine nature, année de travail varié comme les saisons et que la science rend de plus en plus productif.

A ceux qui vous diront la ville et ses merveilles,
N'ouvrez pas votre cœur, paysans, mes amis!
A l'appel des cités, n'ouvrez pas vos oreilles;
Elles donnent, hélas! moins qu'elles n'ont promis.
La cité, pour son peuple, en vain se dit féconde;
Le pain de ses enfants est plus amer que doux.
Sous un luxe qui ment, tel rit aux yeux du monde,
Qui tout bas porte envie au dernier d'entre vous.

J. Autran.
(Calmann-Lévy, édit.).

Résumé. — *Les campagnes de France sont une image en raccourci de la vaste Terre : on y cultive aussi bien l'olivier et l'oranger que la betterave et le pommier. La vigne y est prospère. On y fait de l'élevage et on y récolte des primeurs. Chaque mois apporte au paysan français un travail nouveau, quelquefois pénible, mais toujours sain et que la science rend de plus en plus productif.*

Explication des mots.

S'atténuer : devenir moins rigoureux. — *Biner* : donner à la terre une seconde façon pour l'empêcher de durcir. — *Sieste* : sommeil auquel on se livre dans les pays chauds après le repas de midi.

Analyse des idées et Raisonnement.

1. *Pourquoi* les campagnes de France sont-elles une image en raccourci de la terre? — 2. *Pourquoi* la vie du paysan est-elle un effort de tous les instants? — 3. Qui est le plus heureux du paysan ou de l'ouvrier des villes?

Compositions.

Description d'une ferme. — Plan : Les bâtiments; les animaux; les instruments de culture; le personnel.

Les semailles et la moisson. — Plan : L'époque des semailles et le travail préparatoire. — Le semeur dans le champ. — Les travaux qui suivent. — Le temps passe, arrive la moisson.... Décrivez les moissonneurs au travail.

51. — La pêche du poisson.

I. ***Les poissons.*** — Ce n'est pas seulement à la terre que nous demandons notre nourriture; c'est aussi à la mer.

De Dunkerque à l'embouchure de la Bidassoa, puis du cap Cerbère à Menton, la mer baigne les côtes de France sur une longueur de 3000 kilomètres. Des milliers d'embarcations la sillonnent, en quête de poissons et de coquillages.

Dans la mer du Nord, où les courants qui se heurtent déposent des détritus* de toute espèce, abondent en quantité prodigieuse les harengs, les maquereaux, les soles.... Sur les côtes de la Manche se trouvent de nombreux bancs d'huîtres d'une grande richesse. Dans les anses* de Bretagne, véritables viviers tapissés de sable fin et couverts d'algues, pullulent la raie, le mulet, le bar, la barbue, l'anguille de mer, la sole, le carrelet, la limande, le rouget et cent autres. Ajoutez les crabes, les homards, les langoustes, les crevettes.... Dans la Méditerranée passent des myriades de poissons voyageurs comme le thon.

La pêche aux harengs.

II. ***La vie des pêcheurs.*** — La pêche occupe 150 000 hommes et près de 30 000 embarcations. Rude vie que celle de ces pauvres gens : pour eux les plus grands dangers ne comptent pas et ils trouvent tout simple de les braver chaque jour sans s'en vanter. « Par une froide matinée, après une nuit de grande pluie, une à une les barques reviennent; tout est trempé, morfondu*; les habits des pêcheurs dégouttent Que rapporte-t-on ? Pas grand'chose. On revient en vie pourtant. Au vent violent de cette nuit, les bateaux embarquaient des lames. On a vu de près la mort.... Et le soir, ils repartent; des nuages cuivrés montent sur une mer sinistre. N'importe, il faut vivre !... » La mer, elle est la grande nourrice; elle est aussi la grande dévorante, hélas !

Combien ont disparu, dure et triste fortune!
Dans une mer sans fond, par une nuit sans lune,
Dans l'aveugle Océan, à jamais enfouis!

Combien de patrons morts avec leurs équipages!
L'ouragan, de leur vie, a pris toutes les pages
Et d'un souffle il a tout dispersé sur les flots!
Nul ne saura leur fin dans l'abîme plongée;
Chaque lame, en passant, d'un butin s'est chargée:
L'une a saisi l'esquif*, l'autre les matelots.

Nul ne sait votre sort, pauvres têtes perdues!
Vous roulez à travers les sombres étendues,
Heurtant de vos fronts morts des écueils inconnus.
Oh! que de vieux parents, qui n'avaient plus qu'un rêve,
Sont morts en attendant tous les jours sur la grève
Ceux qui ne sont pas revenus!

V. HUGO.

Résumé. — *La mer baigne les côtes de France sur une longueur de 3000 kilomètres. Cent cinquante mille pêcheurs y affrontent chaque jour les plus grands dangers.*

Explication des mots

Détritus : débris de toutes sortes. — *Anse* : petite baie. — *Morfondu* : qui a souffert d'un froid pénétrant. — *Esquif* : petit bateau.

Analyse des idées et Raisonnement.

1. Quelles ressources la mer nous fournit-elle? — 2. Quels dangers menacent la vie des pêcheurs?

Composition.

Une partie de pêche à la ligne. — PLAN : Les préparatifs; la pêche; ça mord; le retour.

52. — Petite et grande pêche.

I. *La sardine.* — La petite pêche se fait le long des côtes; la plus fructueuse est celle de la sardine.

La sardine est un poisson de petite taille, au dos bleu, aux côtes d'argent. On sait très peu de chose de certain sur elle. Elle vit en bandes et semble passer la plus grande partie de son existence dans les eaux profondes. Elle ne se rapproche de la surface qu'à certaines époques de l'année, entre mai et octobre. Une foule de gros poissons en font alors un carnage sans fin.

On la pêche dans tous nos petits ports, depuis Douarnenez jusqu'aux Sables-d'Olonne. Quand la mer se couvre de grosses mouettes qui plongent à chaque instant, c'est que les sardines sont arrivées. Un millier de barques montées par quatre ou cinq hommes quittent la côte. Tandis que le patron prépare une *seine*, c'est-à-dire un grand filet de pêche, le mousse brasse* dans un baquet deux sortes d'appâts : de la *rogue* et de la *gueldre*. La rogue vient de Norvège et se compose d'intestins de morue fortement salés; la gueldre est formée d'œufs de crevette qu'on recueille par charretées à l'entrée des marais salants et qu'on pile. L'odeur de ce mélange est épouvantable et il faut admirer les matelots qui plongent leurs bras dans le puant baquet, saisissent les poignées d'appât pour les jeter à l'eau, des deux côtés de la seine. Si la sardine *donne*, on voit bientôt la mer devenir graisseuse et blanchir; deux hommes tirent le filet hors de l'eau horizontalement pendant que le reste de l'équipage dégage les poissons pris par la tête dans les mailles.

La plus belle pêche dont on ait gardé le souvenir est celle du 5 octobre 1767 dans la baie de Saint-Yves en Cornouaille, où l'on pêcha 7000 barriques de sardines, chaque barrique de 35 000 poissons : total 245 millions en un jour. La sardine paraît, certaines années, se détourner de nos côtes.

Entre toutes les mauvaises années, l'année 1902 a été désastreuse pour les sardiniers : en fin de saison, l'un des plus habiles patrons ne put distribuer que 4 fr. 50 pour six mois de pêche à chacun de ses hommes d'équipage.

II. ***Le hareng.*** — La grande pêche se fait au large : dans la mer du Nord pour le hareng, à Terre-Neuve et en Islande pour la morue. La pêche du hareng s'ouvre au mois de juin, époque de la ponte où les harengs quittent les profondeurs de la mer. Des lueurs phosphorescentes* ondulent sur les flots. Ce sont les « *éclairs* » du hareng. « Des profondeurs à la surface, dit Michelet, un monde vivant vient de monter. Ils montent, ils montent tous ensemble. La sociabilité est la loi de cette race ; on ne les voit jamais qu'ensemble. Ensemble, ils vivent ensevelis aux ténébreuses profondeurs ; ensemble, ils viennent au jour. Ils naviguent en bancs* compacts*. Nulle destruction ne les décourage. Hommes, poissons, tout fond sur eux : ils vont toujours, les femelles pondant leurs œufs qui emplissent la mer. Qu'on songe que chacune a quarante, cinquante, jusqu'à 70.000 œufs et l'on verra que si rien ne s'opposait à leur multiplication, ils arriveraient à combler l'Océan, ou à le putréfier, et à faire du globe un désert. La vie, impérieusement, réclame l'assistance de la mort. La nature a fait le merlan, la morue. Le merlan s'emplit, se comble de harengs et devient gras. La morue s'emplit, se comble de merlans et devient grasse. Si bien que, le danger des mers, l'excès de la fécondité, recommence ici, plus terrible ».

III. ***La morue.*** — La morue, en effet, a jusqu'à neuf millions d'œufs ! Une morue de 50 livres en a 14 livres pesant, le tiers de son poids ! C'est celle-ci qui mettrait le monde en péril. Au secours ! lançons des vaisseaux, équipons des flottes. La morue, à elle seule, a créé des comptoirs et des villes.... Mais qu'est-ce que l'homme peut faire ? La nature sait que nos petits efforts ne seraient rien, que la morue vaincrait l'homme; et elle a inventé l'esturgeon et le requin.

Chaque année, de Dunkerque, de Dieppe, de Granville, de Saint-Malo, de Paimpol, des navires partent pour l'Islande et Terre-Neuve. Là, chaque pêcheur jette à la mer une vingtaine de lignes ayant chacune de 50 à 80 hameçons et il les relève aussitôt, lourdes de butin. Mais la mer qui entoure l'Islande est la plus terrible du monde et le marin y risque d'être broyé par les icebergs*. A Terre-Neuve, les tempêtes et le brouillard sont fréquents, fréquents aussi les désastres.

Pêche à la morue.

Résumé. — *La petite pêche se fait le long des côtes. De Douarnenez aux Sables-d'Olonne, on pêche la sardine. La grande pêche se fait au large; dans la mer du Nord pour les harengs; à Terre-Neuve et en Islande pour la morue.*

Explication des mots.

Brasser : remuer avec les bras pour mélanger. — *Phosphorescent* : qui brille, comme du phosphore, dans l'obscurité. — *Banc* : grande quantité de poissons de même espèce qui voyagent ensemble. — *Compact* : épais, serré. — *Iceberg* : montagne de glace détachée du pôle.

Composition.

Décrivez la pêche de la sardine. — PLAN : La sardine. — Son arrivée. — La pêche, énumération des actions.

53. — Ce qu'est la mer.

I. *La mer*. — Immense d'étendue, énorme de profondeur, de couleur bleue ou vert foncé, la mer est ténébreuse dans son épaisseur. « Si l'on y plonge, dit Michelet, on y perd bientôt la lumière; on entre dans un crépuscule où persiste une seule couleur, un rouge sinistre*; puis cela même disparaît et la nuit complète se fait, c'est l'obscurité absolue.

« Bien avant de la voir, on l'entend. D'abord, c'est un bruit lointain, sourd et uniforme; et peu à peu tous les bruits lui cèdent et en sont couverts. On en remarque bientôt la solennelle alternative, le retour invariable de la même note, forte et basse, qui, de plus en plus, roule, gronde. »

La mer.

Dans les temps calmes, elle est presque unie et n'a que de petites lames qui laissent entre elles des sillons comme dans un champ labouré. Dans les gros temps, les lames se relèvent et retombent sur elles-mêmes avec bruit. Elles semblent se poursuivre les unes les autres, elles écument, elles frappent bruyamment le rivage. Dans les tempêtes, la force des vagues est irrésistible; elles se brisent avec fureur sur les rochers de la côte.

Pour bien connaître la mer, il faut l'aller voir aux deux endroits où elle déploie toute sa sauvage grandeur : dans la baie du mont Saint-Michel et à l'endroit où *finit la terre* d'Europe, dans le *Finistère*.

II. *Un coin terrible*. — La baie du mont Saint-Michel se

développe, en demi-cercle, de la pointe de Cancale à celle de Granville, sur une surface d'environ 300 kilomètres carrés. A marée basse, cet immense espace a l'aspect d'un lit de cendres blanchâtres. Malheur à l'imprudent qui s'y engage sans guide; il risque d'y être englouti. « J'en puis parler, dit Michelet, je l'ai été presque moi-même. Une voiture fort légère dans laquelle j'étais, disparut en deux minutes avec le cheval; par miracle, j'échappai. Mais moi-même, à pied, j'enfonçais. A chaque pas, je sentais un affreux clapotement, comme un appel de l'abîme qui me demandait doucement, m'invitait et m'attirait, et me prenait par le dessous. J'arrivai pourtant au roc, à la gigantesque abbaye. » Il est un danger plus terrible encore : ce sont les brouillards qui se précipitent à l'improviste* sur la grève. En quelques minutes, la brume se forme, s'épaissit et couvre la terre de ténèbres; plongé dans leur mystérieuse profondeur, le voyageur éperdu* s'égare; une inexprimable angoisse s'empare de ses sens; il tourne au lieu d'avancer ou marche vers la mer en croyant se diriger vers la terre; cependant, la marée montante arrive; elle entre comme feraient d'immenses reptiles dans les chenaux sinueux qui serpentent au travers des grèves; elle s'y allonge avec la vitesse d'un cheval au galop, gagne de vitesse le malheureux égaré et l'emporte.... Aussitôt que la brume se montre et tant qu'elle dure, on sonne la grosse cloche du mont Saint-Michel, mais trop souvent ses tintements n'ont été que le glas* funèbre des infortunés qu'ils devaient guider.

Treize cent millions de mètres cubes, c'est-à-dire une quantité d'eau suffisante pour alimenter la Seine à Paris pendant soixante jours, envahissent les grèves. On comprend qu'une pareille masse qui doit, dans l'intervalle de quelques heures, s'étaler sur les plages, puis s'enfuir et s'équilibrer autour des îles anglo-normandes, forme dans les passages étroits des courants extrêmement dangereux. « Ces courants, dont la rapidité va jusqu'à 20 kilomètres à l'heure, s'animent, se ralentissent, s'apaisent, se renversent pour s'incliner de nouveau, chaque jour à des heures différentes, suivant l'âge de la lune. Pendant les heures où le vent est contraire, la mer devient affreuse : des vagues monstrueuses s'entre-choquent dans un tumulte impossible à décrire ; on dirait qu'un volcan sous-marin soulève des montagnes d'eau et creuse instantanément sous elles des abîmes. Dans cette confusion, les plus puissants navires cessent de gouverner, et combien d'autres, dont la disparition ne s'est jamais expliquée, se sont engloutis la nuit dans ce tourbillon[1] ! »

Résumé. — *D'étendue immense, de couleur bleue ou vert foncé, la mer fait entendre un bruit sourd et monotone. Presque unie dans les temps calmes, elle est terrible par les gros temps.*

Elle montre toute sa puissance dans la baie du mont Saint-Michel, si dangereuse à marée basse avec ses sables mouvants et ses brouillards et qui, à marée haute, est envahie par une masse d'eau effrayante.

Explication des mots.

Sinistre : d'un aspect effrayant. — *A l'improviste* : quand on ne s'y attend pas. — *Eperdu* : troublé, qui ne sait plus que faire. — *Glas* : tintements d'une cloche, qui annoncent la mort de quelqu'un.

Analyse des idées et Raisonnement.

1. *Comment* la mer est-elle en temps calme ? Dans le gros temps ? (*Voyez l'étendue, la couleur, le mouvement; écoutez....*) — 2. *Comment* la baie du mont Saint-Michel est-elle à marée basse ? — 3. *Pourquoi* faut-il se jeter à plat ventre quand on se sent enliser ? — 4. Décrivez la marée montante. — 5. *Pourquoi* les courants sont-ils si redoutables autour des îles anglo-normandes ?

Composition.

L'enlisement. — PLAN : Aspect de la grève à marée basse. — Le promeneur imprudent. — Il se sent enfoncer, sa terreur. — Imaginer le dénouement.

1. M. BAUDE. *Revue des Deux Mondes.*

54. — Du pays de l'Épouvante au bord de l'Abîme océanique.

I. *Au pays de l'Épouvante.* — A l'extrémité de la Bretagne, où finit la terre d'Europe, la mer est effrayante. Partout, elle y est en mouvement jusqu'au fond même de son lit, oscillant* de toute la hauteur d'un navire pour se ruer* à grands coups sur les roches de la côte qu'elle démolit peu à peu. Quoique le sentier suive la crête du promontoire* à quatre-vingts mètres de hauteur, on y est cependant couvert de la poussière des vagues, dès que le vent s'élève. « Dans le cap même s'ouvre un abîme, l'Enfer de Plogoff, au fond duquel les lames s'entre-heurtent avec un bruit de tonnerre. Non loin est la terrible baie des Trépassés, où les matelots croient entendre les plaintes des noyés mêlées aux voix stridentes* de l'ouragan. » Puis la pointe se prolonge en mer par une chaussée d'îles : telles l'île de l'Épouvante et l'île de Sein toujours voilée par la poussière des vagues, où, jadis, neuf druidesses offraient des sacrifices incessants au dieu des orages. Combien de navires se sont perdus sur les trois roches extrêmes de cette chaussée de Sein : Ar-Men, Madiou et Schomeur! « Ces trois bandits de la mer s'entendaient pour les pires assassinats; ils ont fait pendant des siècles toutes les mauvaises actions que peut faire un rocher. Autour d'eux, le lit de la mer est un vaste cimetière. »

II. *Au bord de l'Abîme océanique.* — Ces roches sont les débris d'un littoral qui a été rasé par les flots en fureur. Le véritable domaine de l'Océan est plus loin, au delà des berges immergées qui portent les îles de Bretagne et de Saintonge et qui forment comme le socle du continent. Au delà de ces berges se trouve l'abîme océanique. L'endroit où cet abîme se rapproche le plus des côtes de France est le golfe de Gascogne, au centre duquel la sonde révèle une profondeur de 5000 mètres. Dans ce golfe, les tempêtes sont fréquentes et terribles; et les 200 kilomètres de la côte des Landes n'offrent pas d'abri. Le navire qui manque le passage de Cordouan, poussé par le vent du Nord, pourra manquer encore Arcachon. Et alors il sera la proie de la tempête ! Ce qui peut lui arriver de mieux, Michelet va nous le dire :

Une tempête dans le golfe de Gascogne (1859). — « Cinq jours et cinq nuits, sans trêve, ce fut la même fu-

Une tempête dans le golfe de Gascogne.

reur. Du premier coup, une grande teinte grise ferma l'horizon en tous sens ; on se trouva enseveli dans ce grand linceul de cendres qui n'ôtait pas toute lumière et laissait découvrir une mer de plomb et de plâtre. Elle ne savait qu'une note : c'était toujours le hurlement d'une grande chaudière qui bout, toujours le même son, heu ! heu ! heu ! hu ! hu ! hu ! Le grand hurlement n'avait de variante* que les voix bizarres du vent qui apportait un déluge de pluie. Les vagues, croisées contre elles-mêmes, souvent ne pouvaient retomber : la rafale*, par-dessous, les enlevait comme une plume et les jetait sur les campagnes de la Gironde.

« Un navire monté par trente hommes parut. Après avoir évité les écueils, il était venu en face d'une petite plage de sable fin. Eh bien, sur cette douce plage, enlevé par le tourbillon, il retomba d'un poids épouvantable, fut assommé, disloqué. Les trente hommes échappèrent, grâce aux phares. Quand le vaisseau, emporté de la haute mer par cette houle furieuse, arriva la nuit près des côtes, il avait mille chances pour une de ne pas entrer en Gironde. Mais, à sa droite, la pointe lumineuse de Grave lui dit d'éviter le Médoc; à sa gauche, le petit phare de Saint-Palais lui fit voir le dangereux roc de la Grand'Caute. Entre ces feux blancs et fixes éclatait sur l'écueil central le rouge éclair de Cordouan qui, de minute en minute, montre le passage. Par un effort désespéré, il passa, mais ce fut tout.... Les trente virent où ils étaient, qu'ils allaient tomber sur le sable et qu'ils avaient chance de vie s'ils quittaient à temps le vaisseau. Ils se tinrent prêts à s'élancer, se fièrent à la fureur même du vent qui, en effet, les emporta dans les terres. Heurtés, froissés, ils allèrent tomber je ne sais où, mais enfin ils tombèrent vivants.[1] »

Résumé. — *A l'extrémité de la Bretagne, la mer est si terrible, qu'à* 80 *mètres de hauteur on est couvert de la poussière des vagues. Là se sont brisés bien des navires. C'est dans le golfe de Gascogne que l'abîme océanique se rapproche le plus des côtes de France. Les tempêtes y sont très dangereuses.*

Explication des mots.

Oscillant : allant alternativement dans un sens, puis dans un autre. — *Se ruer* : se jeter avec violence. — *Crête du promontoire* : le bord le plus élevé de la terre qui s'avance dans la mer. — *Strident* : qui produit un son aigu. — *Variante* : forme différente. — *Rafale* : coup de vent violent.

Analyse des idées et Raisonnement.

1. Décrivez la mer à l'extrémité de la Bretagne. — 2. Où est le véritable domaine de l'Océan? — 3. Décrivez la tempête de 1859.

Composition.

La côte océanique. — PLAN : Aspect de la côte bretonne. — Les berges de Saintonge. — La côte de Gascogne

1. MICHELET. *La Mer.*

55. — Contre les fureurs de l'Océan.

I. *Les phares.* — « Qui peut dire combien d'hommes et de vaisseaux sauvent les phares? Qu'elle est sombre, la nuit en mer! Qu'elles sont vastes et redoutables, ses ténèbres! La lumière vue dans ces nuits horribles de confusion où les vaillants se troublent, non seulement montre la route, mais elle soutient le courage, empêche l'esprit de s'égarer. C'est un grand appui moral de se dire dans le danger suprême : Persiste! encore un effort! Si le vent, la mer, sont contre toi, tu n'es pas seul; l'humanité est là qui veille pour toi[1]. »

La France s'est fait une ceinture de phares qui, avec leurs éclairs différents de couleur et de durée, disent aux matelots : « Gare! observe ce rocher, fuis cet écueil, tourne ici, bon! te voilà dans le port. » Les plus remarquables sont ceux qu'on appelle *les Isolés* et qui, à plusieurs lieues de la côte, veillent en pleine mer comme des sentinelles avancées; ils se trouvent principalement à l'extrémité de la Bretagne. Sur ces écueils qui n'affleurent* souvent qu'à mer basse et qui sont presque toujours balayés par les lames, comment a-t-on pu asseoir de puissantes colonnes de granit ou de fonte capables de résister aux tempêtes les plus violentes? A force d'énergie et de temps. Le phare d'Ar-Men, commencé en 1867, ne fut terminé que 14 ans plus tard en 1881. Ar-Men est une roche que sept lieues de mer séparent du continent. Elle n'est découverte que par temps calme, à marée basse, et encore ne s'élève-t-elle que de 1 m. 50 au-dessus du flot. « Dès qu'il y avait chance d'accoster*, dit l'un des ingénieurs qui conduisaient les travaux, on voyait accourir des bateaux de pêche. De chacun d'eux descendaient sur la roche deux hommes munis de leur ceinture de sauvetage; ils se couchaient sur elle, s'y cramponnaient d'une main, tenant

1. Michelet. *La Mer.*

de l'autre un fleuret* ou un marteau et travaillaient avec une activité fébrile, sans cesse couverts par la lame qui déferlait* par-dessus leurs têtes. Si l'un d'eux était entraîné par la violence du courant, sa ceinture le soutenait et une embarcation allait le reprendre pour le ramener au travail. » A la fin de cette première campagne, les embarcations avaient pu accoster sept fois; les ouvriers avaient pu faire en tout huit heures de travail et, au cours de ces huit heures, forer* quinze trous dans la roche. La campagne suivante donna seize accostages et dix-huit heures de travail; des crampons* furent scellés dans les trous et la construction proprement dite put commencer. « Mais, dit l'ingénieur, il ne fallait pas perdre une minute, car on travaillait au milieu des lames arrachant parfois de la main de l'ouvrier la pierre qu'il se disposait à mettre en place. Un marin expérimenté faisait le guet et on se hâtait de maçonner quand il annonçait une accalmie*, de se cramponner quand il prédisait l'arrivée d'une grosse lame... » L'ensemble du travail, haut de 33 mètres, a coûté un million.

Photo Gruyer

Phare d'Ar-Men.

II. ***La vie dans le phare.*** — Ce phare n'est pas accostable; on ne peut communiquer avec les gardiens que par un système de va-et-vient. L'un des gardiens lance une amarre* au navire arrêté dans le voisinage et, par un système de poulies, une escarpolette sur laquelle on s'assoit va et vient du phare au navire et du navire au phare au-dessus de la mer en fureur.

Qu'on songe à la vie que mènent les gardiens dans les phares : leur emprisonnement va de quinze jours, s'il n'y a qu'un gardien, à 45 jours s'il y en a trois; mais, lorsque la tempête règne, il peut durer des mois, tout l'hiver même! Cette réclusion a souvent des effets terribles; plusieurs gardiens de phare sont devenus fous. Peu payés, ces braves gens sont soutenus par l'idée du devoir et le dévouement. Anciens marins, ils se souviennent des dangers courus jadis, ils veulent en préserver ceux qui, à leur tour, sont ballottés sur la mer ténébreuse[1].

Résumé. — *Les phares sont comme de bons génies qui guident les navires. Celui d'Ar-Men, haut de 33 mètres, construit sur une roche isolée, constamment balayée par les vagues, a demandé quatorze ans de travaux pénibles. Dans les phares, les gardiens sont prisonniers de la mer.*

Sens des mots.

Affleurer : être à *fleur* d'eau. — *Accoster* : se placer le long, à côté. — *Fleuret* : instrument d'acier dont on se sert pour percer les roches. — *Déferler* : se briser contre les roches avec impétuosité et en écumant. — *Crampon* : pièce de fer recourbée qui sert à retenir fortement. — *Accalmie* : calme qui succède momentanément à un coup de vent. — *Amarre* : câble pour retenir un vaisseau.

Analyse des idées et Raisonnement.

1. *Pourquoi* les phares sont-ils utiles? — 2. *Comment* a-t-on construit le phare d'Ar-Men?

Composition.

Les phares — Plan : Qu'est-ce qu'un phare? — Où place-t-on des phares? — Difficultés de construction. — Vie qu'on y mène.

1. Extraits d'un article de M. Ch. Le Goffic dans les *Lectures pour Tous*.

56. — Contre le péril journalier.

Une pépinière de héros. — La lutte contre un danger sans cesse renaissant a fait de la vaillante population de nos côtes, une pépinière de héros*.

Voici venir les *mois noirs,* comme disent les Bretons : novembre et décembre d'une part, mars et avril de l'autre. D'effrayantes chevauchées de nuages défilent sans trêve sous le ciel bas et venteux. La rafale siffle, ronfle, mugit. La mer convulsée se démène. Se peut-il qu'il y ait sur les flots des êtres humains par des temps pareils? Hélas! oui. Ecoutez : une détonation lointaine a retenti dans la direction du large.... Dans l'un des misérables logis du rivage, un homme, qui dormait, soudain se dresse en sursaut et dit à sa femme : « Écoute! est-ce qu'on n'a pas appelé? »

Et elle, l'oreille aux aguets : « Si bien.... Il y a quelqu'un en péril.... Va vite! »

Il était déjà sur pied, et à demi vêtu, il allait.... Il allait, par la nuit noire, dans la tourmente, cognant sur sa route aux lucarnes des autres maisons, appelant à la rescousse* d'autres gars, ses pareils. En quelques bonds, on était à la plage où l'on sautait dans la première barque venue. Et la mer avait beau hurler, on lui arrachait sa proie, sans même songer qu'on y pouvait rester soi-même.

Mais plus de la moitié de ces sauveteurs héroïques finissaient un jour ou l'autre par succomber. Aujourd'hui, des hommes de bien, les membres de la *Société centrale de sauvetage,* ont organisé sur tout notre littoral une centaine de stations de canots de sauvetage. Ces canots sont insubmersibles*; renversés, le moindre mouvement les redresse. Chaque canot repose sur un chariot dans sa maison-abri. Mais voici qu'un navire est en perdition : un mousse passe, soufflant dans la corne d'appel; la porte s'ouvre toute grande. Des hommes, des femmes, des enfants s'attellent au chariot.

La lourde masse s'ébranle, dévale, entre en bondissant au cœur de la vague. Spectacle inoubliable pour qui l'a contemplé ! Les rameurs sont à leur poste ; ils sont douze. Une cuirasse de liège est toute leur armure ; joignez-y leur vaillance, leur tranquille mépris de la mort. Le patron est à la barre*. Il tient le gouvernail d'une main, son porte-voix de l'autre et il crie au navire en perdition : « Courage ! Ne désespérez point ! C'est nous ! »

Ce patron, c'est Auffret, de Penmarch ; c'est Carcabueno, de Biarritz ; c'est Delannoy, de Calais ; c'est cent autres !

Le premier exploit de Delannoy remonte à 1867 : un vaisseau qui allait de Saint-Nazaire à Anvers fut jeté à la côte et presque submergé. Delannoy monte dans un canot ordinaire avec six camarades. Au moment où il arrive près du navire naufragé, une vague, plus terrible que les autres, emporte un mât avec la grappe humaine qui s'y tenait accrochée. Il ne reste plus que deux hommes suspendus au grand mât. Delannoy les ramène après avoir risqué vingt fois sa vie. Depuis lors, il a sauvé deux cent une personnes, vous entendez : **deux cent une vies humaines** arrachées à la mer !

A Dunkerque, Gossin ; à Roscoff, Le Mat, ont d'aussi beaux états de services. Et il faudrait en citer cinquante autres comme ce patron Mignot qui terminait son rapport sur un sauvetage en disant de ses compagnons : « C'est un plaisir de travailler avec des canotiers comme ça[1] ! ».

Quelques-uns y ont laissé leur vie, tel le patron Lecroisey du Havre. Le 26 mars 1882, on vit au large, sur une mer furieuse, un navire de pêche désemparé* qui faisait des signaux de détresse. Sans hésiter, Lecroisey donna l'ordre du départ à ses dix matelots. Pendant deux heures, on vit ces onze hommes lutter contre les vagues, s'approcher du

1. Extraits d'un article de M. A. Le Braz, dans les *Lectures pour Tous*.

bateau et guetter le moment d'en recueillir l'équipage. Puis tout à coup la tempête emporta le bateau dans la direction de Honfleur; acharnés à leur œuvre de salut, les intrépides marins se dirigèrent du même côté. Hisser la voile, dans les conditions où ils se trouvaient, c'était risquer leur vie à tous; mais, comme on l'a dit sur leurs tombes, « il y avait là près d'eux six hommes à sauver dont les regards étaient tournés vers eux, qui n'avaient d'espérance de salut qu'en eux ». Ils ne purent résister à cet appel et tentèrent un suprême effort. Quelques minutes après, un paquet de mer avait déchiré leur voile et fait chavirer leur bateau. Quelques têtes humaines apparurent un instant au milieu des vagues, puis la mer se referma sur ses victimes. Les onze marins du Havre avaient vécu.

Résumé. — *La lutte quotidienne contre les dangers de la mer a fait de la population de nos côtes une pépinière de héros. Qu'un cri d'appel s'élève des flots et les sauveteurs accourent. Beaucoup y laissaient leur vie avant que la Société centrale de sauvetage eût installé le long du littoral ses canots insubmersibles.*

Explication des mots.

Pépinière de héros : réunion de personnes capables de devenir des heros. — *A la rescousse* : à l'aide. — *Insubmersible* : qui ne peut être submergé, c'est-à-dire ne peut s'enfoncer dans l'eau. — *La barre* : longue pièce de bois qui sert à faire mouvoir le gouvernail. — *Désemparé* . qu'on ne peut plus manœuvrer.

Analyse des idées et Raisonnement.

1. *Pourquoi* la population des côtes est-elle devenue une pépinière de héros? — 2. Racontez la scène qui se reproduit fréquemment pendant les « *mois noirs* ». — 3 *Pourquoi* n'a-t-on plus aujourd'hui à deplorer autant de morts parmi les sauveteurs? — 4. Racontez le départ du canot de sauvetage.

Composition.

La mort des onze marins du Havre. — PLAN : La mer furieuse. — Le bateau qui va couler. — Départ du canot de sauvetage. — Le suprême effort.

57. — La meilleure des boissons : l'eau.

I. *Les sources.* — Il est un besoin plus tyrannique encore que la faim, c'est la soif.

L'eau est la boisson naturelle, la seule dont nous ne puissions nous passer. Quand on a soif, c'est de l'eau que réclame notre corps. Et dans toute boisson, ce qui désaltère c'est

La source.

l'eau qu'elle contient. Assurez à l'homme du pain et de l'eau et il pourra vivre sans trop perdre de ses forces.

Le grand réservoir des eaux douces, c'est la montagne.

Des Vosges aux Pyrénées par le plateau de Lorraine, le plateau de Langres, la Côte d'Or, le Morvan et la longue arête des Cévennes, des ruisseaux, des rivières et des fleuves sont lancés dans trois directions : vers la mer du Nord, vers l'Atlantique, vers la Méditerranée. Puisées par le soleil dans ces mers, les eaux deviennent des nuages et sont ramenées sur la plaine, mais surtout dans la montagne. Alors que les parties les plus plates de la France, comme la Champagne, ne reçoivent que 0^m50 de pluie, les Pyrénées en reçoivent jusqu'à 1m50, la chaîne des Cévennes, qui arrête les vents d'Ouest, en reçoit jusqu'à deux mètres.

Une partie de ces eaux de pluie s'infiltre dans le sol, descend entre les couches de terre jusqu'à ce qu'elle soit arrêtée par un lit d'argile ou de roche imperméable* : alors se forment des lacs et des cours d'eau souterrains. Dans les Causses du Massif Central, où le sol, percé de fissures*, absorbe les eaux comme un crible, on les aperçoit quelquefois, par des crevasses, au fond d'abîmes où elles roulent en mugissant; plus bas, dans les vallées, elles reparaissent en puissantes sources bleues, bouillonnantes. La réapparition des eaux souterraines en sources, telle est l'origine de la Seine, de la Loire, de la Garonne et de leurs affluents.

II. ***Les glaciers.*** — Seuls, le Rhône et quelques-uns de ses affluents sortent d'un glacier. Sur les hauts sommets qui dépassent deux mille mètres, les nuages s'abattent en neiges qui ne fondent jamais; les couches inférieures de neige se changent en glace sous la pression des couches supérieures, et ainsi se forme le glacier. Il glisse sur les pentes de la montagne jusqu'à ce qu'il atteigne des régions plus chaudes; alors il fond. Celui qui donne naissance au Rhône est l'un des plus beaux des Alpes Suisses. Du haut d'une montagne couronnée de rochers, ce glacier descend, hérissé de pyramides de glace. Il se resserre pour passer dans un couloir, s'élargit de nouveau et s'arrête sur la vallée qu'il

Glacier du Rhône.

domine. Au bas, s'ouvrent deux voûtes de glace d'où sortent avec impétuosité deux torrents qui ne tardent pas à se réunir.

En France, le Rhône reçoit, par l'Arveyron et l'Arve, les eaux des glaciers du mont Blanc, et par l'Isère les eaux des glaciers du Dauphiné. La source de l'Arveyron est l'un des plus beaux spectacles qu'offrent les Alpes françaises. De la partie du mont Blanc qu'on appelle la Mer de Glace, descend un immense glacier; en son milieu s'ouvre une voûte de plus de trente mètres de haut : c'est l'entrée d'une profonde caverne d'où arrive en grondant une rivière blanche d'écume. On peut s'y enfoncer assez profondément lorsque l'Arveyron ne la remplit pas entièrement; mais c'est toujours une témérité*, car il se forme de temps à autre des crevasses dans la voûte, et, subitement, d'énormes blocs de glace s'écroulent. Pendant quelque temps, le cours de l'Arveyron est suspendu, ses eaux s'amoncellent dans le fond de la caverne jusqu'à ce qu'elles puissent rompre la digue et entraîner avec violence tous les gros blocs de glace.

Résumé. — *Les eaux des ruisseaux, des rivières, des fleuves, sont pompées par le soleil, deviennent des nuages et retombent en pluies. Une partie de ces pluies s'infiltre dans le sol, forme des lacs et des cours d'eau souterrains, puis reparaît en sources. Le Rhône sort d'un glacier.*

Explication des mots.

Imperméable : qui ne se laisse pas pénétrer par l'eau. — *Fissure :* petite fente. — *Témérité :* hardiesse qui touche à l'imprudence.

Analyse des idées et Raisonnement.

1. *Pourquoi* les montagnes reçoivent-elles plus de pluie que les plaines? — 2. *Comment* les cours d'eau souterrains se forment-ils? — 3. *Comment* les glaciers donnent ils naissance à des cours d'eau?

Composition.

L'eau; le bien et le mal qu'elle peut nous faire. — Plan : L'eau et la soif. — L'eau et la propreté. — L'eau et la culture — L'eau impure et la santé. — Les noyades — Les inondations.

58. — L'approvisionnement en eau d'une grande ville.

I. *A Paris.* — A la campagne, il est facile de s'approvisionner en eau potable* : à défaut de source dans le voisinage, on creuse des puits qui vont rejoindre les eaux souterraines. Plus difficile est l'approvisionnement des villes. La difficulté croît avec le chiffre de la population. Elle croît encore avec les exigences de l'hygiène* moderne; quel est celui d'entre nous qui n'est aujourd'hui plus difficile sur la propreté que le roi Louis XIV, lequel ne prit qu'un seul bain dans sa vie?

Jusqu'à la fin du dix-huitième siècle, les cinq cent mille habitants de Paris n'eurent à leur disposition, aux fontaines publiques, que l'eau de la Seine. Quelle eau! un mélange d'impuretés de toutes sortes.

C'est seulement de nos jours qu'on a amené des eaux plus pures à Paris.

En 1855, la source de la Dhuis fut captée aux environs de Château-Thierry et emmenée par un aqueduc*, long de 130 kilomètres. En 1874, un autre aqueduc, long de 173 kilomètres, emmena une partie des eaux de la Vanne captées près de Sens. Puis, de 1893 à 1899, ce fut le tour de l'Avre, du Loing et du Lunain. En même temps, on établissait des bassins de filtrage à Ivry pour les eaux de la Seine, à Saint-Maur pour celles de la Marne. Amenées dans ces bassins par des machines élévatoires, les eaux y sont débarrassées de la plus grande partie des matières qu'elles tenaient en suspens.

Paris reçoit ainsi par jour trois cent millions de litres d'eau.

Au sortir des aqueducs, cette eau s'amasse dans de vastes réservoirs souterrains. Ces réservoirs sont toujours situés sur des points élevés : ainsi s'obtient la pression qui permet d'amener l'eau jusqu'aux étages supérieurs des maisons. L'eau de la Vanne se concentre dans les réservoirs de Montsouris qui ont une surface de trois hectares et peuvent contenir plus de 200 000 mètres cubes. L'eau de l'Avre vient dans les réservoirs de Montretout qui contiennent 300 000 mètres cubes. Le réservoir de Ménilmontant se compose de deux lacs superposés, en haut la Dhuis, au-

La machine de Marly.

dessous la Marne; ils sont séparés l'un de l'autre par une voûte aux innombrables piliers.

De ces réservoirs partent des conduites en fonte qui vont répandre l'eau dans tous les quartiers de Paris.

Circulant sous le sol des rues, à quelques mètres de profondeur, diminuant de grosseur à mesure qu'elles s'éloignent du réservoir central et des grandes voies, se ramifiant* à l'infini, ces conduites semblent les artères et les veines d'un être gigantesque. Cheminant côte à côte avec les tuyaux de gaz, les canalisations électriques, les fils du téléphone et du télégraphe, elles sont un élément dans ce formidable enchevêtrement métallique qui distribue la vie dans la capitale, sous forme de lumière, de chaleur, de puissance motrice, d'ordres et de nouvelles et qui met en mouvement des centaines de milliers d'individus. Mises bout à bout, leur ensemble couvrirait la distance de Paris à Moscou (2 500 kilomètres).

II. *A Versailles.* — A Versailles, la machine de Marly amène les eaux de source de Prunay. Six roues immenses, ayant 12 mètres de diamètre, sont garnies d'aubes*; mises en mouvement par l'eau de Seine qui, retenue par un barrage, pèse avec force sur les aubes, elles font mouvoir vingt-quatre pompes à piston qui, d'un seul jet, élèvent l'eau de source à une hauteur de 157 mètres.

En toute ville, il en est ainsi : de plus ou moins loin, on y amène l'eau. L'eau, c'est la vie ; le manque d'eau, c'est le désert, c'est-à-dire la mort de tout être vivant.

Résumé. — *Jusqu'à la fin du dix-huitième siècle, Paris n'avait que de l'eau de Seine. Aujourd'hui, il reçoit par jour trois cent millions de litres d'eau provenant des sources de la Dhuis, de la Vanne, etc. Au sortir des aqueducs qui l'ont amenée, l'eau s'amasse dans de vastes réservoirs d'où partent des conduites en fonte qui la mènent dans tous les quartiers. En toute ville, il en est ainsi : l'eau, c'est la vie.*

Explication des mots.

Potable : qui peut être bue. — *Hygiène :* art de conserver la santé, d'empêcher les maladies de se produire. — *Aqueduc :* sorte de canal qui passe par-dessus les vallées et au travers des collines pour conduire l'eau d'un lieu dans un autre. — *Se ramifier :* se diviser et se subdiviser comme les rameaux d'un arbre. — *Aube :* planche fixée autour d'une roue de moulin à eau.

Analyse des idées et Raisonnement.

1. *Pourquoi* est-il plus difficile à la ville qu'à la campagne de s'approvisionner d'eau ? — 2. *Comment* a-t-on approvisionné Paris ? — 3. *Comment* l'eau est-elle distribuée dans Paris ?

Composition.

L'eau potable. — PLAN : Qu'appelle-t-on eau potable ? — Quelles sont les eaux qui ne sont pas potables ? — Comment peut-on rendre potable une eau qui ne l'est pas ?

50. — La revanche de l'eau contre l'homme.

Les inondations. — Sans eau, les hommes, les animaux et les plantes mourraient et la Terre deviendrait très vite un immense désert semblable au Sahara. Mais l'eau ne se laisse pas toujours maîtriser par les efforts de l'homme : quelquefois elle emporte en un jour ce qu'ont produit des siècles de travail.

Depuis de longs jours la pluie tombe; sur les montagnes,

La Loire débordée à Orléans.

les neiges fondent. Alors les fleuves s'enflent, et bientôt un nouveau déluge va ravager les villes et les campagnes.

Que de fois la Loire est ainsi sortie de son lit insuffisamment creusé! En 1846, elle monte de 7 m. 10 au-dessus de son niveau habituel et Orléans est inondé. En 1856, le fleuve s'élève de 7 m. 50; il rompt ses digues : plus de ponts, plus de routes, plus de champs cultivés; l'eau est partout; on passe en bateau sur les moissons, les vignes, les haies, les murailles. Le village d'Onzain est enseveli sous cinq mètres d'eau. A Tours, l'eau atteint la hauteur du premier étage, on navigue en barque dans les rues.

Cette même année, la Garonne, le Rhône et la Saône accumulèrent les ruines. Empli à pleins bords par les glaciers des Alpes, le Rhône roulait des masses d'eau qui se heurtaient avec un bruit de tempête, sous un ciel chargé de nuées noires fondant en pluie diluvienne*. A Lyon, des quartiers entiers s'écroulèrent. A Avignon, une partie de la muraille d'enceinte* s'écroula près de la Porte-Neuve et le fleuve fit irruption* dans la ville. Par grandes vagues, l'eau s'élance contre les maisons et les fait chanceler. Les habitants se jettent dans les rues déjà submergées et s'enfuient vers les hauteurs. Impitoyable, l'eau menaçante les poursuit jusqu'au pied des collines, d'ou ils peuvent contempler la ville ensevelie. Que de drames horribles! Que de morts! mais aussi que de dévouements sublimes!

Vingt ans après, les mêmes ravages recommencèrent; cette fois, ce fut la Garonne qui fit le plus de mal. Les 20, 21 et 22 juin 1876, elle grossit subitement et déborda. A Toulouse les ponts furent emportés et tout le faubourg Saint-Cyprien, peuplé de vingt mille habitants, fut recouvert par les eaux. Le fleuve roulait dans ses flots quantité de cadavres: certains portaient le costume de pays distants de Toulouse de plus de vingt lieues.

« Des nuages de poussière, précédés de sourds grondements, montent vers le ciel noir, dit un témoin, et nous apprennent qu'une maison de plus vient de s'écrouler. Il semble à tout instant que cinquante mines accomplissent une œuvre préméditée* de nivellement* et de destruction. Le bruit de l'artillerie ne fut jamais aussi sinistre, ni son œuvre aussi cruelle. Chaque maison a son hécatombe* d'êtres humains, écrasés sous les débris ou noyés dans le torrent. » Mais, aussi, que de belles actions! Les bateaux qui essaient de gagner les habitations menacées, secoués comme des coquilles de noix, se brisent contre la muraille. N'importe : on en voit accourir d'autres, sans arrêt. Trois cents soldats meurent victimes de leur dévouement, noyés ou mortellement blessés. L'un d'eux sauve dix-huit personnes; comme il est grièvement blessé en pleine poitrine, on l'enferme pour l'empêcher de retourner au fleuve : il saute par la fenêtre et sauve encore neuf personnes. M. d'Hautpoul se noie à l'instant où il arrache à la mort neuf malheureux. L'agent de police Castel, accompagné d'un artilleur, réussit à gagner des maisons prêtes à s'écrouler, embarque cinquante personnes et les conduit en sûreté; quatre fois les deux sauveteurs affrontent les eaux furieuses; quatre fois ils amènent un nombre égal d'infortunés. Au dernier voyage la barque manque de chavirer et Castel tombe à l'eau. Ce n'est qu'à grand'peine que celui à qui deux cents personnes doivent la vie réussit à échapper à la mort. »

Dans ces jours d'épouvante, 3000 personnes périrent, 1200 maisons s'écroulèrent; quant aux pertes, elles dépassèrent cinquante millions.

Résumé. — *Quand les pluies ont une trop longue durée et qu'en même temps fondent les neiges, les fleuves s'enflent et ravagent les villes et les campagnes. En 1856 la Loire rompit ses digues; la Garonne, le Rhône et la Saône accumulèrent les ruines. Vingt ans plus tard, nouveau désastre : à Toulouse, des milliers de personnes périrent. Mais ces jours d'épouvante virent d'admirables dévouements.*

Explication des mots.

Pluie diluvienne : qui ressemble à un déluge, qui tombe à torrents. — *Mur d'enceinte :* mur qui forme une ceinture autour d'une ville. — *Irruption :* entrée brusque. — *Prémédité :* résolu d'avance, exécuté après réflexion. — *Nivellement :* action de rendre uni, horizontal. — *Hécatombe :* immolation d'un grand nombre de victimes.

Analyse des idées et Raisonnement.

1. Quelles sont les causes des inondations? — 2. *Pourquoi* la Loire déborde-t-elle souvent?

Composition.

L'inondation de Toulouse en 1876. — PLAN : Aspect du fleuve et de la ville — Les maisons s'écroulent — Des hommes se dévouent

60. — Les boissons fermentées.

I. ***La fermentation.*** — L'eau est la meilleure des boissons, mais elle n'a pas de goût; aussi, dès la plus haute antiquité, l'homme a-t-il mis ses soins à fabriquer des boissons excitantes et d'un goût agréable. Il les a obtenues en faisant *fermenter* le jus de certains fruits ou des infusions de plantes.

Le jus *fermente*, c'est-à-dire subit une sorte de bouillonnement, parce que son sucre est changé en alcool par un petit champignon microscopique qui s'attache à la peau des fruits. Par la fermentation, le jus de raisin frais donne du *vin*, le jus de pommes donne du *cidre*, le jus de poires donne du *poiré*, une infusion d'orge aromatisée* avec des cônes de houblon donne de la *bière*.

Ce sont là des boissons saines. Si l'on n'en boit pas trop, elles n'ont que de bons effets. Le vin, la meilleure de toutes, fait circuler le sang plus vite et facilite la digestion.

II. ***Le vin.*** — Le vin est l'une des grandes richesses de la France. Nos vins de Bourgogne, de Bordeaux et de Champagne n'ont pas de rivaux au monde.

Pour faire du vin, on écrase le raisin; on laisse le jus fermenter; ensuite on *décante** et on met en tonneaux.

Dans les vignobles célèbres, ces travaux se font avec des soins extrêmes.

En Champagne, chaque mois de l'année, chaque jour du mois exige du vigneron, sur les coteaux de Reims, d'Aï et d'Épernay, un labeur méticuleux*. Pendant l'hiver, c'est l'arrachage des ceps fatigués et vieillis, la mise en terre des plants nouveaux, la taille et l'émondage*. Au printemps, c'est le labour du sol, de ce sol blanchâtre et crayeux qui donne au vin ses qualités. Mais, déjà, les pousses vertes font craquer les bourgeons : il faut *ficher* dans le sol les échalas le long desquels grimpera la branche feuillue; il faut, par des pulvérisations de sulfate de cuivre, prévenir l'invasion des parasites. Le raisin se forme, mûrit ; on vendange : nouveaux soins. Les grappes sont détachées, une à une, sans froissement ; les grains pourris ou insuffisamment mûrs sont enlevés : toute grappe qui entre dans la cuve doit être aussi fraîche et aussi nette que si elle était servie pour un dessert.

Quant aux travaux qui rendent ensuite le vin mousseux, lui donnent son pétillement et sa saveur sans égale, il serait trop long de les énumérer.

Dans le Médoc, langue de terre qui s'étend entre la Gironde et la mer, et qui produit les meilleurs vins de Bordeaux, la vendange se fait avec discipline : les coupeurs et les coupeuses, surveillés par un *brigadier*, s'avancent régulièrement le long des lignes de ceps, détachent les grappes, les visitent soigneusement et les vident dans les paniers que des porteurs vont verser aux cuves placées sur un char à bœufs.

Quand les cuves sont pleines, le bouvier les conduit vers le pressoir où le raisin est égrappé avant d'être foulé.

Résumé. — *L'eau n'ayant pas de goût, on a fabriqué des boissons excitantes en faisant fermenter le jus de certains fruits. La fermentation est la transformation du sucre en alcool. Nos vins de Bourgogne, de Bordeaux, de Champagne n'ont pas de rivaux. On les prépare avec des soins extrêmes.*

Explication des mots.

Aromatiser : parfumer avec des substances végétales qui ont de l'arome, c'est-à-dire une odeur agréable. — *Décanter :* transvaser doucement un liquide au fond duquel il y a un dépôt. — *Méticuleux :* fait avec le plus grand soin. — *Émondage :* action d'enlever les branches mortes, les mousses.

Analyse des idées et Raisonnement.

1. *Comment* obtient-on des boissons excitantes et d'un goût agréable ? — 2 *Comment* fait-on le vin ? — 3. A quels travaux le vigneron se livre-t-il dans les grands vignobles de Champagne ?

Composition.

Décrivez la vendange. — Plan · Aspect de la vigne. — Arrivée des vendangeurs. — Travail, rires et chants.

61. — La vigne sauvée par la méthode d'observation, de raisonnement et d'essai.

La pyrale. — Nos plus redoutables ennemis, ce sont les plus petits : notre santé est menacée par une foule de microbes invisibles; et contre les végétaux utiles, que nous avons multipliés et améliorés, s'acharnent les insectes. Aujourd'hui, grâce à la science, nous pouvons nous défendre avec succès : la vigne va nous offrir un nouvel exemple des bienfaits de la méthode d'observation, de raisonnement et d'essai.

Pyrale mâle.

En 1838 et en 1839, un papillon, la pyrale, se répandit dans les vignes de Bourgogne et y fit de grands ravages. Les vignerons ne savaient que faire. Un savant envoyé par l'Académie des sciences*, M. Audoin, observa longuement les mœurs de l'insecte. Il découvrit : 1° que, dans une partie de sa vie, la pyrale est un papillon nocturne*; 2° qu'elle pond ses œufs au dos des feuilles de vigne; 3° que, de ces œufs, sortent, en juillet, des chenilles qui font un fil d'une certaine longueur, à l'extrémité duquel elles restent suspendues jusqu'à ce que le vent les mette en contact avec les ceps; alors elles s'attachent aux ceps et descendent le long pour se cacher en terre à quelques centimètres de profondeur. Au printemps elles remontent et dévorent les bourgeons, puis elles se cachent dans les feuilles qu'elles roulent en cornets et d'où elles sortent ensuite à l'état de papillon.

Adultes, ponte et très jeunes chenilles

Quand M. Audoin eut fait ces observations, le raisonnement

lui indiqua ce qu'il convenait d'essayer. L'insecte étant un papillon nocturne, on alluma des feux la nuit, dans les vignes, et un grand nombre de papillons vinrent s'y consumer. L'insecte quittant le cep pour aller se cacher en terre, on goudronna* le pied des ceps et la terre environnante. Les œufs étant en plaques visibles sur les feuilles, on enleva ces feuilles à la main.

A l'essai, ces moyens furent reconnus longs et coûteux. C'est alors que M. Raclet trouva le vrai remède. Les chenilles de la pyrale étant cachées sur le pied de vigne en hiver, se dit-il, c'est le moment de les détruire en arrosant le pied avec de l'eau bouillante. Les essais réussirent à merveille et la vigne fut sauvée.

Résumé. — *Des insectes s'acharnent contre nos végétaux utiles. En 1838 et en 1839, un papillon, la pyrale, fit de grands ravages dans les vignes de Bourgogne. Des essais basés sur l'observation et le raisonnement firent découvrir que le meilleur moyen d'anéantir le redoutable insecte était d'arroser les pieds de vigne en hiver, avec de l'eau bouillante.*

Explication des mots.

Académie des sciences : l'une des cinq Académies, dont la réunion forme l'Institut de France. — *Papillon nocturne* : qui se cache de jour et vole pendant la nuit. — *Goudronner* : recouvrir de goudron, substance noirâtre, demi-liquide, qu'on extrait des bois résineux ou de la houille.

Analyse des idées et Raisonnement.

1. Qu'arriva-t-il aux vignes de Bourgogne en 1838? — 2. *Pourquoi* allumait-on des feux, la nuit, dans les vignes? — 3. *Pourquoi* goudronnait-on le pied des ceps et la terre environnante? — 4. *Pourquoi* enlevait-on certaines feuilles sur les ceps? — 5. *Pourquoi* finit-on par arroser les ceps avec de l'eau bouillante?

Composition

Une application de la méthode d'observation. — Plan : Apparition de la pyrale dans les vignes. — Observation de ses mœurs. — Raisonnement. — La vigne sauvée.

62. — Le vignoble français reconstitué par la méthode d'observation, de raisonnement et d'essai.

Le phylloxera. — En 1863, une étrange maladie fit son apparition dans les vignes du Midi, près de Tarascon. Les ceps malades se reconnaissaient de loin à leurs feuilles flétries, contournées sur les bords; ils ne tardaient pas à se dessécher et à mourir.

Le mal s'étendit rapidement, faisant la tache d'huile, gagnant le Dauphiné, la Bourgogne, le Bordelais. Nulle cause de maladie ne se montrait sur les feuilles, ni sur les tiges; on ne savait où porter le remède.

Alors les savants se mirent à observer; en examinant les racines des ceps, ils virent qu'elles portaient des renflements sur lesquels il y avait des insectes microscopiques, des *phylloxeras*. En voyant une chenille dévorer un chou, personne ne doute que la cause du mal ne soit la chenille; mais qu'un arbuste aussi vigoureux que la vigne périt sous les attaques d'un insecte presque invisible, beaucoup de vignerons ne voulurent pas l'admettre. Ils disaient : « Ce n'est pas parce qu'elle porte des phylloxeras que la vigne est malade; c'est parce qu'elle était malade que les phylloxeras y sont venus ». Et ils donnaient pour causes de la maladie : la mauvaise température, une mauvaise manière de tailler la vigne, l'emploi de mauvais fumiers, etc.

Les expériences des savants montrèrent où était la vérité : un laboratoire d'essais fut installé à Cognac; on y planta de petites vignes dans des pots; des morceaux de racines couvertes de phylloxeras furent placés contre les racines d'une vigne non malade. Les insectes passèrent sur la vigne saine; quelque temps après, on voyait paraître des renflements sur les racines, les feuilles séchaient et la plante mourait.

Une autre expérience ne fut pas moins significative : on

déplanta un cep malade, on lava les racines de manière à enlever tous les insectes; remis en terre, il revint à la santé. Ainsi le phylloxera était bien la cause et non l'effet de la maladie.

Mais quel remède appliquer? L'Académie des sciences recommanda d'étudier avec soin les mœurs de l'insecte. Des savants les firent connaître après des observations d'une ingéniosité merveilleuse.

Le phylloxera est une sorte de puceron qui se fixe

Vigne saine et vigne phylloxérée.

sur la vigne en enfonçant sa trompe dans l'écorce. Le cep épuisé, il passe sur les racines voisines qui lui fournissent un nouveau festin. Chaque femelle pond une trentaine d'œufs d'où, huit jours après, sortent de nouveaux insectes qui ne tardent pas à pondre à leur tour. Comme il y a une dizaine de pontes par an, chaque insecte se trouve avoir produit à la fin de l'année de 25 à 30 millions de descendants. Ainsi s'explique la progression effrayante de la maladie.

Il semble que, pour arrêter la marche du phylloxera, il suffirait d'entourer les vignes malades de profondes rigoles pleines d'une matière comme le goudron liquide. Incapables de passer, et bientôt privés de nourriture, les insectes périraient sur place. Malheureusement pour nous, la nature a prévu le manque de nourriture et elle y a porté remède. Quand la population est devenue considérable dans le sous-sol de la vigne, certains phylloxeras paraissent avoir l'instinct que les vivres vont faire défaut : des femelles s'allongent et il leur pousse des ailes. Comme elles ont besoin de voir les vignes à longue distance pour se diriger de leur côté, il leur vient deux yeux supplémentaires, à nombreuses facettes, par lesquelles elles peuvent reconnaître tout autour d'elles, comme dans un panorama, les vignes sur lesquelles elles porteront la désolation.

L'homme a dû s'avouer vaincu.

Heureusement la science nous a donné le moyen de reconstituer nos vignobles détruits. Il suffit de remplacer les vieux ceps indigènes* par des plants américains dont les racines énergiques et vivaces* répugnent au phylloxera. Greffés avec nos meilleures vignes, ces plants en acquerront peu à peu les qualités exquises, grâce à une culture prolongée.

Résumé. — *En 1868, une maladie, qui faisait périr les ceps en les desséchant, se montra dans les vignes du Midi; elle envahit la France. Elle était due à une sorte de puceron, le phylloxera. Tous les essais de destruction ont échoué, mais on a pu reconstituer les vignes avec des plants américains.*

Explication des mots.

Indigène : qui est originaire du pays. — *Vivace :* vigoureux, organisé pour vivre longtemps.

Analyse des idées et Raisonnement.

1. *Comment* les savants prouvèrent-ils que les phylloxeras étaient bien la cause de la maladie des vignes? — 2. *Pourquoi* ne peut-on pas arrêter la marche du phylloxera?

Composition.

Une application de la méthode d'observation. — PLAN · Apparition du phylloxera — Quelles causes les paysans donnaient-ils à la maladie? — Expériences des savants. — Le remède.

63. — Une population qui se relève par son seul effort.

Un bel exemple d'énergie. — Pendant l'invasion du phylloxera, on a pu admirer une fois de plus cette force de résistance et cette force d'initiative* qui, depuis quinze cents ans, font la vitalité* de la France.

« Nos départements du Midi avaient tant souffert déjà! La culture de la garance* avait été supprimée du jour au lendemain par les découvertes de la science moderne. La maladie du ver à soie avait atteint une autre branche de la prospérité publique. Mais la vigne restait, prospérait, suffisait. Tout à coup, voici les premières blessures inexplicables qui apparaissent, voici les premiers îlots roux dans l'océan de verdure, voici la « tache d'huile » qui s'étend; des champs entiers succombent. On s'émeut. Ce sont, à Montpellier, à Bordeaux, à Paris, à l'Académie des sciences, les premières consultations inquiètes des hommes pratiques et des savants qui étudient et s'interrogent; ce sont les longues hésitations, les erreurs, les luttes, les alternatives de la joie et de l'abattement.

« Mais le mal grandit. Alors, c'est l'alarme universelle, l'impuissance reconnue, et soudain le désespoir. Des étendues infinies, sur lesquelles le soleil versait la chaleur et la vie, périssent. Le glorieux vignoble français n'est plus qu'un immense cimetière où les derniers sarments, tordus et noirs, demeurent sur le sol nu, plantés comme des croix.

« Qui appréciera la grandeur d'une telle perte? qui mesurera cette calamité? La moitié de nos departements sont frappés. Des siècles de travail, d'expérience, de science spéciale sont abolis. L'homme regarde ses outils inutiles, ses bras inemployés. Les routes sont désertes, les villages se dépeuplent, — la chanson s'est tue.... Que l'on visite ces provinces : l'angoisse est encore sur les visages. Interrogez; faites-vous expliquer les ruines, les douleurs, les catastrophes. Supputez, et voyez si l'on peut évaluer à moins de dix milliards la perte réelle subie par une région de la France. Et la perte en argent n'est rien, si l'on compte la perte en activité, en confiance. La vie de plusieurs générations a été suspendue, puisque c'était la source unique qui était tarie.

« Si, sur un autre pays, un tel fléau s'était abattu, est-ce qu'on aurait espéré contre l'espérance? est-ce qu'on se serait obstiné? se serait-on relevé? Voilà pourtant ce que la France a fait. Tous les témoins diront que, vers 1878, quand on constata l'étendue du désastre, les bras et les courages tombèrent. On crut vraiment que c'était fini. Cependant, peu à peu, la lutte reprit partout. On mit tout en œuvre à la fois. Et on trouva le salut quand on crut qu'il n'y avait plus de salut »[1].

Rendons hommage à l'énergie, à la ténacité des vignerons. Ils donnèrent leur confiance et leurs peines à l'œuvre de résurrection. Ils replantèrent pied par pied; ils attendirent trois ans la première grappe, ils attendirent la bonne récolte, ils attendirent la vente rémunératrice, toujours travaillant.

L'œuvre est accomplie : toute une population, brutalement frappée, s'est courageusement relevée par son seul effort.

Résumé. — *La persévérance dans l'effort a triomphé du phylloxera. Le vignoble français était devenu comme un immense cimetière. A force de chercher le remède, on le trouva. Le vignoble français fut reconstitué pied par pied.*

Explication des mots.

Initiative qualité de celui qui sait entreprendre de lui-même des choses nouvelles — *Vitalité* energie de ce qui est plein de vie. — *Garance* plante dont les racines peuvent fournir une belle teinture rouge.

Analyse des idees et Raisonnement.

1 Que se produisit il à l'apparition du mal? — 2. Et quand le mal eut grandi? — 3 Que firent les vignerons?

Composition.

Un bel exemple d'énergie — PLAN Les ravages du phylloxera. — Le desespoir des vignerons. — La lutte acharnée. — Le succes.

1 G HANOTAUX *L'énergie française* (Flammarion, édit.

64. — Bois de chauffage; bois de construction; charbon.

I. ***Les bienfaits de la forêt.*** — Au sol qui lui a déjà donné des grains, des plantes alimentaires et la nourriture de ses animaux domestiques, l'homme demande encore, pour se mettre à l'abri des intempéries*, les arbres de la forêt et les pierres de la carrière. Les coupes qu'on pratique dans les forêts nous donnent le bois de chauffage qui, l'hiver, flambe joyeusement dans nos cheminées, le bois de charpente qui entre dans la construction de nos maisons et le bois de menuiserie dont nos meubles sont faits.

II. ***Les bûcherons*** — Abattre un arbre à grands coups de cognée est une rude besogne qui demande des muscles solides : aussi nos bûcherons sont-ils des hommes vigoureux. Allons dans les Vosges et entrons dans une cabane de bûcherons. Assis en cercle, des hommes trapus et tannés viennent d'achever leur modeste repas : ce sont les *schlitteurs.* Du lundi matin au samedi soir, et de l'aube au crépuscule, ils habitent la forêt.

Le schlittage.

Abattre et façonner les arbres n'est pas le difficile; mais comment les transporter dans les sentiers en pente et les ravins? La nécessité a inventé la *schlitte.* Imaginez une sorte d'escalier, des échelles de bois formées de rondins posés à même sur le roc ou l'herbe, franchissant les fissures et les précipices, — et, là-dessus, lancé à toute volée. par la force de la pente et de la pesanteur, un traîneau, ou *schlitte*, chargé de 4, 5, 6 stères. Un seul homme le dirige, s'avançant sur les poutres glissantes, le dos courbé, les muscles gonflés et tendus, la sueur au front. Un faux pas, une imprudence, une seconde d'inattention, un hasard, un rien... et le voilà laminé* et broyé par l'énorme fardeau. On frissonne à ce spectacle. Et le schlitteur cependant ne se plaint ni de son dur travail,

Confection d'une meule de charbon

ni de son mince salaire. Il est heureux de ce métier terrible, exercé de père en fils, et dont il sortira fourbu avant l'âge. Dans la vieille forêt, en pleine nature, il a peu de besoins, pas d'ambition, ni de jalousie. Le soir, quand il fume sa courte pipe noire auprès de son foyer, il éprouve une sensation de bien-être et de joie que le riche ignore.

III. *Les charbonniers.* — Plus encore que le bûcheron, le charbonnier vit dans la forêt. Il s'y construit pour la nuit une loge en ramilles et mottes de gazon. La cuisson du charbon lui laisse peu de temps pour y dormir.

« Quand le charbonnier a choisi un emplacement à charbon, il compte huit enjambées : c'est le diamètre du fourneau.

Au centre, avec des perches fichées en terre, il ménage un vide qui servira de foyer. Le bois est disposé autour. Le *dressage* terminé, il faut habiller le fourneau d'un épais manteau qui le mette à l'abri de l'air. On le couvre d'une garniture de ramilles sur lesquelles on applique une couche de terre fraîche, épaisse de trois doigts. Enfin on répand sur le tout le *frasil*, c'est-à-dire une cendre noire prise sur une ancienne place à charbon. Le sommet du fourneau étant resté à découvert, on y met le feu au moyen de broussailles et de charbons allumés; le courant d'air s'établit et le bois commence à brûler. Alors viennent les vraies fatigues et les tracas du métier. Le charbon est comme un enfant gâté sur lequel il faut veiller jour et nuit. Quand la fumée, blanche d'abord, devient plus brune et plus âcre, on bouche les ouvertures avec de la terre; puis douze heures après, on redonne un peu d'air. Le charbonnier doit toujours être maître de son feu. Enfin, après mille maux et mille soins, la cuisson s'achève. Le fourneau s'aplatit lentement; on l'éventre d'un seul côté et le charbon paraît, noir comme une mûre, lourd et sonnant clair comme argent »[1].

Résumé. — *La forêt nous donne le bois de chauffage, le bois de charpente et le bois de menuiserie. C'est une vie rude que celle du bûcheron : souvent les schlitteurs des Vosges voient la mort de près. Moins dangereux, le travail du charbonnier est plus absorbant.*

A. THEURIET *Sous Bois* (Fasquelle, édit.).

Explication des mots

Intempéries : désordres dans la température. — *Laminé :* écrasé (comme le métal qui a passé entre les cylindres du laminoir).

Analyse des idées et Raisonnement.

1. *Pourquoi* la vie du schlitteur est-elle un danger perpétuel? — 2. *Comment* fabrique-t-on le charbon?

Composition

La forêt. — PLAN : De quoi se compose une forêt? — Qu'est-ce qu'un taillis? une futaie? — Principaux arbres de nos forêts — Services qu'ils nous rendent — Animaux et fruits de la forêt.

1. A. THEURIET. *Sous Bois* (Fasquelle, édit.).

65. — La forêt, protectrice des sources.

I. ***Les forêts en France.*** — Les forêts couvrent la sixième partie de la France, soit neuf millions d'hectares environ. Elles occupent les plateaux de la Lorraine et des Ardennes, de la Bourgogne et de la Franche-Comté, les Vosges, le Jura, les Alpes, les Pyrénées et le Massif Central. En plaine se rencontrent quelques forêts, comme celle de Fontainebleau. Ce sont là les restes des immenses forêts gauloises. Des lois les protègent parce qu'elles sont nécessaires à la vie de notre pays : elles assainissent l'air et le sol* dans la plaine; elles permettent à l'homme de vivre dans la montagne.

Pâture de haute montagne dans les Pyrénées (Ariège).

II. ***Les forêts dans la montagne.*** — Privées de leurs forêts, les montagnes ne tarderaient guère en effet à devenir des déserts. Allez voir une montagne boisée : vous constaterez que l'eau des pluies s'y abat avec violence, mais, retenue par les herbes et les mousses, cette eau s'enfonce dans la terre végétale qu'immobilisent les millions de racines de la forêt; elle y est à l'abri du soleil qui ne parvient plus à épuiser le sol et elle reparaît çà et là en sources au débit régulier.

Que la forêt vienne à disparaître pour faire place à des pâturages : la dent des chèvres et des moutons aura bientôt déchaussé les herbes et les broussailles, l'eau ruissellera avec impétuosité sur les pentes, entraînant la terre végétale en ruisseaux de boue, la roche nue apparaîtra, des ravins se creuseront où, par moments, couleront des torrents irrésistibles qui, naguère, n'existaient pas. La montagne mourra.

Et l'homme? Il devra s'en aller.

« Comme on demandait à un vieux montagnard des Hautes-Alpes pourquoi sa maison avait été bâtie au bord du torrent de Riou-Cros (commune de Saint-Bonnet), il répondit : Quand cette maison a été bâtie, ce ravin n'existait pas. Ce n'était qu'un ruisseau qui coulait presque au ras du sol. Enfant, je le franchissais d'un saut. Mais peu à peu le ruisseau est devenu *mauvais*. Il s'est creusé d'abord un peu, puis beaucoup. Et, à mesure qu'il se creusait, les talus s'éboulaient de chaque côté; enfin il est devenu ce que vous voyez. C'est un mauvais, mauvais torrent. Voyez-vous, quand il donne, c'est effrayant. Un jour, j'avais porté ma baratte dans l'eau du ravin pour en resserrer les cercles. Comme une averse épouvantable commençait à tomber, je descendis pour la retirer. Je n'étais pas à moitié de la pente que je vis ma baratte descendre le ravin en roulant. Et pourtant le ruisseau était encore presque à sec. C'était le courant d'air qui précédait la crue. Presque aussitôt le ravin se remplissait, à une hauteur de dix mètres, de boue et de blocs. Tout cela descendait pêle-mêle, sans aller très vite, mais avec un bruit effrayant. En moins d'un quart d'heure tout était passé.

« — Mais ne craignez-vous pas pour votre maison?

« — Quand l'orage commence à gronder, nous nous réfugions chez le voisin, à cette maison que vous voyez là-bas. Lui encore est un peu tranquille. Il se croit même à l'abri de tout, parce qu'il est à cent mètres du ravin. Il est jeune, et les jeunes rient de la parole des vieux. Je lui dis que, quand ma maison aura disparu, la sienne y passera à son tour, et qu'il ferait bien de ne pas mettre tant de bêtes à laine sur la montagne : car ce sont les moutons qui ont ruiné la montagne, et c'est depuis que la montagne est ruinée que les torrents ont creusé des ravins. Quand je dis cela, il se met à hausser les épaules. Il n'a pas vu comme moi les ravins se rapprocher peu à peu.

« — Vous n'avez pas d'enfants?

« — Nous en avons quatre ; mais ils ont quitté le pays. Nous avions de bonnes terres autrefois au pied du versant, là où vous voyez ces monceaux de pierres. C'est le torrent qui les a ainsi recouvertes. La montagne était belle aussi ; on pouvait y tenir de beaux troupeaux, mais elle se dégrade de plus en plus, et, dans quelques années, il faudra renoncer absolument au pâturage ; alors mes enfants sont partis. »[1]

Quand la forêt s'en va de la montagne, la vie ne tarde guère à l'abandonner aussi.

Résumé. — *Les forêts couvrent le sixième de la France. En plaine, elles assainissent l'air et le sol. Dans la montagne, elles immobilisent la terre végétale et conservent les sources. Quand la forêt disparaît de la montagne, les pluies forment des torrents qui dénudent les pentes.*

Explication des mots.

Assainissent l'air et le sol : la forêt assainit l'air en absorbant l'acide carbonique par ses feuilles. Elle assainit le sol en facilitant la circulation de l'eau. — *Ruisseler :* couler en ruisseaux. — *Baratte :* ustensile pour battre le beurre.

Analyse des idées et Raisonnement.

1. *Comment* les forêts protègent-elles les sources? — 2. *Pourquoi* les montagnes privées de forêts meurent-elles? — 3. *Comment* le torrent de Riou-Cros a-t-il pris naissance? — 4. Qu'en est-il résulté?

Composition.

La formation d'un torrent en montagne — PLAN : C'était d'abord un ruisseau. — Les troupeaux ruinèrent la montagne. — Le ruisseau devint *mauvais*. — Alentour, la vie devint impossible.

1. E. CARDOT *Annuaire du Club Alpin.*

66. La forêt, protectrice des plaines.

Les suites du déboisement. — Quand la forêt s'en va de la montagne, non seulement la vie s'y éteint, mais la plaine est menacée au loin.

Parce que les pâtres des Pyrénées ont poursuivi le déboisement de leurs montagnes, l'eau qui tombe maintenant sur les pentes rapides des escarpements* pyrénéens descend sur la plaine à la façon d'une avalanche et, quand un vent tiède fait fondre en même temps la neige des sommets, c'est un véritable déluge. Alors la Garonne monte et déborde.

Parce que les Cévennes ont été déboisées, les vignerons de l'Hérault se sont vu ruiner plusieurs fois par le débordement subit des torrents : l'Orb qui, au lieu de rouler trois mètres cubes par seconde, en roule tout à coup 2500; l'Hérault qui s'enfle jusqu'à 4000 mètres cubes par seconde; la Vidourle qui devient douze mille fois plus grosse.

Parce que les pentes du Massif Central sont aujourd'hui dénudées, la Loire entraîne à chaque inondation des avalanches boueuses et sablonneuses qui s'arrêtent en partie entre Nantes et Saint-Nazaire, menaçant ces deux ports.

Au moyen âge, les seigneurs chassaient le cerf, le sanglier et le chevreuil dans l'immense triangle de quatorze mille kilomètres carrés qui s'étend entre l'Océan, l'Adour et les vignobles du Bordelais et qui se nomme aujourd'hui les Landes. Puis les forêts furent abattues, les bergers y mirent le feu pour agrandir leurs pâtis*; et alors les sables se mirent en marche. L'Océan en rejette chaque année six millions de mètres cubes sur la côte. Comme le vent souffle du large presque en tout temps, chaque grain de sable ainsi poussé monte doucement le long des petits monticules sableux qui bordent le littoral; il tombe de l'autre côté qui est presque à pic. Et ainsi les dunes s'avancent peu à peu; elles faisaient au siècle dernier de 20 à 25 mètres par an dans la direction de l'Est. Le village de Lège, par exemple, avait fui deux fois : de 4 kilomètres en l'an 1480 et de 3 kilomètres en 1660. Quand les dunes furent arrêtées, les deux pointes d'un croissant de sable se recourbaient autour des maisons de Mimizan; on eût dit une énorme gueule prête à les dévorer.

Aussi les terres avaient si peu de valeur dans cette région qu'on les vendait en les mesurant au son de la voix : tout l'espace au-dessus duquel portait le cri du berger s'achetait pour quelques francs. L'ingénieur Brémontier reconnut que le pin maritime se plaisait dans le sable des Landes et, de 1787 à 1793, il immobilisa deux cent cinquante hectares de dunes mouvantes, au moyen de plantations. Aujourd'hui, près d'un million d'hectares portent une immense forêt de pins d'une valeur inestimable, dans laquelle prospèrent un grand nombre de riants villages.

Résumé. — *Le déboisement des Pyrénées a été cause de plusieurs inondations de la Garonne. Le déboisement des Cévennes fait courir un grand danger aux vignobles de l'Hérault. Le déboisement du Massif Central compromet la prospérité des ports de Nantes et de Saint-Nazaire. C'est le reboisement qui a ramené la vie dans la région des Landes.*

Explication des mots.

Escarpement : pente très raide. — *Pâtis* : terrain en friche dans lequel on fait paître les troupeaux.

Analyse des idées et Raisonnement.

1. *Pourquoi* le déboisement des Pyrénées a-t-il contribué aux inondations de la Garonne? — 2. *Pourquoi* le deboisement des Cévennes fait-il courir un grand danger aux vignobles de l'Hérault? — 3. *Pourquoi* le déboisement du Massif Central compromet-il la prospérité des ports de Nantes et de Saint-Nazaire? — 4 *Comment* les Landes se sont elles formées? — 5. *Comment* les dunes ont-elles eté arrêtées?

Composition.

Le déboisement. — Plan : Qu'est-ce que le déboisement? — Quel effet a-t-il sur la montagne? — Et, au loin, sur les plaines? — Conclusion.

---

67. — De l'air pur et des aliments sains.

I. *La santé.* — Le grand ministre anglais Disraëli a dit : « La santé publique est indispensable au bonheur du peuple et à la puissance de l'État. Ayez le plus beau pays du monde, donnez-lui des citoyens intelligents et laborieux, des manufactures prospères, une agriculture productive; que les arts y fleurissent; pour défendre tous ces biens, ayez encore la force, des armes de précision, des flottes; — si la population reste stationnaire*, si chaque année elle diminue en stature et en vigueur, la nation devra périr. Et c'est pourquoi j'estime que notre premier souci doit être celui de la santé publique. »

Un effort considérabl a été fait de nos jours pour mettre à la portée de tous les ienfaits de l'hygiène.

Qu'est-ce donc que la santé?

La santé, c'est l'état de notre corps quand chacune de ses parties fonctionne bien.

Le corps humain est composé de cellules : les unes forment les os, d'autres forment les muscles, les nerfs, etc.... A chacune le sang fournit de quoi travailler : les cellules des glandes salivaires y puisent de quoi faire la salive, les cellules dentaires y prennent de quoi fabriquer les dents, etc.

Quand le sang a nourri ainsi toutes les cellules du corps, il est devenu noir parce qu'il est chargé de débris, d'impuretés; alors, les veines le ramènent dans les poumons; il y trouve l'air amené par la respiration et il y est purifié par l'oxygène de l'air qui brûle tous les débris. Redevenu rouge, le sang repart pour un nouveau voyage.

II. *De l'air.* — Vivre, c'est donc avant tout respirer, c'est-à-dire alimenter d'oxygène le sang. L'air, c'est du pain qui se respire au lieu de se manger. Par conséquent, il nous faut d'abord donner à nos poumons tout l'air qu'ils réclament.

Ils en réclament beaucoup. Nous faisons en moyenne

vingt respirations par minute, soit douze cents par heure. A chaque respiration, nous introduisons dans nos poumons un demi-litre d'air. C'est donc quatorze mille litres d'air qu'il nous faut par jour.

La qualité n'est pas moins nécessaire que la quantité : si l'air pur c'est la santé, l'air impur c'est la maladie et la mort. Les personnes qui vivent habituellement enfermées se reconnaissent tout de suite à la pâleur de leur visage; elles perdent rapidement leurs forces et sont exposées à de nombreuses maladies dont la plus dangereuse est la tuberculose*. Rien ne vaut la vie au plein air; ceux qui sont obligés de garder la maison peuvent du moins tenir leurs fenêtres ouvertes plusieurs heures par jour.

Dans les grandes villes, de larges rues percées à travers les quartiers malsains y ont amené l'air et la lumière les arbres plantés le long des avenues, les squares semés çà et là, purifient l'atmosphère.

En 1835, un grand industriel de Mulhouse, André Kœchlin créa la première *cité ouvrière* : il fit bâtir de petites maisons propres et commodes dans le voisinage de son usine et les loua à bas prix à ses ouvriers. Jean Dollfus l'imita; et, depuis, toutes les villes industrielles ont vu s'élever de nombreuses cités ouvrières. Les conditions auxquelles elles doivent répondre ont été fixées en 1894 par la *loi relative aux habitations à bon marché.*

III. *Des aliments sains.* — Vivre, ce n'est pas seulement respirer, c'est aussi se nourrir : c'est manger et boire. Comme l'ouvrier qui remplace ses outils ébréchés ou usés, de même nous devons remplacer les cellules usées dans nos organes, et, pour cela, nous faire du sang.

Aucun aliment ne peut suffire à lui seul au renouvellement de nos forces. De l'eau pure, du bon pain, un peu de viande, des légumes, du vin à dose modérée : tels sont les meilleurs aliments. Les légumes sont indispensables; ils entretiennent la santé mieux que la viande dont l'abus produit l'épaississement, le rhumatisme* et les maladies de peau.

Il ne suffit pas de choisir les meilleurs aliments, il nous faut veiller à leur pureté : des criminels ne craignent pas d'attenter à la santé publique*, en les falsifiant. On falsifie le lait en l'écrémant, en y ajoutant de l'eau, même de la craie et du plâtre : combien de petits enfants en sont morts! On vend des viandes avariées* qui empoisonnent. On falsifie le vin, la farine, le pain même!

Aussi le devoir, comme l'intérêt, de chaque citoyen est-il de surveiller les fraudeurs pour les empêcher de nuire.

Résumé. — *La santé est l'état de notre corps quand chacune de ses parties fonctionne bien. Les cellules qui forment toutes les parties de notre corps sont nourries par le sang. Le sang est purifié par l'oxygène de l'air dans les poumons et renouvelé par la nourriture : d'où la nécessité d'un air pur et d'aliments sains.*

Explication des mots.

Stationnaire : qui reste au même point. — *Tuberculose* : maladie qui se manifeste par l'apparition dans les poumons de saillies appelées *tubercules*. — *Rhumatisme* : douleurs dans les muscles ou dans les articulations. — *Attenter à la santé publique :* commettre un attentat, c'est-à-dire un crime, contre la sante de tout le monde. — *Avarié* : gâté.

Analyse des idées et Raisonnement.

1. *Pourquoi* le premier souci de ceux qui gouvernent doit-il être celui de la santé publique? — 2. *Pourquoi* l'air est-il nécessaire à l'entretien de notre vie? — 3. Qu'a-t-on fait pour aérer les grandes villes? — 4 *Pourquoi* devons-nous nous nourrir? — 5. Quels sont les meilleurs aliments? — 6 Citez quelques exemples des falsifications qu'on fait subir aux aliments? — 7. *Pourquoi* devons-nous surveiller les fraudeurs?

Composition.

Quelles précautions devons nous prendre pour conserver la santé? — Plan Qu'est-ce que la santé? — Necessité de l'air pur, — des aliments sains, — des boissons saines.

68. — Une source de maladies : l'alcoolisme.

L'alcool distillé. — Au premier rang des aliments malsains, il faut placer les boissons distillées.

En fermentant, tout liquide sucré devient liquide alcoolique. Si on fait chauffer un liquide alcoolique, l'alcool se dégage en vapeurs; qu'on fasse passer ces vapeurs dans un vase froid, elles se condenseront* et l'on aura de l'alcool liquide : c'est ce qu'on appelle *distiller*.

Autrefois, on ne buvait que les alcools de fruits : eau-de-vie de vin, eau-de-vie de prunes, kirsch (alcool de cerises), rhum (alcool de canne à sucre); ils étaient à peu près purs. De nos jours, on s'est mis à distiller les betteraves, les pommes de terre, les grains. Ces alcools industriels, tout à fait impurs, sont de véritables poisons.

Mais l'alcool pur lui-même est dangereux; il a une action mauvaise sur le sang : il y prend l'oxygène contenu dans les globules rouges. Tout globule qui n'a plus d'oxygène à porter dans l'intérieur du corps pour brûler les parties usées, ne fait plus son service; alors toutes sortes de maladies peuvent prendre naissance.

Une expérience montre bien que l'alcool pur est lui-même un poison. Il suffit d'en injecter* 20 centimètres cubes dans le corps d'un chien pour voir l'animal présenter tous les signes de l'ivresse gaie, sauter, aboyer, japper, prodiguer ses caresses et tituber*. Doublez la dose : l'animal bientôt paralysé, la tête inerte, rappellera tout à fait l'individu ivre mort. Doublez encore : l'animal ne se relèvera plus, le poison aura produit tout son effet.

Le danger augmente encore avec les *liqueurs*. Les liqueurs sont des boissons où l'alcool est aromatisé à l'aide d'essences*, qui sont d'autres poisons. La plus terrible est l'*absinthe*.

Pour faire une absinthe dite *fine*, on emploie certaines plantes : absinthe, hysope, fenouil, anis, angélique, mélisse, dont les unes renferment des poisons *épileptisants* qui provoquent des convulsions*, et les autres contiennent des *stupéfiants*, c'est-à-dire des poisons qui engourdissent.

A la vérité, ces poisons ne sont absorbés par le buveur qu'à petite dose, et pour qui se contenterait d'un premier verre, le danger ne serait pas grand; malheureusement, lorsqu'on a bu une fois de cette pernicieuse liqueur, on est tenté d'y revenir. Si on se laisse aller, on est perdu : insensiblement on arrive à en absorber régulièrement, on augmente la dose, le poison ne s'élimine* plus, il s'accumule et, en peu de temps, il détruit santé et intelligence.

Résumé. — *En fermentant, tout liquide sucré devient liquide alcoolique; distillé ensuite, il donne l'alcool. Aux alcools de fruits, il faut ajouter aujourd'hui les alcools de betteraves, de pommes de terre, etc. Pur, l'alcool est un poison; impur, il est plus dangereux encore; le danger augmente avec les liqueurs, où l'alcool est associé à des substances redoutables : la plus terrible est l'absinthe qui contient des épileptisants et des stupéfiants.*

Explication des mots.

Se condenser : se réduire à un volume moindre, devenir liquide. — *Injecter* : introduire sous la peau. — *Tituber* : pencher à chaque instant comme si on allait tomber. — *Essence* : liquide aromatique obtenu par la distillation. — *Convulsion* : resserrement brusque des muscles. — *Épilepsie* : maladie qui se manifeste par des convulsions et la perte subite de la connaissance. — *S'éliminer* : être expulsé du corps par évacuation ordinaire.

Analyse des idées et Raisonnement.

1. *Comment* obtient-on l'alcool? — 2. Quelle action l'alcool a-t-il sur le sang? — 3. Citez une expérience qui montre que l'alcool pur est un poison? — 4. Qu'appelle-t-on liqueur? — 5. Quelle est la plus dangereuse? — 6. *Pourquoi?*

Composition.

Dangers de l'intempérance. — Plan : Qu'est-ce que l'intempérance? — Action de l'alcool sur le sang, — sur les organes, — sur l'intelligence. — Le buveur prend le travail en dégoût. — Maladie et misère.

69. — Les maladies microbiennes. La tuberculose.

I. *Les microbes.* — A l'air impur, aux aliments malsains, il faut ajouter une autre cause de maladie, non moins redoutable : les *microbes*, ces infiniment petits que Pasteur a découverts.

S'il y a quelques microbes utiles, comme ceux qui produisent la fermentation du jus de raisin, il y en a, en plus grand nombre, de redoutables qui causent ces terribles maladies : la tuberculose, la typhoïde, la diphtérie, la scarlatine, le choléra, la rage, etc. Introduits dans notre corps par l'air, par l'eau, par les aliments, ces microbes sont des poisons qui peuvent amener la mort en quelques heures, si notre corps n'a pas une force de résistance suffisante.

II. *La tuberculose.* — La guerre de 1870 nous a coûté 138 000 hommes. La tuberculose tue chaque année 150 000 personnes en France. C'est donc comme si nous avions tous les ans une grande guerre.

Le microbe qui cause la tuberculose a été découvert par un Allemand, le Dr Koch. Il a la forme d'un bâton d'une petitesse extrême, 2 à 3 millièmes de millimètre. Il se multiplie avec une grande rapidité, en se partageant en deux.

Ce qui le rend particulièrement dangereux, c'est qu'il peut vivre et se développer partout. Il existe dans le lait et la viande des vaches tuberculeuses, dans la poussière des rues, des gares, des bureaux de poste, en wagon, partout. Tant de gens ont la funeste habitude de cracher par terre que les dangers de contagion* vont en augmentant. Qu'un tuberculeux se trouve, en effet, dans un atelier, dans un café, dans une salle de théâtre : à chaque instant, il a des accès de toux et, suivant son habitude, il crache par terre ; ses crachats se dessèchent et sont vite transformés en une poussière qui flottera dans l'air et ira porter le germe de la tuberculose dans les poumons de tous ceux qui la respireront.

Le grand remède, c'est l'hygiène et la propreté qui entretiennent le corps en bon état de résistance. La rencontre d'un microbe ne suffit pas, en effet, pour créer la maladie. La muqueuse* des poumons ne se laisse pas traverser si elle n'est pas affaiblie; et même lorsqu'elle est traversée, elle voit encore venir à son secours une véritable police. Dans les vaisseaux sanguins et dans les tissus cheminent, en effet, des globules* blancs appelés *phagocytes*. Ils avalent les petits corps étrangers qu'ils trouvent sur leur route. Quand les malfaiteurs sont entrés dans le poumon, ils accourent, engagent une lutte avec eux, les avalent et les digèrent. Mais cette victoire ne se produit que chez l'homme en bonne santé.

Veillons donc à nous procurer de l'air pur, une nourriture saine, une habitation hygiénique; veillons à la propreté de notre corps et de nos vêtements.

Résumé. — *Les microbes causent de redoutables maladies dont la principale est la tuberculose qui fait annuellement 150000 victimes en France. Par l'hygiène et la propreté on entretient son corps en bon état de résistance.*

Explication des mots.

Contagion : communication d'une maladie par contact. — *Muqueuse* : tissu très mince qui enveloppe certains organes. — *Globule* : petit corps arrondi. Les globules sanguins sont rouges.

Analyse des idées et Raisonnement.

1. Qu'appelle-t-on maladies microbiennes? — 2. Quelles sont les plus dangereuses? — 3. Décrivez le microbe de la tuberculose? — 4. Où le trouve-t-on? — 5. *Comment* le corps humain se défend-il quand il est en bonne santé?

Composition.

La circulation du sang. — Plan : Qu'appelle-t-on circulation du sang? — Par quel organe principal se fait-elle? — Parlez aussi des artères et des veines, de la grande et de la petite circulation.

70. — Les efforts d'un savant.

I. ***La médecine.*** — Pour la conservation de la santé publique, l'effort ne s'est pas seulement porté vers la diffusion de l'hygiène. Contre toutes les maladies luttent des hommes de dévouement : les médecins. Ils se sont formés dans de grandes écoles, dont la plus célèbre est la Faculté de médecine de Paris. Là, enseignent des maîtres qui étendent tous les jours les connaissances médicales. Il faudrait un volume pour dire tous ceux qui ont fait faire un progrès à l'art de vaincre la maladie. Mais le grand nom de Pasteur les domine tous. En révélant le monde des *infiniment petits*, il a fait faire un pas de géant à l'art de guérir. Lui-même a trouvé le remède d'une maladie effrayante : la rage.

Ce qu'il faut de patience dans l'observation, de génie d'invention, de dévouement à la science, dans de semblables travaux, l'histoire de cette découverte va nous le dire.

II. ***Une maladie effrayante.*** — La rage est une maladie particulière au chien; elle se communique facilement à l'homme. Il n'y a pas de mal qui ait été plus redouté. Souvent, des personnes devenues enragées furent étouffées entre deux matelas par leurs voisins épouvantés.

En 1880, Pasteur assista à l'agonie* d'un enfant de cinq ans qui, mordu au visage un mois auparavant, venait d'être amené à l'hôpital Trousseau*. Agitation, effroi, sursauts au moindre souffle d'air, soif ardente et impossibilité d'avaler une goutte d'eau : c'était tout le tableau de la rage chez l'homme. Le grand savant revint bouleversé. Il se mit ardemment à l'étude. Désirant prendre lui-même de la bave dans la gueule d'un chien enragé, il trouva, pour l'aider, deux hommes de courage, les aides d'un vétérinaire. Ils ouvrent la cage de fer, où hurlait et bondissait un bouledogue parvenu au dernier degré de la maladie; ils lui jettent un nœud coulant; le chien se débat furieusement; ils l'étendent sur une table et leurs mains puissantes l'y maintiennent immobile pendant que Pasteur, un tube effilé entre les lèvres, la tête penchée sur la gueule de l'animal, aspire quelques gouttes de la terrible bave.

Dès lors, toute la vie de Pasteur s'écoule dans son laboratoire : il cherche, il essaie, il passe de longues heures à réfléchir.

Un jour le remède fut trouvé.

Pasteur commençait par donner la rage à des lapins avec un peu de bave; les lapins morts, il les ouvrait, prenait un morceau de la moelle et le mettait dans de l'air sec et chaud; la moelle se desséchait, elle devenait moins dangereuse; au bout de quatorze jours, elle était inoffensive. Alors on la broyait dans de l'eau pure et on l'introduisait sous la peau d'un chien. On recommençait le lendemain avec une moelle qui n'avait été desséchée que pendant treize jours. On continuait ainsi en remontant jusqu'à la moelle d'un lapin mort de rage le matin même. Le chien se trouvait de la sorte **habitué au poison peu à peu**, et il ne pouvait plus avoir la terrible maladie. « Je prends deux chiens, disait Pasteur, je les fais mordre par un chien enragé, je vaccine l'un et je laisse l'autre sans traitement : celui-ci meurt de la rage, le vacciné résiste. Mais il me semble que la main me tremblera quand il faudra passer à l'espèce humaine. »

Il fallait y venir cependant.

III. ***La science ennoblie par la conscience.*** — Pasteur avait une haute idée du devoir; sa conscience se révoltait à la pensée d'une action qui pût nuire à autrui. Il se disait : « le remède guérit sûrement les chiens, mais peut-être n'agira-t-il pas sur l'homme; et s'il allait favoriser l'apparition de la rage? C'est impossible, sans doute, mais cependant!... » Et ce grand savant avait une volonté si droite qu'il songeait à se donner la rage pour essayer sur lui-même le remède sauveur, quand le hasard vint à son aide.

Le 6 juillet 1885, il vit arriver à son laboratoire un petit

Alsacien âgé de neuf ans, Joseph Meister. Sa mère l'accompagnait. Elle raconta que l'avant-veille, se rendant à l'école, l'enfant avait été terrassé par un chien enragé; incapable de se défendre, il n'avait songé qu'à couvrir son visage de ses mains. A la vue des quatorze blessures du petit Meister qui marchait difficilement tant il souffrait, l'émotion de Pasteur fut profonde. Qu'allait-il faire pour cet enfant? Toutes ses inquiétudes le reprirent. Vulpian, grand médecin

Photo Mairet

Pasteur et ses élèves.

et grand homme de bien, déclara que l'enfant devait à peu près sûrement mourir de la rage et que c'était un devoir pour Pasteur de tout essayer pour le sauver. Pasteur se décida. Le soir même, il fit la première piqûre; le lendemain, il prit la moelle de treize jours, puis le surlendemain la moelle de douze jours et ainsi de suite. A mesure qu'il approchait des dernières piqûres, son inquiétude augmentait. Toutes les nuits, il avait la fièvre : ce petit Meister qu'il avait vu pendant la journée jouer gaiement dans le jardin, il se le représentait tout à coup malade, étouffant, sursautant..., Et, oubliant les morsures du chien, il attribuait le mal aux piqûres qu'il avait faites.

Une fois le traitement achevé, Pasteur embrassa « le pauvre petit », comme il l'appelait, et alla prendre un peu de repos dans l'Avallonnais; mais il y était souvent sur les routes, à attendre les lettres et les télégrammes qui le tenaient au courant de la santé de l'enfant. Enfin les jours coulèrent et il fut clair que le petit malade avait été sauvé. L'humanité était délivrée d'un terrible fléau.

Alors se produisit un grand mouvement de reconnaissance. Une souscription à laquelle prirent part tous les pays civilisés permit d'élever à Paris un Institut de recherches médicales, l'*Institut Pasteur*, où les élèves du grand savant appliquent les méthodes du maître. L'un d'eux, le docteur Roux, y a trouvé le remède contre cette maladie qui était la terreur des mères : le *croup*.

Résumé. — *Chercher le remède qui guérira une maladie microbienne, c'est chercher ce qui peut empêcher le microbe de se multiplier dans le corps du malade. Pasteur a montré que la rage ne pouvait plus éclater quand le corps avait été, peu à peu, habitué au poison par des vaccinations antirabiques.*

Explication des mots.

Agonie : derniers moments d'un malade qui va mourir. — *Hôpital Trousseau :* l'un des hôpitaux de Paris; le nom qu'il porte est celui d'un grand médecin.

Analyse des idées et Raisonnement.

1. *Comment* Pasteur rendait-il un chien réfractaire à la rage? — 2. *Pourquoi* disait-il : « La main me tremblera quand il faudra passer à l'espèce humaine? » — 3. *Pourquoi* avait il la fièvre toutes les nuits, pendant qu'il vaccinait le petit Meister?

Composition.

Le chien enragé. — PLAN : Un chien, atteint de la rage, a traversé votre localité. Il a mordu plusieurs chiens et deux enfants. — — Dépeignez la frayeur des habitants. — Précautions prises à l'égard des deux enfants mordus. — Rendez compte des mesures prises par le maire à l'égard des chiens mordus.

71. — Les écoles.

Savoir, c'est pouvoir. — De même que notre corps est sujet à la maladie, notre esprit est tributaire de l'ignorance. Quand nous venons au monde, nous n'avons connaissance de rien et sans l'affection de nos parents, nous ne pourrions vivre que quelques jours. A mesure que nous grandissons, nous acquérons des idées en observant ce qui se passe sous nos yeux, mais notre savoir n'irait pas loin, si on ne nous faisait profiter de celui que l'humanité a lentement amassé

Savoir, c'est pouvoir.

Voici une terre peu fertile : des hommes savent ce qui lui manque; ils l'amendent et bientôt elle se couvre de moissons abondantes. Voici un lieu désert parce que l'eau n'y coule pas; mais, des hommes savent par quels travaux on va la chercher dans les entrailles de la terre et bientôt le désert se peuple. Voici un enfant malade : un médecin vient, il découvre la cause du mal et indique le remède.

Savoir, tout est là.

Plus on sait, plus on peut. Par suite, le premier devoir d'une société humaine est de répandre le savoir. L'instruction est un bien si précieux que ce serait une grande injustice de ne pas la mettre à la portée de tous. C'est pourquoi la République, après avoir rendu l'instruction obligatoire, a couvert la France d'écoles gratuites. Des maîtres, bien préparés à leur tâche difficile, y apprennent aux enfants l'indispensable. D'abord la lecture et l'écriture. Savoir lire, c'est pouvoir entrer en conversation avec les meilleurs esprits d'aujourd'hui et du temps passé, c'est avoir le moyen de développer son intelligence tout seul. Savoir écrire permet de causer avec autrui, à distance. Et ainsi, lecture et écriture sont comme deux sens supplémentaires* qui vous rendront plus capables d'action, en vous reliant à vos semblables. Mais toutes les actions ne sont pas également bonnes : pour éclairer votre conduite, on vous enseigne la morale et l'histoire. La morale vous apprend que vous avez des devoirs à remplir et que mieux on fait ce qu'on doit, plus on est homme. De son côté, l'histoire vous montre que vous êtes les fils d'une nation qui a fait de grandes choses et qui compte sur vous pour continuer son œuvre glorieuse. Puis, la géographie vous dit quelle place tient votre patrie dans le vaste monde, à la vie duquel votre propre vie est déjà mêlée. Afin de vous préparer à la lutte qui vous y attend, on tâche, au cours des exercices de français et de sciences, de vous habituer à l'observation et au raisonnement.

Un groupe scolaire d'aujourd'hui.

Aimez-la donc, votre école, et faites-y votre devoir d'écolier : un effort quotidien.

Résumé. — *Plus on sait, plus on peut. Le devoir de l'écolier est de faire effort tous les jours pour s'instruire.*

Explication des mots.

Sens supplémentaires nos sens nous mettent en rapport avec ceux qui nous entourent; la *lecture* et l'*écriture* sont comme des sens qui nous mettraient en rapport avec le monde lointain.

Analyse des idées et Raisonnement.

1. *Pourquoi* le premier devoir de la société est-il de répandre l'instruction? — 2. *Comment* l'école prépare-t elle les enfants à la vie?

Composition.

Savoir, c'est pouvoir. — Plan · Quelle profession désirez-vous exercer? — Comment votre savoir vous aidera-t-il à la bien remplir?

72. — La coopération.

Tous pour un, un pour tous. — L'homme ne peut se passer de son semblable. Dès lors, le devoir de chacun de nous est de venir en aide aux autres. « Tous pour un, un pour tous », telle doit être la devise de l'humanité. C'est celle dont s'inspire la coopération.

Qu'est-ce que la coopération? Écoutez l'histoire suivante : « Une famille pauvre désirait avoir des noix pour terminer ses repas; mais les noix achetées au quarteron ou au cent étaient pour elle un dessert trop coûteux. Il lui serait revenu à bien meilleur marché si elle avait acheté à la fois la récolte de tout un noyer, qu'elle aurait eu seulement la peine de gauler. Mais c'était beaucoup trop pour ses besoins. Elle s'entendit avec cinq autres familles. A elles six, elles achetèrent la récolte d'un arbre, puis partagèrent la dépense et les noix qui, de la sorte, leur revinrent à un prix abordable. » Voilà tout le secret de la coopération! Des associations de consommateurs achètent en grande quantité et le meilleur marché possible ce dont ils ont besoin, afin de se le distribuer ensuite en détail, au plus bas prix.

Ce mécanisme si ingénieux dans sa simplicité a été imaginé par d'humbles tisserands, ces extraordinaires *Pionniers* de Rochdale*, dont l'histoire a l'air d'un conte. Ils étaient sept qui vivaient péniblement à Rochdale près de Manchester (Angleterre). Les temps étaient durs, la vie chère, les salaires peu élevés, et la misère menaçait d'entrer dans les ménages malgré des prodiges d'économie. Les sept ouvriers décidèrent d'organiser un magasin coopératif pour améliorer leur sort. Ils gagnèrent à leurs idées cinq autres ouvriers et, à eux douze, ils s'engagèrent à verser vingt centimes par semaine. Dans ces conditions, la masse commune* était loin de grossir à vue d'œil; au bout de six mois, on n'avait pas encore de quoi acheter un sac de farine. Les coopérateurs eurent un moment de découragement et quelques-uns proposèrent le partage de la somme si péniblement amassée. On n'en fit rien heureusement, et au bout de l'année ils étaient quarante et se trouvaient en possession de 700 francs. Le 24 octobre 1844, la société fut définitivement fondée; elle loua un pauvre rez-de-chaussée situé dans une ruelle au nom significatif, *la ruelle des Crapauds.* Il n'est pas besoin d'ajouter que les marchandises y étaient rares.

Les années ont passé : la sombre échoppe a disparu pour faire place à un magasin magnifique où s'entassent des monceaux de marchandises qu'une armée de jeunes employés distribue aux 12000 membres de la coopérative. En 1900, le chiffre d'affaires s'est élevé à onze millions de francs. S'ils pouvaient revenir sur terre, comme ils seraient fiers de leur œuvre, les humbles tisserands qui ont ouvert cette voie nouvelle!

D'Angleterre, la coopération a passé à Lyon, à Grenoble, à Reims, dans le Nord; et aujourd'hui les coopérateurs français sont plus de cinq cent mille.

Résumé. — *L'homme ne peut se passer de son semblable; par conséquent chacun de nous a le devoir de venir en aide aux autres. Une société coopérative achète des marchandises en grande quantité et le meilleur marché possible pour les distribuer ensuite à ses membres, en détail, au plus bas prix.*

Explication des mots.

Pionnier : travailleur assidu; au sens propre : celui qui ouvre une route en pays inconnu. — *Masse commune* : somme qui appartient à tous les associés.

Analyse des idées et Raisonnement.

1. Quel est le devoir de chacun de nous? — 2. En quoi consiste la coopération? — 3. Par qui a-t-elle été imaginée?

Composition.

Les Pionniers de Rochdale. — Plan : La misère des ouvriers. — L'association cooperative. — Difficultés du début. — Le succès final.

73. — La mutualité.

Tous pour un, un pour tous. — « Tous pour un, un pour tous », ce n'est pas la devise de la coopération seulement, c'est aussi la devise de la *mutualité*, qui réunit des hommes par milliers avec la volonté fraternelle de s'entr'aider quand les uns ou les autres succombent à la peine.

Sans doute, l'assistance privée et l'assistance publique soulagent ceux qui souffrent ou que le besoin accable. Mais combien leur est supérieure l'assistance mutuelle, substituant aux bienfaits de la générosité, qui ne va pas toujours sans humilier l'obligé, le recouvrement d'une créance, dont on a fourni soi-même une des parties!

— « Je n'ai droit qu'à la pitié, se dit tristement à lui-même le malheureux assisté, lorsque dans sa main tombe l'obole d'un généreux donateur. Je ne reçois que parce qu'on veut bien me secourir. »

— « Ce que met à ma disposition la société dont je fais partie, dit au contraire le mutualiste, ce n'est ni plus ni moins qu'une somme qui m'est légitimement due. Quand la caisse s'ouvre pour moi, c'est mon bien que je puise, et non celui d'un autre. »

Quelle différence entre ces deux situations! Qui se refuserait à encourager une institution dont l'épargne comprend des centaines de millions de francs, et qui compte aujourd'hui, disséminés sur toute la surface du territoire, en hommes, femmes et enfants, près de cinq millions d'adhérents?

« Tenez, il y a, à Paris, deux vieux artistes, qui ont eu à peu près le même petit talent, la même carrière. Ils sont restés attachés pendant quarante ans à l'orchestre d'un théâtre, l'un comme hautbois, l'autre comme second violon. Le violon était ordonné, méthodique; il se fit inscrire, dès le début, dans plusieurs associations mutualistes, il acquitta régulièrement les cotisations qu'elles imposent à leurs membres. Et grâce à ce léger sacrifice, il jouit, aujourd'hui, de dix-huit cents francs de rente viagère, qui lui assurent l'indépendance, le repos. On le rencontre, frais et gaillard malgré ses soixante-quinze ans, proprement nippé, et marchant d'un pas alerte. Il a une fin de vie digne, souriante, apaisée....

« Le hautbois, lui, n'a pas pris ces précautions. Il a vécu en bohème, sans souci du lendemain. Les infirmités sont venues, et avec elles, la misère, la détresse. Il couche en un galetas sordide, se nourrit de croûtes de pain, est réduit à solliciter l'aumône et lasse tout le monde par ses importunités. Avec cela, son humeur s'est aigrie. Il reproche à la société les torts dont sa seule imprudence fut coupable. Il est un objet de répulsion et d'horreur, on le fuit. Et il mourra, comme un gueux, au coin d'une borne, si on ne lui trouve, par pitié, un lit à l'hospice[1] ».

C'est l'éternel apologue de la cigale et de la fourmi. Enfants, soyez sages comme la fourmi, si vous voulez pouvoir chanter, comme la cigale, jusqu'à la fin de vos jours.

Résumé. — *Une société mutuelle est une association de plusieurs personnes qui versent périodiquement de petites sommes. Cette épargne s'accumule et forme un capital qui sert à secourir les sociétaires tombés dans le besoin. Ainsi les sociétés mutuelles enseignent la prévoyance et la solidarité.*

Analyse des idées et Raisonnement.

1. En quoi consiste la mutualité? — 2. *Pourquoi* l'assistance mutuelle est-elle supérieure à l'assistance privée et à l'assistance publique? — 3. Racontez l'histoire des deux artistes.

Composition.

Secours mutuels. — Plan : Qu'est-ce qu'une société de secours mutuels? — Expliquez le fonctionnement de la mutualité scolaire. — Montrez les avantages qu'elle procure à l'écolier. — Dites quelles habitudes peuvent résulter pour lui dans l'avenir de sa participation à la mutualité scolaire.

1. Extraits des *Annales politiques et littéraires.*

74. — L'échange des services et des produits.

I. *Un mécanisme merveilleux*. — Contre la faim, contre la soif, contre les intempéries, contre la maladie, contre l'ignorance, contre toutes les fatalités de la vie, la grande armée des travailleurs est en lutte. Mais comment les efforts de chacun arrivent-ils à profiter à tous? Par l'échange.

Quand on raisonne, on est en admiration devant le mécanisme bienfaisant de l'échange. Il nous permet d'obtenir tous les biens qui nous manquent, tous les services que nous ne pourrions nous rendre à nous-mêmes. Et à quel prix? Moyennant un travail utile, n'importe lequel.

Voyez cet ouvrier serrurier : il n'a pas hérité d'un centiare de terre; il ne sait ni labourer, ni moissonner, ni moudre, ni pétrir; et pourtant il se nourrit de pain. Il n'a vendangé de sa vie, et il répare ses forces en buvant un verre de vin. Il n'a jamais élevé une tête de bétail, et il mange de la viande et il se chausse de cuir. Il ne sait ni filer, ni tisser, ni coudre, et il a du linge et des habits. Deux forts chevaux qu'il n'a pas nourris, le mènent à l'atelier, s'il est loin, et le ramènent. Il n'a jamais songé à se bâtir une maison, et il est logé, bien ou mal. Ses bras sont les seules armes qu'il ait à son service et il vit en pleine sécurité : il a des juges à lui, une police à lui.

Qu'a-t-il fait aujourd'hui, de huit heures du matin à six heures du soir, pour payer tant de biens et tant de services? Il a posé des sonnettes.

N'est-ce pas merveilleux? Mais le plus beau de cette affaire, c'est que le travailleur en question n'est l'obligé de personne; c'est qu'il ne redoit rien, en fin de compte, à ceux qui l'ont vêtu, nourri, logé, transporté, protégé. Il a donné l'équivalent de tout ce qu'il a reçu; il a échangé ses services contre les services d'autrui.

Nous avons tous besoin les uns des autres : pénétrons-nous

de cette vérité et nous comprendrons que le premier échange à conclure entre les hommes est un échange de bons sentiments et de bons procédés*.

II. ***Paris, centre commercial.*** — C'est particulièrement, dans les villes que viennent s'entasser les produits du travail pour être mis à la portée de chacun.

La largeur de notre pays est presque égale à sa longueur;

Les Halles (tableau de Lhermitte).

on ne trouve pas de massif infranchissable à l'intérieur : par suite, toutes les parties du territoire peuvent aisément communiquer entre elles.

Cette facilité des relations est encore accrue par les quatre grands fleuves et la multitude des rivières navigables qui versent la fécondité dans toutes les directions.

Dans la large vallée, d'une richesse sans égale, où coule la Seine, s'élève Paris, cœur de la France et centre principal de son commerce.

40 000 kilomètres de routes nationales le relient aux grandes villes; de tous les points de la frontière et du littoral

des voies ferrées vont aboutir à ses cinq grandes gares du Nord, de l'Est, de Lyon, d'Orléans et de l'Ouest. Enfin la plupart des canaux de jonction, qui font de nos rivières comme un réseau de veines, convergent* vers la Seine.

Ainsi, par les routes, par les chemins de fer et par les cours d'eau, les productions de tout le pays peuvent se diriger sur Paris ou venir de Paris jusqu'aux extrémités. C'est à juste titre que, dans l'échange incessant qui s'opère entre toutes les régions du territoire, Paris a pris le rôle principal. Pour satisfaire son énorme appétit, pour nourrir ses trois millions d'habitants, il lui faut le secours de tout le pays. La Manche et l'Océan contribuent chaque matin à renouveler la marée aux Halles et il est peu de départements qui n'aient envoyé leur part de la viande, de la volaille, des œufs, du lait, du beurre, des fruits qu'achètent les ménagères parisiennes.

Dans chaque région, quelques grandes villes jouent un rôle semblable à celui de Paris.

Résumé. — *Par l'échange, les efforts de chacun profitent à tous. Moyennant un travail utile, n'importe lequel, chacun de nous est nourri, vêtu, logé, protégé. N'ayons les uns pour les autres que de bons sentiments et de bons procédés. Les routes et les voies ferrées ont fait de Paris notre plus grand centre commercial. Dans chaque région, quelques grandes villes jouent un rôle semblable à celui de Paris.*

Explication des mots.

Procédé : manière d'agir. — *Converger* : tendre vers un même but.

Analyse des idées et Raisonnement.

1. Quels services l'ouvrier serrurier a-t-il reçus de la société ? — 2 *Pourquoi* n'est-il l'obligé de personne ? — 3. Quel devoir nous impose le besoin que nous avons les uns des autres ? — 4. *Comment* l'échange est-il facilite en France ?

Composition.

En France. — Plan : Les productions principales. — Les échanges entre les diverses régions.

75. — Histoire d'un village.

I. *Les voies de communication et le progrès.* — Qu'apercevez-vous sur ces chemins, sur ces grandes routes, sur ces lignes ferrées qui se croisent en tous sens? Des piétons, des voitures, des trains? Sans doute, mais il y passe autre chose encore, une chose qui ne se voit pas avec les yeux : *le Progrès*. Il y passe les inventions, les découvertes, les idées, tout ce que l'humanité parvient à s'approprier sur un point quelconque du globe.

Il n'y a pas de civilisation possible sans de bonnes voies de communication. La Gaule sauvage n'avait que des sentiers à travers ses forêts; avec les Romains, les grandes routes se multiplièrent et la civilisation brilla. Pendant l'invasion des Barbares et pendant les guerres féodales où les routes devenues dangereuses étaient comme si elles n'existaient pas, tout progrès s'arrêta. Et, au cours de notre histoire, que firent ces grands ministres : Sully, Colbert? Ils mirent tous leurs soins à étendre nos moyens de communication.

Écoutez d'ailleurs l'histoire d'un village.

II. *Le Ban de la Roche.* — La vallée supérieure de la Brusche, qui fut française jusqu'en 1871, est l'une des parties les plus âpres de la chaîne des Vosges; on l'appelait alors le Ban de la Roche. Une centaine de familles à demi sauvages y ont vécu presque jusqu'à nos jours dans des huttes, ignorant tout, ne sachant même pas cultiver le sol. Un document daté de 1709 constate qu'ils n'avaient pour toute nourriture que les fruits sauvages et les produits de leur élevage. « Les mœurs étaient détestables, la raison du plus fort était toujours la meilleure ; de justice, d'administration, point de trace ; la violence régnait ; des haines de famille séparaient les cinq hameaux de la vallée et on se faisait la guerre de maison à maison. C'était la barbarie dans ce qu'elle a de plus obscur et de plus brutal. » Et cela en plein

XVIIIe siècle, au temps des splendeurs de la cour de Versailles, à proximité de grandes villes comme Strasbourg et Nancy.

C'est que pas une route, pas un chemin, ne reliait le Ban de la Roche aux plaines d'en bas ; c'était une contrée à ce point perdue entre la France et l'Allemagne que les habitants ne savaient parler qu'un patois inintelligible pour les Français aussi bien que pour les Allemands.

Oberlin au Ban de la Roche.

En cinquante années, ils furent conquis à la civilisation. Ce fut l'œuvre d'un homme de grand cœur, Oberlin. Il résolut de consacrer sa vie aux sauvages du Ban de la Roche. Le 30 mars 1767 il s'installa au milieu d'eux; il avait 27 ans et pendant les 59 années qui suivirent — jusqu'en 182· — il fut debout comme un bon lutteur.

Comment sortir les habitants du Ban de la Roche de leur sauvagerie séculaire*? En les mettant en relation avec le reste du monde. Donc, il fallait ouvrir une route qui rejoindrait celle de Strasbourg, de façon à établir des communications avec les contrées voisines. Cette idée si simple fut jugée diabolique et les indigènes* déclarèrent qu'ils continueraient à vivre comme avaient vécu les aïeux, chacun pour soi, chez soi, sans se soucier de montrer aux autres le chemin de la vallée. Oberlin ne se tint pas pour battu: il mit habit bas, prit une pioche et, aidé par sa femme, il commença la route. Bientôt deux ou trois gars, un peu plus intelligents que les autres vinrent travailler à ses côtés; d'autres les imitèrent et la route fut faite. On s'y aventura, nul malheur n'en survint; quelques hommes se laissèrent entraîner jusqu'à Strasbourg: ils en revinrent émerveillés et en rapportèrent des denrées* que l'on ne connaissait pas. Du coup, Oberlin ne trouva plus de contradicteurs; mais, si les habitants de la vallée étaient, grâce à la route ouverte, comme des prisonniers que l'on vient de rendre à la liberté, ils n'en demeuraient pas moins incapables d'agir par eux-mêmes. Il nous reste à voir comment Oberlin mit à profit les ressources de l'époque pour les civiliser.

Résumé. — *Pas de civilisation possible sans de bonnes voies de communication. A toutes les époques de notre histoire, la création de bonnes routes a favorisé le progrès. L'histoire du Ban de la Roche montre bien cette influence des moyens de communication. Restés sauvages parce qu'ils étaient isolés, les habitants de cette vallée ne furent civilisés qu'à la fin du* XVIIIe *siècle. Un homme de cœur, Oberlin, ouvrit une route qui les mit en relation avec Strasbourg.*

Explication des mots.

Sauvagerie séculaire qui dure depuis des siècles. — *Denrée* : toute espèce de marchandise.

Analyse des idées et Raisonnement.

1. *Pourquoi* n'y a-t-il pas de civilisation possible sans de bonnes voies de communication? Donnez des exemples. — 2. *Comment* les habitants du Ban de la Roche vivaient-ils et *comment* furent-ils civilisés?

Composition.

Le Progrès. — PLAN : Qu'est-ce que le progrès? — Citez quelques progrès accomplis depuis un siècle (habitation, nourriture, instruction). — Avez-vous constaté quelques progrès autour de vous?

76. — Des héros : Oberlin et Louise Scheppler.

I. ***Le devoir.*** — « *Faites à autrui tout ce que vous voudriez qu'on vous fît à vous-même* » : telle est la règle du devoir.

Nombreux sont les hommes d'un grand cœur qui ont poussé le devoir jusqu'au sacrifice d'eux-mêmes. Oberlin, qui, à 27 ans, s'en allait vivre dans la vallée sauvage du Ban de la Roche, était un de ces héros. Quand, par la route, il eut mis ses amis sauvages en rapport avec le monde, il les guida dans leur montée vers la civilisation. Il leur apprit à bâtir des maisons pour remplacer les huttes primitives dans lesquelles ils gîtaient pêle-mêle avec le peu de bétail qu'ils possédaient. Puis voulant frapper leur esprit par une éclatante démonstration, il se mit à cultiver un bout de friche et obtint une récolte de pommes de terre qui fut pour les paysans un objet d'admiration. Cette fois, la bataille était gagnée; chacun se mit à l'œuvre. Sur les indications d'Oberlin, on créa des vergers, des pépinières, des prairies artificielles; on introduisit la culture du lin, on apprit à se servir de la charrue, de la herse. Non seulement les denrées devinrent assez abondantes pour subvenir aux besoins de la population, mais on put en exporter sur les marchés voisins par la route de la vallée.

II. ***Louise Scheppler.*** — Ce magnifique exemple de dévouement inlassable agit profondément sur l'esprit d'une jeune Alsacienne qui venait d'entrer comme servante dans la maison d'Oberlin. Louise Scheppler avait quinze ans, l'âge du plaisir et de la danse; mais la brave fille avait de bien autres préoccupations. Elle était intelligente, appliquée à sa besogne, à la fois tranquille et gaie, active et persuadée que la volonté est une force invincible. Dans la vie de famille que l'on menait autour d'Oberlin, les relations entre maîtres et domestique étaient empreintes de cordialité* et Louise pouvait dire son mot sur toutes choses. Elle avait remarqué que les éloges accompagnés de récompenses excitaient les paysans à secouer leur apathie* naturelle. De cette observation naquit le premier de ces comices agricoles qui, aujourd'hui, existent partout : Oberlin fonda au Ban de la Roche une petite Société d'agriculture; tous les ans on examinait les progrès accomplis dans l'ensemencement des terres, dans l'élevage des bestiaux; des prix étaient solennellement distribués aux plus méritants.

Pour permettre aux plus pauvres de s'outiller, Louise eut l'idée d'établir une maison de prêt, alimentée par des cotisations* volontaires qui, circonstance extraordinaire chez de malheureux paysans, ne firent point défaut. Aucun intérêt n'était exigé des emprunteurs; le service rendu était absolument gratuit. *Tous pour chacun*, c'était de la solidarité en action.

Aussi ce pays naguère sauvage était-il devenu florissant. Les habitants convertis au travail et à la paix qui en résulte s'étaient moralisés. Une école tenue à tour de rôle par Oberlin et par Louise instruisait les enfants. Là ne devaient pas s'arrêter les bienfaits de ces grands cœurs. Louise eut une idée de génie qui a fait son chemin dans le monde.

Elle voyait avec regret que les petits enfants, trop jeunes pour aller à l'école, restaient seuls à vaguer* dans les rues pendant que leurs parents travaillaient aux champs. Mais que faire? Les occuper, se dit Louise. Et Oberlin, vite convaincu par elle, loua une maison où tous les petits enfants furent réunis sous la surveillance de femmes que l'on nommait les conductrices. On les amusait avec des images d'Épinal, on leur contait des histoires, on les faisait chanter, parfois on partait en promenade vers le bois voisin. Sans se douter de la grandeur de son idée, Louise venait d'installer la première salle d'asile qui ait jamais existé. L'Angleterre s'empara de l'idée et la mit en pratique. Plus tard, bien plus tard, la France l'emprunta à l'Angleterre sans se douter que la conception de cette admirable institution était une conception française, née dans le cœur d'une pauvre servante. « Les mille difficultés auxquelles elle se heurta ne purent la rebuter, écrivait Oberlin dans son testament. D'un côté, les enfants avaient un caractère sauvage et revêche*; de l'autre il fallait leur parler en patois, puis leur traduire tout en français. Les mauvais chemins qui unissaient les cinq hameaux de la vallée et la rude saison d'hiver étaient de nouveaux obstacles. Pluies abondantes, vents glaçants, neiges profondes en bas et neiges tombantes d'en haut, rien ne la retenait. L'excès de fatigue a ruiné son corps. » Et Oberlin terminait en la recommandant à l'affection de ses enfants. Il mourut le 1er juin 1826. Trois ans plus tard, l'Académie française décernait à Louise Scheppler un prix de cinq mille francs, en témoignage d'admiration[1].

Résumé. — *Oberlin fut l'un de ces hommes de cœur qui se sont sacrifiés au devoir. Après avoir mis ses amis sauvages en rapport avec le monde, il resta avec eux et leur apprit à bâtir des maisons et à cultiver la terre.*

Son dévouement inlassable éveilla celui d'une jeune Alsacienne qu'il avait prise pour servante. Louise Scheppler imagina le premier comice agricole et la première salle d'asile.

Explication des mots.

Cordialité : bienveillance qui vient du cœur. — *Apathie* : manque d'énergie; engourdissement. — *Cotisation* : quote-part payée par chacun de ceux qui coopèrent à une même œuvre. — *Vaguer* : aller à l'aventure, de côté et d'autre, en vagabond. — *Revêche* : désagréable.

Analyse des idées et Raisonnement.

1. Après avoir établi la route, que fit Oberlin? — 2. Son dévouement ne fut-il pas contagieux? — 3. Qu'imagina Louise Scheppler?

Composition.

Louise Scheppler. — PLAN : Son caractère. — Le premier comice agricole. — La maison de prêt. — La première salle d'asile.

1. Extraits de MAXIME DU CAMP. *La vertu en France* (Hachette et Cie, édit.).

77. — Les victimes du devoir.

I. *Nos dettes.* — Depuis l'âge de la pierre, comme ils ont travaillé et souffert, tous les morts des siècles passés! Comme ils se sont dévoués pour nous! Chacun de nous a, par suite, une grosse dette à acquitter : dette de travail dans l'atelier social, dette d'humanité envers nos semblables, dette d'affection envers nos parents et envers la patrie.

II. ***Le devoir professionnel.*** — Que de médecins risquent la mort au chevet des malades! Combien de maîtres de la jeunesse ont succombé aux fatigues de l'enseignement! Le devoir professionnel* a fait d'innombrables victimes.

.... La vie est un vrai champ de bataille
Où chaque travailleur a son courage à lui.
Fuir le travail qu'on doit, c'est encore avoir fui!
Tout le monde, partout, travaille dans le monde :
Le pêcheur ne craint pas le vent qui souffle et gronde;
Il lutte avec la mer pour prendre le poisson;
Parfois le soleil tue au temps de la moisson;
Le carrier meurt rongé de poussière malsaine,
Le bûcheron parfois tombe du haut d'un chêne,
Le maçon, le couvreur, du faîte des maisons.

J. AICARD[1].

Nous n'en devons pas moins remplir notre devoir professionnel tout entier. L'homme vraiment digne de ce nom d'homme est capable de s'oublier lui-même et de sacrifier son intérêt à l'intérêt général.

Vous habitez l'une de ces hautes et vastes maisons dont se composent les grandes villes modernes; à tous les étages le feu chauffe ou éclaire; mais peut-être va-t-il tout à l'heure profiter de votre absence, de vot e sommeil, pour s'étendre silencieusement et jaillir soudain de toutes les ouvertures en gerbes de flamme. Que deviendriez-vous et que devien-

1. J. AICARD. *La chanson de l'enfant* (Flammarion, édit.).

drait la ville, si on lui laissait le temps de prendre de nouvelles forces? A Paris, il y a en moyenne 1500 incendies par an; depuis longtemps la ville n'existerait plus sans les sapeurs-pompiers qui la défendent. Leur devoir est de combattre le feu; ils l'accomplissent avec une simplicité héroique.

« *Au feu!* », ce cri sinistre a soudain retenti dans la nuit;

Les pompiers de Paris

des hommes tête nue courent; bientôt l'un d'eux s'arrête devant un de ces avertisseurs téléphoniques qui sont placés dans les rues de distance en distance. Il en brise la glace, ce qui provoque l'ouverture d'une porte derrière laquelle est un téléphone; l'homme crie le nom de la rue et le numéro de la maison en feu. Cela suffit. Le caporal qui était de garde au bureau téléphonique de la caserne la plus rapprochée a entendu; il presse sur un bouton à portée de sa main: l'électricité jaillit de toutes parts, les sonnettes électriques retentissent dans l'immense bâtiment. Les hommes s'éveillent. A la hâte ils enfilent le pantalon encore passé dans les bottes. Ceux qui sont au premier étage glissent le long du mât qui fait communiquer la chambrée avec la remise où se trouvent les pompes.

Les autres arrivent en courant, la veste sur le bras, leur ceinturon à la main.

Ils achèveront de s'habiller tout à l'heure en allant au feu. En trente secondes les hommes sont sur leurs sièges, les pompes prêtes à partir. La grande porte de sortie s'est ouverte par la simple pression d'un ressort et les lourdes voitures partent à toute vitesse, au bruit lugubre de la trompe qui avertit de se ranger.... Déjà la maison est embrasée. Aux fenêtres que lèchent les flammes, des femmes, des enfants apparaissent affolés, appelant au secours. Les voitures s'arrêtent, les sapeurs sautent à terre : les uns mettent les pompes en batterie, les autres organisent le sauvetage : calmes, intrépides, des héros vont se révéler.

Résumé. — *Chacun de nous doit acquitter une dette de travail dans l'atelier social, une dette d'humanité envers ses semblables, une dette d'affection envers ses parents et sa patrie.*

Tous les ans, le devoir professionnel fait de nombreuses victimes parmi les ouvriers, les médecins, les maîtres de la jeunesse, etc. Dans la lutte contre l'incendie, beaucoup de pompiers se révèlent comme des héros.

Explication des mots.

Devoir professionnel : tout ce que notre profession nous oblige à faire.

Analyse des idées et Raisonnement.

1. *Pourquoi* avons-nous une grosse dette à acquitter? — 2. Citez des victimes du devoir professionnel. — 3. *Comment*, à Paris, un passant peut-il avertir les pompiers qu'un incendie vient d'éclater?

Composition.

Le devoir professionnel. — Plan : En quoi consiste-t-il? — Exemples. — A quels dangers l'accomplissement du devoir professionnel expose-t-il en certains cas? — Exemples. — Réflexion.

78. — Les sapeurs-pompiers.

Des héros. — Le 9 avril 1868, le feu prend dans une arrière-boutique de la rue Saint-Antoine. Quand les pompiers arrivent, l'escalier n'est plus qu'une fournaise. Il y a là des femmes et des enfants qui vont périr. Le caporal Thibaut s'élance. En un quart d'heure, il sauve dix personnes. Au cinquième étage, une vieille femme est restée. Devant la fenêtre de son logement est une corniche* tellement en saillie que l'échelle de sauvetage qu'on a pu accrocher à l'appui de la fenêtre est renvoyée loin de la façade et par conséquent des fenêtres; elle plonge dans le vide. Le caporal Thibaut n'hésite pas : il réussit à s'introduire dans la chambre de la pauvre femme à demi morte de peur, la place sur son dos, la lie à lui fortement par une corde et se laisse glisser le long de l'échelle; parvenu au dernier échelon, il s'y suspend à bout de bras; puis, par un superbe mouvement d'adresse, après s'être balancé deux ou trois fois, il prend son élan et vient enfin tomber debout sur la fenêtre de l'étage inférieur, où un sapeur lui tendait les bras.

En 1881, à l'incendie des magasins du Printemps, une rafale de vent s'engouffre dans le bâtiment: une flamme énorme sort par toutes les fenêtres et enveloppe les sapeurs qui bondissent sur les balcons, se précipitent par les échelles. Le sapeur Havard est resté; deux hommes escaladent la maison pour voir ce qu'il est devenu et le trouvent enseveli jusqu'aux hanches dans les décombres* en feu de l'escalier effondré. Ces décombres leur brûlent les pieds; ils tâchent de les écarter : ils se brûlent les doigts jusqu'au sang. Un sergent descend alors à l'étage inférieur avec deux hommes munis d'une lance et d'une pince en fer; ils entassent deux tables l'une sur l'autre au-dessous de l'endroit où doit se trouver Havard et crèvent le plafond. La buée de l'eau et la fumée les étouffent; le plafond s'écroule par morceaux sur leur tête, les murs craquent, le feu gagne la pièce; ils travaillent toujours. Enfin Havard glisse entre leurs bras; ils le saisissent, le conduisent au balcon et le descendent avec une corde. Il était mort.

En 1892 un incendie se déclare dans la cave d'un restaurant parisien. Le lieutenant Garnier descend le premier, accompagné du sergent Sauva, des caporaux Legrand et Duvaguer et du sapeur Farge. La porte de la cave s'ouvre comme la gueule d'un four plein de flamme et de fumée. Les courageux sauveteurs s'y jettent sans hésiter, mais l'asphyxie* les terrasse. On voit reparaître le lieutenant rapportant le sergent Sauva; il retourne dans la fournaise et deux fois de suite il ramène l'un de ses hommes évanouis. A la troisième fois il revient seul et tombe sans connaissance. On l'emporte à travers la foule qui s'écarte avec respect.

Trop souvent les rangs de la foule doivent s'ouvrir ainsi pour livrer passage à ceux qui emportent un de leurs camarades, frappé à mort!

Découvrez-vous : c'est une victime du devoir qui passe.

Résumé. — *Les incendies font trop souvent des victimes parmi les courageux sapeurs-pompiers. Pas un ne recule cependant devant le devoir à remplir.*

Explication des mots

Corniche : partie qui avance, tout autour d'un bâtiment. — *Décombres* : matériaux qui restent après une démolition. — *Asphyxie* : état voisin de la mort par suite de la suspension de la respiration.

Analyse des idées et Raisonnement.

1. Racontez l'acte de dévouement du caporal Thibaut. — Donnez un exemple du danger que courent les sapeurs-pompiers.

Composition.

Un incendie. — Le feu a couvé pendant la nuit. — Effroi des habitants de la maison. — L'escalier en flammes. — Arrivée des pompiers. — Un sauvetage.

79. — Le forgeron Jollinier.

I. *Le devoir d'humanité.* — Le devoir professionnel nous est imposé, mais nul ne peut nous contraindre à remplir le devoir d'humanité envers nos semblables : aussi est-ce par ce dévouement volontaire que l'homme devient grand. Pour atteindre à cette grandeur, nul besoin d'instruction, ni de richesse : le cœur suffit.

Personne ne donne si aisément et de meilleur cœur que ceux qui gagnent à grand'peine leur subsistance par le travail de chaque jour. Le dévouement poussé jusqu'à l'héroïsme n'est pas rare parmi eux. Ils comprennent profondément, pratiquent sérieusement les devoirs de la fraternité et de la piété filiale. L'aïeul qui ne peut plus tenir son outil, a sa place — la première place — dans le galetas* de ses enfants ; beaucoup d'entre eux pouvant mettre leurs vieux parents dans un hospice aiment mieux souffrir la faim pour les garder dans ce qu'ils appellent la maison. « La vertu se cache; très souvent elle s'ignore. Des ouvriers suivent le cercueil d'un ami ; il y a un orphelin; quelqu'un, chemin faisant, prend l'enfant par la main, et cette main il ne la quitte plus. » Pour eux, la famille n'a pas de frontières*, elle s'étend partout où il y a des compagnons dans le besoin.

II. *Des héros.* — La conduite du forgeron Jollinier, de Nantes, à qui l'Académie française a décerné un prix Monthyon, dépasse les proportions ordinaires de cette solidarité qui unit les travailleurs. Ce n'est pas pour un jour, dans un élan de sensibilité passagère*, qu'il a tendu la main à un ami malheureux. Il a consacré sa vie à élever la famille qu'un mourant lui avait léguée.

A vingt ans, il arrivait à Nantes pour chercher du travail et se logeait dans la même maison qu'un de ses camarades d'atelier, père de six enfants, dont le plus jeune n'avait que treize mois. Ce camarade meurt, laissant une veuve d'une santé délicate qui, au bout de trois ans, succombe à son tour. Jollinier se charge des six enfants et, avec le prix de ses journées de travail, réussit à les élever.

Le dévouement des époux Blondelot, à Mouy-sur-Seine, n'est pas moins admirable. Ils avaient reçu en nourrice une enfant dont la mère mourut aussitôt. Ces braves gens, quoique élevant péniblement deux enfants, gardèrent la pauvre petite et firent le nécessaire pour lui donner l'instruction et une bonne éducation. Ils la marièrent, mais, un an après, ils la reprenaient avec eux, veuve et ayant une petite fille. Vieux, cassés, indigents, ils recommencèrent le même acte de charité et partagèrent avec la mère et l'enfant le produit d'un travail bien faiblement rétribué.

Honneur à ces grands cœurs!

Résumé. — *C'est en se dévouant à autrui que l'homme devient grand. Personne ne pratique les devoirs de la fraternité d'un meilleur cœur que ceux qui gagnent péniblement leur vie. Ils ne sont pas rares ceux qui se sont sacrifiés comme le forgeron Jollinier et les époux Blondelot.*

Explication des mots.

Galetas : logement misérable. — *La famille n'a pas de frontières* elle ne comprend pas seulement les parents par le sang, mais tous les compagnons de travail. — *Élan de sensibilité passagère* : attendrissement qui ne dure pas.

Analyse des idées et Raisonnement.

1. Qu'est-ce qui rend l'homme vraiment grand? — 2. Quels actes de dévouement les ouvriers accomplissent-ils tout naturellement? — 3. Racontez le devouement du forgeron Jollinier. — 4. Racontez le dévouement des époux Blondelot.

Composition.

Un acte de solidarité. — Racontez, sous forme de lettre à un ami, que la maladie empêchant un pauvre cultivateur de faire ses semailles, ses voisins s'entendirent pour lui donner chacun une demi-journée de travail. — PLAN : La maladie de Jean-Pierre au temps des semailles. — Conséquences qu'elle peut entraîner. — Résolution des voisins. — Appreciez.

80. — De beaux dévouements.

I. ***La famille.*** — Père, mère, enfant, frère, sœur, quoi de plus doux que ces noms !

Ils nous rappellent tant d'heureux souvenirs !

Le père travaille pour faire vivre la maisonnée; la mère tient le ménage; l'un et l'autre veillent avec amour sur les enfants; ceux-ci les réjouissent à leur tour par leur

La famille.

tendresse et leur application au bien : c'est cela la famille.

Y a-t-il quelque chose de plus beau que cette vie en commun où tous sont nécessaires au bonheur de chacun ?

Que le malheur survienne, toujours quelque membre de la famille se dressera pour lui opposer son affection et son dévouement. On ne compte plus les belles actions qui ont leur source dans l'amour paternel ou maternel : celle que nous allons rapporter a l'avantage de montrer l'union du père et de la mère dans le même sacrifice.

II. ***Dévouement d'un père et d'une mère.*** — A Saintes, un des enfants des époux Rabaud avait été horriblement brûlé depuis la poitrine jusqu'aux genoux; la plaie du ventre, à elle seule, pouvait entraîner la mort. Il fallait essayer la greffe épidermique*. Le père et la mère s'offrirent du même élan pour que le médecin prît immédiatement sur eux les greffes nécessaires; cinq grandes furent prises sur le père, vingt-deux plus petites sur sa femme. Ni l'un, ni l'autre ne poussèrent une plainte pendant qu'on les écorchait. L'opération réussit. L'enfant fut malade pendant quatorze mois; il guérit plus tard que ses parents, mais enfin il guérit.

III. ***Dévouement filial.*** — La piété filiale est très commune. Pour un ingrat, combien se sont dévoués sans réserve à leurs parents malades, pauvres ou infirmes! Comment, par exemple, ne pas être attendri devant la conduite de Martin Luquet? C'est dans un village perdu des Basses-Alpes, à Estoublon, que cet homme de chétive santé, souvent malade, n'a cessé depuis l'adolescence de travailler afin de soulager ses parents dans l'indigence. Il allait se marier quand son père mourut, et, sur-le-champ, il renonça à s'établir pour ne pas quitter sa mère déjà vieille. A force de labeur, il avait amené un peu de bien-être au logis, lorsque sa mère fut atteinte de paralysie générale.

« Son état exige des soins continuels, écrivait François Coppée; elle est d'une humeur chagrine, gémit sans cesse, blesse son fils à chaque instant par un reproche injuste, par une parole dure. Cependant, toujours travaillant et soignant sa chère malade, ce fils exemplaire ne la quitte, depuis huit ans, que pour aller ramasser du bois dans la forêt ou laver comme une femme, à la rivière, le peu de linge qu'il possède. Dans une masure délabrée*, ouverte à tous les vents, où ne brûle par les plus grands froids qu'un maigre tison, il reste nuit et jour au chevet de sa mère. Il gagne fort peu, étant continuellement interrompu dans son travail par ses fonctions de garde-malade. Privé de nourriture et de sommeil, il voit chaque jour ses forces diminuer. Rien ne l'abat, rien ne le décourage. Ce pauvre homme en guenilles est du moins paré de l'estime générale et dans la pétition couverte de signatures qui le signale à l'Académie, je relève cette phrase : il n'est pas, dans la commune, jusqu'au plus méchant qui ne lui donne un mot de félicitation. »

Ne croyez pas que ceux qui se sacrifient ainsi soient à plaindre. En consacrant chaque heure de la journée à ce qui est incontestablement le devoir, ils connaissent une paix délicieuse; ils sont sûrs, absolument sûrs d'avoir fait le bien. Plus d'un parmi les favorisés de la vie pourrait envier ces pures consciences que n'assombrit jamais l'ombre d'un mauvais souvenir.

Résumé. — *Dans la vie de famille, tous sont nécessaires au bonheur de chacun. Cette commune affection produit d'admirables dévouements : tel celui des époux Rabaud qui laissèrent prendre des morceaux de leur chair pour refaire la peau brûlée de leur enfant; — tel encore le dévouement de Martin Luquet qui, sans ressources et de chétive santé, n'en soigna pas moins sa mère nuit et jour pendant huit ans.*

Explication des mots.

Greffe épidermique : opération chirurgicale qui consiste à transporter sur une partie du corps, dont la peau a été détruite, un autre morceau de peau qui finira par s'y incorporer. — *Masure délabrée* : vieille habitation en très mauvais état.

Analyse des idées et Raisonnement.

1. *Pourquoi* dit-on qu'il n'y a rien de plus beau que la famille ? — 2. Racontez le dévouement des époux Rabaud. — 3. Racontez le dévouement de Martin Luquet. — 4. *Pourquoi* ceux qui se sacrifient ainsi ne sont-ils pas à plaindre ?

Composition.

Votre grand-père, vieux et infirme, s'est enfin décidé à venir habiter avec vos parents. Ecrivez-le à un de vos amis. — Plan : Annoncez la nouvelle. — Dites toute la joie que vous éprouvez. — Faites connaître les égards que vous aurez pour votre grand-père.

81. — La patrie.

La patrie. — La patrie, c'est la terre de nos pères.

Enfant, ta famille existe depuis bien longtemps : avant ton père et ta mère, tu as eu des grands-parents que, sans doute, tu as connus; avant ceux-ci, en remontant toujours plus loin, tu as eu beaucoup d'ancêtres que tu ignores, dont personne de ta famille même ne se souvient plus. De ces vieux parents, les uns ont vécu dans les forêts de la Gaule; d'autres se sont battus contre les Romains; d'autres encore ont vu arriver les Barbares, puis les Anglais du temps de la guerre de Cent Ans.... A toutes les époques de l'histoire de France, il y a eu des tiens pour travailler, lutter, tantôt ici, tantôt plus loin, au hasard de la vie. Dans ce beau pays de France, beaucoup d'efforts des tiens ont laissé une trace, beaucoup de choses ont été faites par eux dans les champs, dans les villes; beaucoup de gouttes de ce sang, qui est aujourd'hui le tien, ont coulé pour la défense du sol.

A côté de ta famille travaillaient les familles de tes amis, les familles de tous les petits Français. Elles s'entr'aidaient. Et c'est pour cela qu'on dit que la patrie est une *grande amitié*. Tu fais partie de l'*amitié de France*, de l'amitié qui a uni tous les Français depuis le commencement de notre pays.

C'est un grand bien d'avoir une patrie, comme c'est un grand bien d'avoir des parents. La patrie nous protège, elle nous assure la justice et la paix dans le travail; elle est comme une puissante nourrice qui nous allaite tous. Quand elle souffre, nous sommes tous atteints.

Aime donc ton pays, petit Français; aime-le comme il a été aimé dans le passé par des millions de Français qui ont travaillé, peiné et souffert pour le rendre plus grand, plus libre, plus heureux.

Rappelle-toi le beau mot de Jeanne d'Arc : « Jamais je n'ai vu couler le sang de France sans que mes cheveux se dressassent. » De ce sang de France, une partie coule dans tes veines; que les joies et les deuils de ton pays deviennent donc les tiens.

Il mérite cet amour, ton pays; il n'y en a pas de plus noble. Chaque fois qu'il a fallu se dévouer à une belle chose, on a vu accourir des Français. Parmi les grandes idées dont vivent les peuples d'aujourd'hui, beaucoup ont été répandues par nos écrivains. Et enfin, ne sommes-nous pas les fils de ceux qui ont créé pour le monde entier la liberté et l'égalité fraternelle?

Un grand historien, Michelet, a dit très justement : « Si l'on voulait entasser ce que chaque nation a dépensé de sang, d'or et d'efforts de toute sorte pour les choses désintéressées qui ne devaient profiter qu'au monde, la pyramide de la France irait montant jusqu'au ciel. Et la vôtre, ô nations, toutes tant que vous êtes, ah! la vôtre, l'entassement de vos sacrifices irait au genou d'un enfant. »

Résumé. — *Notre patrie, c'est la terre de nos pères et c'est la grande amitié qui a uni tous les Français depuis les origines de la France. Notre patrie nous assure la justice et la paix dans le travail. — Aimons-la. Il n'y en a pas de plus noble, car il n'y a pas de pays qui ait fait plus de sacrifices pour les choses qui devaient profiter à l'humanité tout entière.*

Analyse des idées et Raisonnement.

1. Qu'est-ce que la patrie? — 2. *Pourquoi* dit-on que la patrie est une *grande amitié*? — 3. Est-ce un grand bien d'avoir une patrie? — 4. *Pourquoi* la France mérite-t-elle notre amour?

Composition.

Montrez, à l'aide d'exemples, que la France a souvent secouru les faibles et les opprimés. — Plan · Esprit chevaleresque au temps des croisades. — Guerre de l'indépendance américaine. — Les armées de la Révolution. — L'indépendance grecque. — L'indépendance italienne.

82. — La patrie en danger.

En 1792. — Quand Louis XVI eut été dépouillé de son pouvoir absolu, l'Europe féodale ne voulut pas admettre que la liberté et l'égalité régnassent en France.

En 1792, la Prusse et l'Autriche s'allièrent pour détruire l'œuvre de la Constituante. Avertie de leurs projets, l'Assemblée législative s'adressa au roi en ces termes : « Dites-leur que nous garderons religieusement le serment de ne faire aucune conquête, que nous leur offrons le bon voisinage, l'amitié inviolable d'un pays libre et puissant, que nous respecterons leurs lois, leurs usages, leurs constitutions*, mais que nous voulons que la nôtre soit respectée. Dites-leur enfin que si des princes d'Allemagne continuent de favoriser des préparatifs dirigés contre les Français, les Français porteront chez eux non pas le fer et la flamme, mais la liberté* ! » A ces nobles paroles, les Prussiens et les Autrichiens répondirent par l'envahissement de la France.

Alors l'Assemblée législative fait appel à la nation et des armées se forment à la hâte. L'étroite enceinte de l'Assemblée devient comme la maison de la France; on y apporte en foule des dons patriotiques pour fondre des canons et armer les volontaires. Les pauvres surtout donnaient. C'était un jeune homme qui envoyait ses économies, six cents francs péniblement amassés; c'étaient de pauvres femmes qui apportaient ce qu'elles avaient.

Un sacrifice plus grand encore, c'est celui que tous, riches et pauvres, faisaient à la chose publique : celui de leur temps, de leur pensée constante, de toute leur activité. Plusieurs faisaient porter leur lit dans les bureaux et travaillaient nuit et jour.

Le 25 août 1792, l'Assemblée apprit la chute de Longwy et, quelques jours après, la capitulation de Verdun. Elle décréta à l'instant que tout citoyen qui, dans une place assiégée, parlerait de se rendre serait puni de mort. Un sentiment de solidarité profonde, admirable, se révélait partout. Chacun s'adressait à tous, parlait, priait pour la patrie. Chacun se faisait recruteur, allait de maison en maison, offrait à celui qui pouvait partir des armes, un uniforme. Aux fenêtres de l'Hôtel de Ville un drapeau immense disait à tous : *La patrie est en danger*, et, flottant au vent, semblait faire signe aux légions populaires de marcher en hâte des Pyrénées à l'Escaut, de la Seine au Rhin.

Des villages entiers courent à la frontière. A Argenteuil les hommes valides partent jusqu'au dernier. A Paris la foule, comme un flot inépuisable, défile aux tribunes, s'arme et s'écoule vers les Ardennes et la Meuse. La Gironde fait à l'Assemblée législative qui lui demande d'envoyer des hommes une réponse magnifique : « Elle n'enverra pas, dit-elle, elle ira, elle marchera tout entière. » Et 90 000 hommes arrivent à Paris de ce seul département. En quelques jours 600.000 volontaires étaient debout[1].

Résumé. — *Contre la Prusse et l'Autriche alliées pour rétablir Louis XVI dans son pouvoir absolu, l'Assemblée législative fit appel à la nation. Après la capitulation de Verdun, la patrie fut déclarée en danger et 600 000 volontaires se levèrent pour la défendre.*

Explication des mots.

Constitution : l'ensemble des lois qui établissent la forme du gouvernement, les droits et les devoirs des citoyens. — *Porteront la liberté* : detruiront les privilèges et le pouvoir absolu, comme il venait d'être fait en France.

Analyse des idées et Raisonnement.

1. *Pourquoi* la Prusse et l'Autriche s'allièrent-elles en 1792? — 2. Que fit l'Assemblée législative? — 3. Que fit la nation?

Composition.

La campagne de 1792. — PLAN : L'invasion. — La patrie en danger. — Valmy. — Jemmapes.

1. Extraits de MICHELET. *La Révolution.*

83. — La Patrie sauvée.

I. *Les Volontaires de 92.* — Les jeunes soldats de cette époque restent tous marqués d'un signe qui les met à part dans l'histoire; ce signe, ce mot qui fit trembler toute la terre, n'est autre que leur simple nom : *Volontaires de 92.*

Leurs maîtres qui les instruisirent et disciplinèrent leur enthousiasme*, c'étaient les sous-officiers ou soldats de l'ancienne armée, que la République venait de jeter en avant, ses fils qui n'étaient rien sans elle; c'était le jeune, l'héroïque, le sublime Hoche* qui devait vivre si peu, celui que personne ne put voir sans l'adorer; c'était cette noble figure, Marceau*, pleuré de l'ennemi; c'était l'ouragan des batailles, le colérique Kléber* qui, sous cet aspect terrible, eut le cœur humain et bon; c'était l'homme du sacrifice, qui voulut toujours le devoir, l'irréprochable Desaix*. Et puis une glorieuse foule : Kellermann, Joubert, Jourdan, Ney, Augereau, Oudinot, Victor, Davout.... Grands maîtres qui enseignaient d'exemple*[1].

Les enrôlements volontaires.

II. *La Marseillaise.* — Cet élan commun qui soulevait toute poitrine d'un égal mouvement avait besoin d'un rythme, d'un chant qui soulevât les cœurs. Un officier de

1. MICHELET *La Révolution*

la garnison de Strasbourg, Rouget de l'Isle, dans un moment d'inspiration brûlante, écrivit *la Marseillaise*. « Ce chant sortit de toutes les bouches; on eût pu croire que la nation entière l'avait composé, car, au même moment il éclata en Alsace, en Provence, dans les villes et dans la plus misérable chaumière. C'était d'abord un élan de confiance magnanime*, un mouvement serein*, la tranquille assurance du héros qui prend ses armes et s'avance :

Allons, enfants de la patrie,
Le jour de gloire est arrivé!

« Soudainement le cœur se gonfle de colère à la pensée de la tyrannie*. Un premier cri d'alarme, répété deux fois, signale de loin l'ennemi :

Contre nous, de la tyrannie
L'étendard sanglant est levé.
L'étendard sanglant est levé.

« Tout se tait; on écoute, et au loin on croit entendre, on entend sur un ton brisé les pas des envahisseurs dans l'ombre; ils viennent par des chemins cachés, sourds; le cliquetis des armes les annonce en pleine nuit, et par-dessus ce bruit souterrain, vous discernez la plainte, le gémissement des villes prisonnières. L'incendie rougit les ténèbres.

Entendez-vous, dans les campagnes,
Mugir ces féroces soldats!
Ils viennent, jusque dans nos bras,
Égorger nos fils, nos compagnes!

« Un grand silence succède, pendant lequel résonnent les pas confus d'un peuple qui se lève; puis ce cri imprévu, gigantesque, qui perce les nues : *Aux armes! citoyens!* Ce cri de la France, prolongé d'échos en échos, immense, surhumain, remplit la terre[1]. »

1. E. Quinet. *La Révolution* (Hachette et Cie, édit.).

Mais *la Marseillaise* n'est pas qu'un chant de guerre; c'est un chant de fraternité; ce sont des bataillons de frères qui, pour la sainte défense du foyer, de la patrie, vont ensemble d'un même cœur. C'est un chant qui, dans la guerre, conserve un esprit de paix. Qui ne connait la strophe sainte : *Épargnez ces tristes victimes....*

Ce chant sublime conduisit les volontaires de 92 à Valmy et à Jemmapes. La patrie fut sauvée.

Résumé. — *Les volontaires de 92 sont à part dans l'histoire. Enthousiastes, disciplinés par de jeunes chefs du plus grand mérite, ils s'élancèrent au combat comme autant de héros. La* Marseillaise *enflammait leur courage. Ils sauvèrent la patrie à Valmy et à Jemmapes.*

Explication des mots.

Discipliner l'enthousiasme : l'enthousiasme est un sentiment très vif qui nous emporte hors de nous-même; ce sentiment aurait pu être une cause de désordres dans l'armée; les chefs obtinrent de tous les volontaires leur soumission à la discipline. La discipline, c'est l'ensemble des règlements qui assurent le bon ordre. — *Hoche* (1768-1797) : battit les Autrichiens et pacifia la Vendée. — *Marceau* (1769-1796) : tué à Altenkirchen, à 27 ans. — *Kléber* (1753-1800) : assassiné en Egypte, par un musulman. — *Desaix* (1768-1800) : périt à Marengo. — *Qui enseignaient d'exemple :* qui combattaient au premier rang et rivalisaient d'amour pour la patrie. — *Magnanime :* d'une âme grande, élevée, généreuse. — *Mouvement serein :* qui annonce de la tranquillité. — *Tyrannie :* gouvernement de violence, qui ne laisse pas de liberté aux citoyens.

Analyse des idées et Raisonnement.

1. *Pourquoi* les jeunes soldats de cette époque sont-ils à part dans l'histoire ? — 2. Citez quelques-uns de leurs chefs. — 3. Quels sentiments la *Marseillaise* exprime-t-elle ?

Composition.

La Marseillaise. — Plan : A quel moment, où et par qui a-t-elle été composée ? — Quel rôle a-t-elle joué pendant les guerres de la Révolution ? — Dans quelles circonstances l'entendons-nous aujourd'hui ? — Comment faut il l'entendre ? — N'y-t-il pas des circonstances où vous voudriez pouvoir l'interdire à des chanteurs qui la profanent ?

84. — Quatre mois de souffrances pour la patrie.

Le Siège de Paris en 1870-1871. — Chaque fois que la patrie a couru un danger, d'innombrables dévouements se sont offerts pour son salut. La résistance héroïque de Paris en 1871 en est le plus bel exemple. Le seul mot de capitulation faisait grincer les dents aux Parisiens, les jetait dans des fureurs folles et héroïques. Ils parlaient de sortir en masse,

Le siège de Paris.

tous ensemble — mal armés, n'importe! — de tenter de rompre ce cercle de fer et de feu par la poussée aveugle d'un demi-million d'hommes tassés.... Jusqu'au dernier jour où finirent la dernière bouchée de pain noir, le dernier rat, la dernière croûte de fromage moisi, ils gardèrent au cœur l'indomptable espérance.

Un soir, dix-sept jours après Sedan, le dernier train était entré par la ligne de l'Ouest. Derrière, les ponts sautèrent. A partir de ce moment le grand supplice de Paris fut d'être isolé de la France, de ne pas savoir ce qui se passait au delà de ses forts. La faim, le bombardement n'étaient rien au prix de cela. — A Paris donc de se tirer d'affaire, de se nourrir, de se défendre, de se gouverner tout seul. Rien de fait, du reste, rien de prêt. Ni canons, ni boulets, ni poudre, ni fusils, — ni provisions suffisantes. Mais Paris n'est pas une ville; c'est un monde. On vit là ce qu'on ne vit jamais dans une place investie*. On improvisa* tout. On fondit des canons, on fabriqua des fusils. On créa des bataillons : tous les hommes valides armés, exercés tant bien que mal, mal habillés, mal organisés, mais déterminés....

Les souffrances, pourtant, allaient croissant. Il fallut, en décembre, rationner la population déjà exténuée, rogner le morceau, rompre en deux la bouchée. L'hiver, aussi, était contre nous; le froid atroce nous transperçait jusqu'aux os; la neige, la gelée faisaient rage. Plus de bois, plus de feu; on brûlait ses meubles. Plus de lumière; faute de charbon, le gaz s'éteignait. Pour ces Parisiens, habitués aux vives clartés, c'était là une privation. La nuit, l'aspect de Paris, tout noir, ou gris de neige, était lugubre. On eût dit un tombeau, une ville morte, habitée par des spectres.

Il y avait trois mois que les Prussiens étaient devant Paris, et leurs affaires n'étaient pas beaucoup plus avancées qu'au premier jour. Enragés d'être tenus là si longtemps, s'étant enfin emparés des hauteurs de l'Ouest qui dominent la ville, trouvant que la faim n'allait pas assez vite, ils essayèrent — pour voir — du bombardement. Jeter une pluie de fer et de feu, non pas sur des forts, mais sur des maisons, non pas sur des soldats, mais sur une population, des femmes et des enfants, cela leur parut une chose toute simple. — Leur feu commençait d'ordinaire à la tombée du soir, et durait jusqu'à l'aube : c'était un effet de mise en scène* sur lequel ils comptaient. — Horreur grandiose en effet! Figurez-vous la nuit immense, au-dessus de la ville sans lumière; à l'horizon, les éclairs des canons; l'ombre sillonnée des petites fusées des obus, traçant en l'air la courbe du projectile; de seconde en seconde le grondement de la pièce dans le lointain; tout près l'explosion de la bombe. Nos forts répondaient avec rage. On les entrevoyait comme des silhouettes noires à travers la fumée, que chaque coup embrasait. Cela dura bien trois semaines.

Ils croyaient, eux, qu'au premier obus éclatant dans nos rues tous les cœurs allaient faiblir.... Ce fut le contraire qui arriva. La misère, les souffrances des femmes, des enfants, nous eussent fait défaillir peut-être : la colère nous remonta. On courait aux obus; on enlevait les morts, les blessés; on éteignait les commencements d'incendies. Nos femmes furent héroïques; on vit ressuscitées les Gauloises des anciens jours dans ces Parisiennes qui allaient sous le feu, par la neige et la nuit, aux postes les plus dangereux, porter des secours ou des vivres. Les projectiles défonçaient les toits, crevaient dans les chambres : les habitants se réfugièrent dans les caves. On s'y installait; on apportait le lit, le berceau. On tendait des rideaux sous les voûtes suintantes. On commençait à s'y habituer; on dormait au bruit du canon....

La souffrance, on ne la connut vraiment que le jour où les Prussiens entrèrent dans la ville qui, soudain, toutes ses fenêtres closes, se fit muette, sombre.

Ch. Delon. — *Notre capitale Paris.* (H. Delarue et Cie, édit.)

Résumé. — *Paris, isolé de la France, en proie à la famine et aux rigueurs de l'hiver, bombardé pendant la nuit, supporta héroïquement ce long supplice, par amour de la patrie.*

Explication des mots.

Investie : entourée de troupes qui empêchent de sortir. — *Improviser* : faire à la hâte une chose qui manque au moment où elle est nécessaire. — *Effet de mise en scène* : résultat préparé comme au théâtre pour produire une grande impression.

Analyse des idées et Raisonnement.

1. Quel fut le premier supplice qu'endura Paris? — 2 Que se passa-t-il en hiver? — 3. Racontez le bombardement.

Composition.

Le siège de Paris. (19 sept. 1870-29 janv. 1871.) — Plan. L'isolement. — La faim et le froid. — Le bombardement. — Héroïsme des assiégés.

85. — La démocratie française

I. ***Avant la Révolution.*** — Avant la Révolution, la France était la propriété du roi; il disait : *mes peuples.* C'était comme une ferme qu'on se transmet de père en fils. Elle fut d'abord petite et réduite à l'Ile-de-France. Les rois l'arrondirent peu à peu; toujours aux aguets, il firent de beaux coups aux dépens de leurs voisins. A la fin, leur terre était prodigieusement agrandie : elle s'étendait des Pyrénées à l'Océan et au Rhin. Ainsi fut faite l'unité territoriale* de la France.

Cette œuvre fut complétée par la Révolution. En supprimant tous les privilèges et en transportant, du roi à la Nation, le pouvoir de faire des lois, la Révolution établit chez nous l'égalité et la liberté : elle créa le **Peuple français.** Depuis ce temps, une loi n'est plus l'expression de la volonté d'un seul, c'est « *l'expression de la volonté générale* ». Elle doit être faite par l'ensemble des citoyens ou par leurs représentants.

Cependant il fallut attendre jusqu'à la République de 1848 pour que le droit de voter fût accordé à tous les citoyens sans exception. Cette conquête du suffrage universel est le plus grand événement politique depuis la Révolution.

II. ***Le suffrage universel, instrument de progrès.*** — Aujourd'hui le suffrage universel permet à chacun de dire comment il voudrait que le pays fût gouverné. C'est l'avis du plus grand nombre qui l'emporte. Cet avis est transformé en lois par les représentants du peuple : députés et sénateurs. Le chef de l'État, le Président de la République, aidé par ses ministres, veille à l'application de ces lois. Un peuple qui se gouverne ainsi lui-même est une **démocratie.**

Le suffrage universel permet de mettre dans la société une justice de plus en plus grande. Quand il a fallu refaire notre armée, après la guerre de 1870, le peuple a dit par ses votes qu'il ne voulait plus du remplacement* en argent qui ne profitait qu'aux riches, et ses députés ont voté une loi qui fait peser les mêmes charges sur tous. Quand le peuple eut compris les avantages de l'instruction, il voulut qu'on la mît à la portée des pauvres et, en 1882, la loi rendit l'instruction gratuite et obligatoire. De bonnes lois ont été faites pour protéger l'agriculture, l'industrie et le commerce qui sont les sources du bien-être général. Les intérêts des ouvriers ont fait l'objet de ce qu'on appelle les lois ouvrières.

Mais ce ne sont pas seulement les lois qui profitent au

Le suffrage universel.

plus grand nombre; c'est tout l'effort de la société. Au lieu de palais royaux, on bâtit maintenant des palais pour les Expositions, de grands hôtels de ville et des halles immenses. Des milliers de bibliothèques gratuites, des centaines de journaux à bas prix permettent aux plus deshérités de se faire une opinion dans les luttes d'idées qui agitent la nation et de reconnaitre où se trouvent leurs véritables intérêts.

III. *Le progrès pacifique.* — Ce progrès général ne peut se continuer que dans la paix. Aussi la France est-elle pacifique. Mais elle sait que la paix ne dépend pas seulement d'elle; c'est pourquoi elle développe avec soin la puissance de son armée.

Quoiqu'une guerre soit encore possible, le danger est

devenu, cependant, moins grand car toutes les nations européennes sentent aujourd'hui qu'elles sont solidaires les unes des autres, qu'une multitude d'intérêts communs les lient. En effet, les savants de tous les pays travaillent à la même œuvre de progrès matériel; à côté d'eux, tous les hommes de bonne volonté travaillent au progrès moral. On se connaît mieux : il n'est plus nécessaire d'avoir un passe-port pour franchir une frontière; on peut se promener librement en Europe. Un grand commerce se fait de peuple à peuple; d'innombrables voies ferrées, des lignes télégraphiques, téléphoniques, maritimes répondent à tous les besoins. Grâce à l'Union postale, les lettres circulent d'un bout à l'autre du monde civilisé.

L'avenir est donc au Progrès dans la Justice. C'est la gloire de la France d'avoir ouvert cette voie et d'y guider le monde.

Résumé. — *Les rois ont fait l'unité territoriale de la France. En donnant à la nation le pouvoir souverain, la Révolution a créé le peuple français. En donnant à tous le droit de vote, la République de 1848 a créé la démocratie française. Dans une démocratie, c'est l'intérêt du plus grand nombre qui l'emporte. Une démocratie ne peut progresser que dans la paix. Quoique la guerre soit encore possible, l'Europe est devenue plus pacifique.*

Explication des mots.

Unité territoriale : réunion de tous les territoires sous la même autorité. — *Remplacement* : droit de se faire remplacer par un autre sous les drapeaux.

Analyse des idées et Raisonnement.

1. *Pourquoi* la France était-elle la propriété du roi avant la Révolution? — 2. *Comment* la Révolution a-t-elle créé le peuple français? — 3. *Pourquoi* le suffrage universel est-il un instrument de progrès? — 4. *Pourquoi* l'Europe est-elle devenue plus pacifique?

Composition.

Un jour de vote. — Plan : De quelle élection s'agissait-il? — Les alentours de la salle de vote. — Dans la salle. — Le dépouillement des votes. — Le devoir électoral. — Importance du suffrage universel.

IV. IL FAUT VOULOIR

LA VOLONTE

86. — Le secret de ceux qui réussissent.

L'humanité n'a grandi que par une suite d'efforts ininterrompus. Quel chemin elle a fait, depuis les outils en silex et les outils de bronze, jusqu'aux machines de fer et d'acier mises en mouvement par la vapeur et l'électricité! depuis les plantes sauvages jusqu'à ces plantes alimentaires, que des siècles de culture ont pour ainsi dire créées! depuis l'ignorance des premiers temps jusqu'à la science d'aujourd'hui! Lentement enrichie par des milliers de générations humaines, la civilisation ne se maintient que par les efforts quotidiens de ceux qui travaillent à satisfaire tous nos besoins. Il en sera de vous comme de la civilisation humaine, enfants : vous ne vous éléverez et ne vous maintiendrez que par l'effort· effort en classe, effort chez vous, effort à l'atelier, effort partout. Vous êtes nés pour l'effort, comme l'oiseau pour le vol.

Hier, j'étais assis au bord de la rivière; sous mes yeux une bûche descendait lentement au fil de l'eau; rencontrant une touffe de roseaux, elle s'arrêta; le flot l'ayant pressée, elle repartit; un peu plus loin des rapides la saisirent, elle tournoya et fila plus vite. C'est l'image de ces gens qui s'abandonnent au gré des événements et qui s'en vont dans la vie sans volonté. Soyez comme le nageur vigoureux qui lutte contre le flot, le remonte au besoin et, en dépit du courant, aborde où il lui plaît d'aller. Faites-vous une volonté énergique. Ne dites jamais : *je ne sais pas, je ne peux pas, cela est impossible* : apprenez! faites! essayez!

Jadis, les seigneurs avaient leurs armoiries et leur devise; ayez les vôtres, mais qu'elles se composent d'*une pioche* entourée de ces mots : *ou je trouverai un chemin, ou je m'en ferai un.*

La volonté vient à bout de tous les obstacles; elle rend le travail aisé, elle empêche de se décourager; et ainsi, elle mène au succès. Dans sa jeunesse, l'illustre Pasteur apprit un jour que ses sœurs, jusque-là fort paresseuses, faisaient des progrès; il écrivit : « Mes chers parents, votre lettre m'a fait beaucoup de plaisir; elle m'apprend que pour la première fois peut-être mes sœurs **ont voulu**. C'est beaucoup, mes chères sœurs, que de vouloir : le travail suit toujours la volonté et presque toujours aussi le travail a pour compagnon le succès. »

Vouloir : tout le secret de ceux qui ont fait quelque chose de grand, de beau, d'utile est là.

Résumé. — *Pour s'élever et pour se maintenir, il faut faire effort en tout temps. Ne dites jamais : je ne sais pas, je ne peux pas, cela est impossible. La volonté vient à bout de tous les obstacles.*

Explication des mots.

Rapide : courant d'eau qui a une grande vitesse. — *Armoiries* : figures et signes qui distinguaient une famille noble d'une autre. — *Devise* : la pensée exprimée en mots, qui complétait les armoiries.

Analyse des idées et Raisonnement.

1. Rappelez comment l'humanité a grandi. — 2. Montrez comment la civilisation disparaîtrait si chacun de nous cessait de travailler. — 3. A quoi les gens qui s'abandonnent au gré des événements, ressemblent-ils? — 4. Quel est le devoir de chacun de nous? — 5. A quoi la volonté mène-t-elle?

Composition.

Quels efforts avez-vous déjà faits pour vous améliorer? (Détaillez.)

87. — La persévérance de Christophe Colomb.

I. *L'homme.* — La découverte du Nouveau-Monde est l'un des plus grands faits de l'histoire (1492). L'homme qui eut cette gloire de rattacher les deux continents était le fils d'un pauvre cardeur de laine et l'aîné de quatre enfants. Il se nommait Christophe Colomb et naquit à Gênes vers 1435. A quatorze ans, il s'embarqua et passa de longues années en mer. Il connut les privations de toute sorte, la misère même. A trente ans, les soucis et les chagrins avaient rendu ses cheveux tout blancs. Son énergie, qui était extraordinaire, finit par triompher de la mauvaise fortune.

II. *Son projet.* — Convaincu de la rondeur de la terre, il se disait que, partant des côtes d'Europe et naviguant toujours à l'Ouest, on devait revenir aux pays de l'Est. Et en effet, d'Espagne, Colomb serait arrivé aux Indes par l'Ouest, si l'Amérique, inconnue alors, ne lui avait barré la route. Malheureusement ses contemporains n'avaient pas son génie; ils voyaient surtout l'Océan mystérieux qu'il fallait braver : le projet de voyage dans l'Ouest leur parut aussi fou que le serait aujourd'hui pour nous l'idée de lancer dans les airs un ballon à la découverte d'une étoile.

III. *A la recherche des moyens.* — Pauvre, Colomb ne pouvait rien par lui-même; il avait besoin de l'appui d'un souverain et, ici, commencent pour lui de nouvelles épreuves. En 1484, il développe ses plans* au roi de Portugal; celui-ci en est frappé, il demande à Colomb de fournir une carte pour la route et, quand il l'a reçue... il envoie en secret un vaisseau à la découverte! Mais un orage s'éleva et les marins ne voyant plus qu'une masse effrayante d'eau qui s'étendait à perte de vue, prirent peur et revinrent. Colomb, indigné, refusa toutes les offres que le roi lui fit ensuite.

Quittant le Portugal, il s'adressa sans succès à la république de Gênes, puis à Venise, puis au roi d'Angleterre et vint enfin en Espagne. Le roi Ferdinand et la reine Isabelle furent gagnés par sa parole convaincue; ils ordonnèrent qu'une assemblée de mathématiciens, de géographes et d'astronomes examinât sa proposition. Ces savants lui firent toutes sortes d'objections; ils lui disaient par exemple : « Si la terre est ronde, vous aurez la tête en bas quand vous serez aux antipodes*; comment ferez-vous pour vous tenir? » Colomb défendit son idée avec une extraordinaire sûreté de vues; sa belle figure brillait d'enthousiasme, mais il ne put convaincre ses juges. On lui fit attendre une réponse plusieurs années, pendant lesquelles il vécut péniblement à fabriquer des cartes. Il suivait la cour de ville en ville, espérant toujours se faire écouter. On se moquait de lui et, quand il passait dans les rues, les enfants se frappaient le front pour indiquer qu'il était fou. Qui dira jamais tout ce que ce grand esprit dut souffrir! La réponse vint enfin : c'était un refus! Colomb s'en allait, l'âme brisée, mais une noble femme, la reine Isabelle, eut pitié : elle lui fit dire par un messager qu'elle se chargeait des frais de l'entreprise, dût-elle vendre ses diamants. Colomb revint, le cœur léger : il allait enfin pouvoir risquer sa vie.

Résumé. — *Repoussé en Portugal, à Gênes, à Venise, en Angleterre, traité de fou en Espagne, Colomb réussit, à force de persévérance, à trouver un appui.*

Explication des mots.

Développer ses plans : expliquer ce qu'on se propose de faire. — *Les antipodes d'un lieu* . l'autre lieu qui se trouve à l'extrémité du diamètre partant du premier lieu.

Analyse des idées et Raisonnement.

1. Quel était le projet de Colomb? — 2. Que fit-il pour le réaliser? — 3. *Comment* vivait-il ?

Composition.

La persévérance de Colomb. — Plan : Son projet. — Ses démarches inutiles. — Ses démarches en Espagne.

88. — La découverte d'un monde.

I. *Le départ de Christophe Colomb.* — En 1492, rien ne permettait d'affirmer qu'on pouvait arriver aux Indes en partant par l'Ouest. Pas un marin ne voulut se lancer sur l'Océan inconnu, à la suite de Christophe Colomb. Il fallut que les souverains espagnols ordonnassent de recruter de force l'équipage de trois petits vaisseaux qui se trouvaient dans le port de Palos*. Le départ fut fixé au vendredi 3 août 1492.

Ce jour-là, une tristesse profonde se montrait sur le visage des habitants de Palos ; ils avaient presque tous un parent ou un ami à bord des vaisseaux ; la séparation se fit au milieu des larmes, comme entre gens qui ne doivent plus jamais se revoir.

II. *Le voyage.* — Seul, Colomb éprouvait une joie profonde. Une fois en mer, il fit son possible pour rassurer ses marins. Au moment où l'on perdit la terre de vue, ces hommes qui laissaient derrière eux patrie, famille, amis, recommencèrent à pleurer; alors Colomb leur décrivit les magnifiques contrées où il les conduisait, les îles de l'Océan Indien regorgeant d'or, les richesses qu'ils y trouveraient.

Prévoyant que leur terreur augmenterait à mesure qu'ils s'éloigneraient davantage, il imagina de tenir deux registres : l'un exact, mais secret, où il indiquait la marche réelle des vaisseaux, l'autre, public, où il ne marquait chaque jour qu'une partie du trajet accompli.

Malgré cette précaution, les Espagnols ne tardèrent pas à s'inquiéter. Plusieurs fois l'apparition d'oiseaux volant autour des navires leur avait fait croire au voisinage d'une terre, mais les jours coulaient et ils ne voyaient toujours que le ciel et l'eau. La brise qui gonflait les voiles devint elle-même un sujet d'alarme; ils s'imaginèrent que le vent soufflait toujours de l'Est et qu'il s'opposerait par conséquent à leur retour.

Colomb s'efforçait de calmer ces terreurs par le raisonnement. Le 20 septembre, un changement dans la direction du vent vint appuyer ses dires. Plusieurs oiseaux visitèrent les vaisseaux; il y en eut trois d'une espèce vivant aux champs, qui arrivèrent le matin pour ne s'envoler qu'au soir; leur chant réjouit les marins attristés, comme une voix venant de la terre, car, disaient-ils, d'aussi petites bêtes

Le bateau de Colomb en vue du Nouveau Monde

ne pouvaient voler longtemps. Le journal public indiquait alors 584 lieues, le journal secret 707.

Mais le vent tomba; pendant trois jours la mer fut unie comme un miroir; alors les marins craignirent d'être immobilisés jusqu'à épuisement complet de leurs provisions; une révolte faillit éclater. Les mécontents s'excitaient les uns les autres, formant de petits groupes où l'on parlait avec violence contre le commandant. « C'était un fou, disaient-ils, qui voulait se rendre célèbre par une extravagance. Que faisaient leurs dangers à cet homme qui était prêt à sacrifier sa vie pour acquérir de la gloire? Ne pouvait-on pas le jeter à la mer et déclarer en revenant qu'il était tombé dans l'eau? » Colomb arrêta la mutinerie par sa fermeté et la menace d'une punition exemplaire.

A mesure qu'on avançait, d'ailleurs, les indices* d'une terre prochaine se multipliaient. Les bandes d'oiseaux devinrent plus nombreuses; on vit passer des herbes fraîchement coupées et une branche d'épine en fleurs. Le mécontentement fit aussitôt place à l'attente et pendant toute la journée chacun épia avidement l'horizon. La nuit vint et nul ne put fermer les yeux. Vers dix heures une lumière brilla dans le lointain; avec quelle impatience on attendit le lever du jour! A deux heures du matin la terre se montrait enfin, à une distance de deux lieues.

Quelles pouvaient être les pensées de Colomb dans ce moment solennel? Dix-huit ans s'étaient écoulés depuis le jour où il avait conçu son projet; il en avait perdu la plus grande partie à chercher de l'aide, pauvre, repoussé, raillé; sa vie s'était usée à lutter contre mille difficultés et il avait près de cinquante-six ans lorsque ses efforts persévérants furent couronnés de succès. Que ce grand exemple nous engage à ne jamais désespérer dans nos entreprises[1]!

Résumé. — *Le 3 août 1492, Colomb quitta Palos avec trois petits vaisseaux. Ses marins étaient épouvantés. Le mois suivant, un calme plat les ayant immobilisés pendant trois jours, une révolte faillit éclater. Quelques jours plus tard la terre se montrait. Dix-huit ans s'étaient écoulés depuis que le grand homme avait conçu son projet.*

Explication des mots.

Palos : ville d'Andalousie, province au sud de l'Espagne. — *Indice* ce qui annonce, indique l'approche d'une terre.

Analyse des idées et Raisonnement.

1. *Pourquoi* les compagnons de Colomb étaient-ils si désolés? — 2. Que fit Colomb pour les rassurer? — 3. *Pourquoi* une révolte faillit-elle éclater? — 4. Quelle fut la fin du voyage?

Composition.

Le voyage de Colomb. — PLAN : La terreur des marins. — Les précautions de Colomb. — Les incidents du voyage. — La terre en vue.

1. D'après W. IRVING.

89. — Turgot essaie d'établir la justice en France.

I. ***Un grand citoyen.*** — A la fin du XVIIIe siècle, tout allait mal en France. Pour rétablir l'ordre et la justice, le roi Louis XVI nomma Turgot ministre. Louis XVI et Turgot voulaient tous deux le bien public; seulement Turgot le voulait avec une volonté inflexible*, tandis que le faible Louis XVI était incapable de persévérer longtemps.

Turgot

La délivrance du grain de blé. — L'une des causes de la misère des paysans et des ouvriers, c'était que le blé ne pouvait passer d'une province dans l'autre sans payer des droits considérables. Et il était défendu de vendre ailleurs que dans les marchés, à des jours fixes. Un paysan ne pouvait acheter sur place, à son voisin, le blé dont il avait besoin; sous peine d'emprisonnement, tous deux devaient se rendre au marché le plus proche pour conclure leur accord : tant pis si la ville était éloignée, si la saison était mauvaise, si les routes étaient défoncées! En cas de manque de voiture, le paysan rapportait du marché, sur son dos, le sac que son voisin y avait porté de même!

Des financiers s'étaient réunis pour acheter tout le blé sur les marchés; ils le revendaient ensuite très cher. Le roi Louis XV avait été l'associé de ces hommes qui causèrent les deux famines de 1768 et 1769. Le 13 septembre 1774, Turgot ordonna la liberté du commerce des grains.

Les accapareurs et leurs complices s'irritèrent : on vit paraître des bandes d'hommes à figure sinistre qui répandaient l'or; ils soulevèrent les paysans ignorants à qui ils disaient que le blé allait passer à l'étranger. Des émeutes éclatèrent, mais Turgot les réprima rigoureusement.

II. ***La guerre aux abus*.*** — Dans le même moment Turgot

ne craignait pas de rappeler les grands seigneurs à l'observation de la loi. En arrivant en ville, les nobles refusaient de s'arrêter aux barrières pour acquitter les droits d'octroi; leurs cochers passaient outre « en poussant leurs chevaux avec tant de rapidité qu'ils menaçaient d'écraser les commis ». Le 15 février 1775, Turgot rappela que les cochers, même des équipages du roi, de la reine et des princes devaient s'arrêter aux barrières de Paris, que les coffres, malles, valises devaient y être visités; et il ordonna que les contrevenants* fussent punis de la prison et de la confiscation des marchandises, avec amende de 500 francs.

A cette époque, où beaucoup de grandes routes furent faites, les travaux étaient exécutés par *corvées* : on réquisitionnait* gratuitement les hommes et les chevaux à dix lieues à la ronde; tous les travaux des champs étaient interrompus. C'était la ruine et souvent les maladies et la mort pour cause de fatigue et de mauvaise nourriture, si bien que l'établissement d'une route était regardé comme une calamité par les gens de la contrée. Turgot supprima les *corvées* et les remplaça par un impôt portant sur tout le monde. La fureur des bourgeois égala celle des nobles. Turgot se contenta de dire : « La haine des méchants me flatte ! »

Peu après, il supprimait la noblesse d'atelier, en supprimant les corporations. Rien n'était libre autrefois : pour ouvrir une boutique et devenir patron, il fallait acheter la *maîtrise* à la *corporation*. Il y avait autant de corporations que de métiers. Une corporation était la réunion des patrons. Comme ils ne se souciaient pas d'augmenter le nombre de leurs concurrents, les patrons demandaient beaucoup d'argent et des travaux difficiles aux ouvriers qui voulaient devenir maîtres. Ils profitaient de leur petit nombre pour vendre très cher. Ils faisaient la guerre à toutes les inventions nouvelles, parce qu'elles les gênaient.

Turgot donna à tous le droit de s'établir, de fabriquer,

de vendre et d'acheter librement, déclarant que « le droit de travailler est la propriété de tout homme, la première et la plus sacrée de toutes les propriétés ».

Turgot parlait maintenant de supprimer les pensions payées aux courtisans. L'émotion fut grande; les frères du roi et la reine, irrités de n'entendre parler que d'économies, se joignirent aux mécontents. Le faible Louis XVI n'avait pas cette ferme volonté qui animait Turgot; il se laissa gagner.

Le 12 mai 1776, il fit dire à son grand ministre de démissionner. Turgot obéit, refusa la pension qu'on voulait lui donner et se remit à étudier. Il mourut cinq ans plus tard, le 26 mars 1781, à l'âge de cinquante-quatre ans. La Révolution allait accomplir l'œuvre de justice qu'il avait voulue.

Résumé. — *Turgot fut un grand citoyen qui voulut, d'une volonté inflexible, rétablir la justice en France.*

Il décréta la liberté du commerce des grains; il remplaça les corvées par un impôt portant sur les nobles comme sur les roturiers; il supprima les corporations. Les courtisans le firent renvoyer.

Explication des mots.

Inflexible : qu'on ne peut pas faire plier. — *Abus* : mauvais usage qui s'introduit. — *Contrevenant* : celui qui agit contre une loi. — *Réquisitionner* : donner ordre de tenir des hommes ou des choses à la disposition de l'autorité.

Analyse des idées et Raisonnement.

1. *Pourquoi* Turgot devait-il avoir beaucoup d'ennemis? — 2. Quelle était l'une des principales causes de la misère du peuple? — 3. Que fit Turgot? — 4. *Comment* établissait-on les grandes routes? — 5. Quelles étaient les *conséquences* de cette manière de procéder? — 6. Que fit Turgot? — 7. *Pourquoi* les corporations était-elles nuisibles? — 8. *Comment* finit le ministère de Turgot?

Composition.

Le ministère de Turgot — Plan · Délivrance du grain de blé. — Suppression des corvées. — Suppression des corporations. — Disgrâce de Turgot.

90. — Pasteur et la transformation de la médecine.

I. *L'énergie d'un savant.* — On se figure souvent que les grands bienfaiteurs de l'humanité n'ont eu qu'à parler pour être acclamés; on ne voit plus que leur gloire et les statues dressées sur les places publiques; on ne sait pas toute l'énergie qu'il leur a fallu pour lutter contre l'indifférence ou la mauvaise volonté. Dans le passé, Gutenberg, Colomb, Denis Papin et bien d'autres nous ont appris ce que c'est que la persévérance dans l'effort.

Cette persévérance n'est pas moins nécessaire aujourd'hui.

Quand Pasteur eut découvert le monde des infiniment petits, quand il eut transformé la médecine en montrant le rôle des microbes, il se heurta à une violente opposition.

Des médecins nièrent ses découvertes et osèrent le traiter d'ignorant; seulement, ils avaient compté sans l'énergie de l'admirable savant. Celui-ci soutint contre eux pendant plusieurs années une lutte épuisante; à la pensée que des milliers de vies humaines étaient en jeu, il entrait dans une sainte colère : « *Je les ferai bien marcher!* disait-il. *Coûte que coûte, il faudra qu'ils y viennent!* » La fureur de ses adversaires était si grande qu'un jour, dans une séance de l'Académie de médecine, un médecin célèbre se précipita sur lui, le poing levé!

II. ***L'énergie ne saurait nous faire oublier le devoir d'humanité.*** — Quelle ne fut pas l'anxiété de Pasteur quand, au cours de ces luttes, il vit arriver un matin dans son laboratoire une petite fille, Louise Pelletier, dont les morsures affreuses remontaient déjà à *trente-sept jours!* Il se disait : « Voilà un cas désespéré; la rage est à la veille d'éclater; il est trop tard pour que le traitement ait la moindre chance de réussir. Ne devrais-je pas refuser de soigner cette enfant? Elle va mourir; alors quel redoublement d'attaques contre moi! » Mais son grand cœur ne voulut pas tenir compte de cette pensée : devant un père et une mère qui le suppliaient de sauver leur enfant, il promit, quoique sans espoir, d'essayer. Le traitement achevé, la petite Louise avait repris ses habitudes d'écolière laborieuse, quand tout à coup elle se sentit oppressée, puis ses membres commencèrent à se tordre; elle ne pouvait plus rien avaler. Pasteur accourut : assis au chevet de l'enfant, il ne pouvait la quitter. Elle-même, pleine de tendresse, lui demandait, à travers une respiration haletante*, de ne pas s'en aller. Entre deux convulsions*, elle lui prenait la main. Pasteur partageait le chagrin du père et de la mère. Quand tout espoir fut perdu : « J'aurais tant voulu, leur dit-il, sauver votre pauvre petite! » Et, dans l'escalier, il éclata en sanglots.

Comme il l'avait prévu, les attaques contre sa méthode redoublèrent. Il répondit à toutes et finit par réduire ses adversaires au silence.

III. ***Une bonté agissante.*** — C'est beau, la volonté; mais la bonté est plus belle encore. Au génie, au désintéressement*, Pasteur joignait encore cette grande qualité. Il aimait surtout les enfants.

A l'un de ceux qu'il avait sauvés, pauvre orphelin dont la bonne figure l'avait frappé, il écrivait : « *Mon cher petit Gueyton, pourquoi ne m'envoies-tu pas de tes nouvelles comme tu me l'as promis? Je crains que tu ne saches pas écrire. Dans ce cas, fais tous tes efforts pour apprendre à bien lire et à écrire. Si tu as besoin de quelque argent pour te donner quelque loisir et payer un instituteur, fais-le moi savoir. Ta bonne physionomie m'a inspiré pour toi un grand intérêt. Je suis persuadé que tu peux très bien apprendre et que tu pourrais par la suite te placer convenablement. As-tu encore des parents? Si tu ne peux écrire, fais-moi faire des réponses à mes questions par le maire de ta commune, par l'instituteur, par le curé. Porte-toi bien. Bonjour.*

Pour les enfants qui venaient se faire soigner, Pasteur avait toujours dans un coin de son tiroir une provision de bonbons et de gros sous brillants, neufs. Une petite fille s'amusa à faire percer ceux qu'elle avait reçus. Le jour de son départ, elle s'en fit un collier et courut embrasser l'illustre savant comme elle eût embrassé son grand-père.

« Quand j'approche d'un enfant, disait Pasteur, il m'inspire deux sentiments : la tendresse pour le présent, le respect pour ce qu'il peut être un jour. »

Enfants, soyez de ceux qui mériteront le respect un jour : il n'y faut que vouloir énergiquement le bien dès aujourd'hui, en vous, autour de vous.

Résumé. — *Il a fallu beaucoup d'énergie aux grands bienfaiteurs de l'humanité pour triompher de l'indifférence ou de la mauvaise volonté. Pasteur, lui aussi, connut l'injustice et la méchanceté; des médecins osèrent le traiter d'ignorant. La pensée que des milliers de vies humaines étaient en jeu lui donna la force de soutenir pendant des années une lutte épuisante.*

La bonté du grand homme égalait son génie et son désintéressement.

Explication des mots.

Haletant : qui rappelle la respiration d'une personne à bout de souffle. — *Convulsion* : mouvement violent et involontaire des muscles. — *Désintéressement* : qualité de celui qui n'agit pas par intérêt.

Analyse des idées et Raisonnement.

1. Quel sentiment soutenait Pasteur pendant sa lutte contre certains médecins? — 2. *Pourquoi* Pasteur fut-il bouleversé en voyant arriver la petite Louise Pelletier? — 3. Que savez-vous de la bonté de Pasteur?

Composition.

La maladie du petit Louis. — PLAN : Votre petit frère tombe malade. — Dites de quoi. — Vos parents font appeler le médecin. — Au bout de quelque temps l'enfant guérit. — La joie succède à l'inquiétude. — La reconnaissance envers le médecin.

91. — La conquête d'une colonie.

I. ***Savorgnan de Brazza.*** — Savorgnan de Brazza nous a donné le Congo français, belle colonie plus grande que la France et peuplée de dix millions d'habitants. Il ne l'a pas conquise les armes à la main, mais uniquement par la douceur et l'humanité, bien différent en cela de son rival de gloire, Stanley*, dont le nom répandait la terreur en Afrique.

Brazza était officier de marine quand, en 1875, il se sentit attiré par l'inconnu de l'Afrique équatoriale. Il savait quels obstacles insurmontables il allait rencontrer, mais il savait aussi qu'il pouvait compter sur lui-même : son énergie était extraordinaire.

Photo Otto
De Brazza

Plusieurs fois les indigènes qui portaient ses bagages l'abandonnèrent en le volant. Puis ses barques coulèrent au milieu des rapides. Après avoir remonté le fleuve Ogooué jusqu'à 668 kilomètres de la mer, il trouva des eaux si basses qu'il fallut traîner les barques de roche en roche sur une longueur de dix-huit cents mètres. A la fin, il dut, faute de chaussures, marcher pieds nus pendant sept mois. Sa vie était sans cesse menacée, mais il finissait toujours par gagner les tribus par sa droiture. Épuisé par la fièvre, couvert d'ulcères*, il dut enfin regagner la côte et rentrer en Europe après trois ans d'absence (1878).

Un écrivain d'alors traçait de lui ce portrait : « Il n'a pas l'air florissant, ses joues sont creuses, son visage est ravagé; on reconnaît facilement en lui un de ces hommes qui ont abusé de leurs forces et beaucoup pâti. Quand on a eu la dysenterie en Afrique et qu'on a pensé en mourir, quand on n'a ménagé ni ses jambes, ni ses poumons, ni sa vie pour mener à bonne fin une entreprise à laquelle on s'est voué corps et âme, quand on a l'inquiétude de l'inconnu et une idée qui vous tient, qui vous possède, qui vous ronge, cela paraît sur votre figure et les passants disent de vous : quel est ce grand maigre à la taille voûtée? »

II. ***Second voyage.*** — En 1880, Brazza repartit pour trouver une route commerciale entre l'Atlantique et l'intérieur de l'Afrique. Il fonda la station de Franceville sur l'Ogooué et s'enfonça dans le pays à la recherche du grand fleuve africain, le Congo, où il voulait que la France eût un poste.

Une rue à Brazzaville.

Après s'être égaré plusieurs fois, il arriva à bout de force chez les Batéké. Sa réputation l'y avait devancé. Le roi Makoko ne connaissait des blancs que les coups de fusil si abondamment distribués par Stanley et ses compagnons. Les récits que ses sujets lui firent de la bonté de l'explorateur français l'enchantèrent. Il lui fit le meilleur accueil, consentit à se mettre sous la protection de la France et lui présenta un peu de terre dans une petite boîte en disant : « Prends cette terre et porte-la au grand chef des blancs ; elle lui rappellera que nous lui appartenons. » A quoi Brazza répondit en plantant son pavillon devant la case royale : « Voici le signe d'amitié et de protection que je vous laisse. La France est partout où flotte cet emblème de paix, et elle fait respecter les droits de tous ceux qui s'en couvrent. »

Restait une tribu dont Brazza n'avait pu vaincre l'hostilité, celle des Oubendji. Comme elle était riveraine du Congo, il fallait la gagner. Brazza demanda une entrevue aux chefs.

Ils la lui accordèrent. L'un d'eux s'avança avec fierté et dit : « Regarde cet îlot ; il nous rappellera toujours qu'ici le sang oubendji a été versé par les premiers blancs que nous avons vus ; ils ont pu échapper à notre vengeance en descendant le fleuve comme le vent ; mais qu'ils essaient de remonter ! » Brazza eut beaucoup de peine à dégager sa responsabilité de celle de Stanley. Cependant il réussit à conclure la paix. En face de l'îlot, on fit un grand trou ; chacun y jeta une balle et de la poudre, puis on y planta un arbre qui pousse rapidement et l'un des chefs dit : « Nous enterrons la guerre si profondément que ni nous, ni nos enfants ne pourront la déterrer et l'arbre qui poussera ici témoignera de l'alliance entre les blancs et les noirs. — Et nous aussi, ajouta Brazza, nous enterrons la guerre ; puisse la paix durer tant que l'arbre ne produira pas des balles. » Le drapeau tricolore fut hissé. La fondation de notre station du Congo était désormais assurée. C'est aujourd'hui Brazzaville.

Quand le courageux explorateur revint à Paris, on lui fit une réception enthousiaste ; et un bon juge en pareille matière, M. de Lesseps, s'écria : « La France acclame en vous un représentant de ces qualités qui font les grandes choses, la chaleur de l'âme et la persévérance de la volonté. »

Résumé. — *Ce n'est pas par la force, mais par une douceur inaltérable, au milieu de difficultés de toutes sortes, que Brazza a conquis notre colonie du Congo. De 1875 à 1878 il remonta l'Ogooué. En 1880 il atteignit le Congo.*

Explication des mots.

Stanley : journaliste américain devenu un grand explorateur. Il a découvert les sources du Nil. — *Ulcère* : plaie qui ne se ferme pas.

Analyse des idées et Raisonnement.

1. Quels obstacles Brazza a-t-il rencontrés dans son premier voyage ? — 2. Racontez son second voyage.

Composition.

Les colonies. — Plan : Qu'est-ce qu'une colonie ? — Quelle est l'utilité des colonies ? — Origine de quelques-unes de nos colonies.

92. — La création d'un art : la céramique.

I. ***Bernard Palissy (1510-1590).*** — N'allez pas croire, enfants, qu'il convienne seulement aux hommes de génie de développer leur volonté afin de l'appliquer à des choses extraordinaires. Écoutez l'histoire d'un pauvre potier.

Bernard Palissy naquit près d'Agen, d'une famille d'artisans. Il apprit à lire, à écrire, à compter et parvint à savoir quelque chose en dessin et en géométrie, tout cela à grand'peine et comme il dit « *avec les dents* », c'est-à-dire à force de volonté. Après avoir fait son tour de France, en observateur attentif, il s'établit arpenteur à Saintes.

En 1539, une coupe de terre, portant en reliefs colorés* des lézards, des grenouilles et des coquilles, tomba sous ses yeux. Il la regarda en homme habitué à se demander comment les choses sont faites et il résolut de faire des émaux pareils à ceux qu'il admirait sur la coupe. Chose difficile, car c'était un secret qu'avaient trouvé des potiers italiens.

II. ***Premiers essais.*** — Il se mit à chercher. Il pilait tout ce qui peut être pilé. Mais les poudres étendues sur des tessons dans un fourneau de sa façon ne se changeaient pas en émail*. Après avoir bien travaillé avec « tristesse et soupirs », il porta ses tessons dans un four de verrier. Il eut cette fois la joie de voir que ses poudres avaient commencé à fondre. Il ne cessa de fréquenter les verreries pendant deux ans, au bout desquels il obtint un émail blanc qui lui donna une telle joie, qu'il pensa « être devenu nouvelle créature ». Ce n'était pourtant que le commencement de ses peines.

III. ***Énergie morale dans la souffrance.*** — S'étant bâti de ses mains un fourneau de verrier, il façonna des pots, les recouvrit de poudres et chauffa le four qui, pendant six jours, dévora le bois par ses deux gueules. Mais, l'émail se trouvant mal dosé, il fallut recommencer avec d'autres pots; il fallut donner aux deux gueules du four, à dévorer, les étais du jardin, les planches de la maison, les tables. Palissy était dans l'angoisse* et depuis plus d'un mois sa chemise n'avait pas séché sur lui. Il a conté lui-même ses peines. « N'ayant pas de quoi faire couvrir mes fourneaux, dit-il, j'étais toutes les nuits à la merci des pluies et des vents sans avoir de consolation, sinon des chats-huants qui chantaient d'un côté et des chiens qui hurlaient de l'autre; et me suis

Bernard Palissy

trouvé plusieurs fois que, n'ayant rien de sec sur moi, je m'en allais coucher à minuit ou au point du jour, accoutré comme un homme que l'on aurait traîné par tous les bourbiers de la ville. Rempli de grande tristesse, je tombais d'un côté et d'autre, comme si j'eusse été ivre. »

Que de fois encore, il lui fallut recommencer ses essais! Il défit son fourneau pour en bâtir un autre capable de fournir une plus grande chaleur. « En démaçonnant, dit-il, j'eus les doigts coupés et incisés en tant d'endroits que je ne pouvais plus m'en servir qu'avec peine pour manger. » Le nouveau fourneau lui donna une grande peine, mais la cuisson s'y fit bien. La fournée qui en sortit eût été bonne sans les graviers qui tombèrent de la voûte pendant la cuisson, se prirent dans l'émail et gâtèrent toutes les pièces.

Bernard Palissy n'avait plus d'argent pour continuer. Son chagrin était si grand qu'il se coucha pour attendre la mort; mais il surmonta encore cette épreuve : « Quand j'eus demeuré quelque temps au lit, dit-il, et que j'eus réfléchi que le devoir d'un homme qui serait tombé dans un fossé serait de se relever, je me mis à lever des plans et à gagner de l'argent. » Ensuite il revint à son art. Sa dernière fournée n'avait manqué que par accident; néanmoins il lui fallut encore passer par de rudes écoles pour apprendre à doser l'émail et à régler le feu. C'est après quinze ans de labeur que cet héroïque ouvrier devint maître en son art.

Une peinture de ce temps nous le représente à l'âge de cinquante-six ans. Il a le front ridé, le crâne chauve; sa figure terminée par une barbe en pointe est longue et amaigrie. Au-dessous on lit ces mots : « *Nulle nature ne peut produire son fruit sans extrême travail et même douleur* ».

C'est une phrase de Palissy lui-même; retenons-la pour en faire la règle de notre conduite.

Résumé. — *Bernard Palissy voulut trouver le secret de l'émail. Il s'imposa des privations de toutes sortes. Un jour, faute de bois pour chauffer son four, il brûla les planches et les meubles de sa maison. Et il n'atteignit son but qu'après quinze années de labeur et de souffrance.*

Explication des mots.

En reliefs colorés : ayant des parties saillantes, de couleurs variées. — *Émail* : matière translucide qu'on a fait fondre avec des poudres métalliques pour la colorer. — *Être dans l'angoisse* : être dans une grande affliction mêlée d'inquiétude.

Analyse des idées et Raisonnement.

1. *Comment* Bernard Palissy fut-il amené à chercher le secret de la fabrication des émaux? — 2. Racontez ses premiers essais.

Composition.

Palissy. — Plan : Son dessein, ses essais, son succès.

93. — La transformation d'une industrie : Jacquart.

I. ***Histoire d'un pauvre ouvrier.*** — « La vérité entre si difficilement dans la cervelle humaine, disait Franklin, qu'on peut la comparer à un clou qu'il faut enfoncer, non par la pointe, mais par la tête. » Jacquart en fit la cruelle expérience. Pour améliorer le sort des ouvriers lyonnais, il déploya une persévérance égale à son génie. Vingt années durant, il lutta contre l'ignorance et la routine*, fut méconnu, haï, menacé même dans sa vie; mais le bien qu'il voulait faire se fit.

Au siècle dernier, les *canuts*, c'est-à-dire les ouvriers en soie de Lyon, avaient des métiers au mécanisme compliqué, difficile à manier, embarrassé de cordes et de pédales qui nécessitaient une incroyable fatigue. L'ouvrier tisseur, assis sur un escabeau élevé, devait lancer ses jambes à droite et à gauche pour donner aux fils les diverses positions qu'exigeait le tissage. Un ou plusieurs aides étaient nécessaires pour l'aider à mouvoir les cordes et les pédales. On y employait généralement des enfants. Ils ne pouvaient conduire le métier qu'en gardant, pendant des journées entières, des attitudes forcées qui leur déformaient la taille, arrêtaient leur croissance, abrégeaient leur vie.

Jacquart, fils d'un canut, avait mené quelque temps cette dure existence. Ses parents, le voyant sur le point de succomber, le mirent en apprentissage chez un relieur. Pendant ses loisirs, il complétait son instruction. Les machines le passionnaient et il rêvait d'en construire une qui diminuât les souffrances des pauvres tisseurs. La nécessité de gagner son pain ne lui permit que très tard de se livrer à quelques recherches.

Ses essais attirèrent l'attention du préfet du Rhône qui les fit connaître au Premier Consul. Mandé à Paris, Jacquart fut installé au Conservatoire des Arts et métiers, où se trouvent tous les modèles de machines, des plus primitives aux plus perfectionnées. C'est là qu'il combina l'admirable métier qui porte son nom (1801).

Il semble que Jacquart n'avait plus qu'à jouir de son triomphe. Ce sont, au contraire, de nouvelles épreuves qui l'attendent.

II. ***« Persistez : tôt ou tard le bien que vous voulez faire sera fait. »*** — Napoléon s'intéressait à Jacquart; il lui fit faire par d'habiles ouvriers plusieurs métiers. Jacquart les transporta à Lyon; mais, au lieu d'y être accueilli avec reconnaissance, il y fut traité en ennemi public. Les ouvriers crurent que les nouveaux métiers allaient les priver de travail et les réduire à une misère plus grande : s'étant rassemblés sur la place des Terreaux, ils tentèrent de s'en emparer pour les détruire; repoussés par la force, ils pendirent Jacquart en effigie. Le pauvre inventeur fut obligé de se cacher. Quelques jours après, une nouvelle émeute éclata et l'un des métiers fut mis en pièces. Puis, un soir, Jacquart, qui s'était aventuré dans les rues, fut reconnu; une foule furieuse se rassembla autour de lui; des mains brutales le saisirent et l'entraînèrent vers le Rhône, pendant que retentissaient des cris de mort. L'intervention de quelques gens de cœur le sauva.

Métier Jacquart.

Ce fut alors que les fabricants anglais invitèrent Jacquart à venir en Angleterre diriger la fabrication de ses métiers. Mais Jacquart était un ardent patriote; il avait combattu à l'armée du Rhin en 1792 et avait vu son fils tomber à ses côtés; il refusa les offres de l'étranger. Retiré aux environs de Lyon, il tâcha d'amener quelques patrons à ses idées. Ses longs efforts furent enfin couronnés de succès : les Anglais, sans plus s'occuper de lui, avaient introduit son métier dans toutes leurs fabriques; l'industrie de Lyon se vit menacée; pour soutenir la concurrence*, elle dut à son tour avoir recours au métier Jacquart. Et les ouvriers ne tardèrent pas à s'apercevoir qu'au lieu de la misère c'était un travail plus abondant et le bien-être que la nouvelle invention leur avait apportés. Un beau jour, ils s'emparèrent de nouveau de Jacquart, mais cette fois pour le porter en triomphe le long de ce quai où ils l'avaient traîné vers la mort. En 1819, la croix de la Légion d'honneur fut donnée à Jacquart et ses nombreux admirateurs lui offrirent un banquet. Il y prononça ces paroles : « *Ne vous découragez jamais et persistez toujours : tôt ou tard le bien que vous voulez faire sera fait.* »

Résumé. — *Les anciens métiers à tisser la soie étaient d'un maniement difficile. Les ouvriers perdaient leur santé. Jacquart inventa un métier rapide et commode. On le persécuta. Il ne se découragea pas et le succès couronna ses efforts.*

Explication de mots.

Routine : Vieille manière de faire les choses qui se perpétue malgré les progrès accomplis. — *Concurrence :* rivalité entre marchands.

Analyse des idées et Raisonnement.

1. *Pourquoi* les *canuts* souffraient-ils dans leur santé? — 2. Que fit Jacquart? — 3. *Comment* les ouvriers le traitèrent-ils? — 4. *Comment* le succès vint-il à la fin?

Composition.

Résumez l'histoire de Jacquart. — PLAN : Sa jeunesse; son invention, résistance des ouvriers; triomphe final.

94. — Une volonté d'enfant : le général Drouot.

I. *Une application soutenue.* — Ils sont nombreux les hommes qui ont connu le succès, parce qu'ils ont su vouloir. Mais est-ce que la volonté se rencontre chez les enfants?

Statue du général Drouot à Nancy.

N'en doutez pas!

Avoir de la volonté, c'est être capable de faire des efforts longs ou pénibles, c'est ne jamais se laisser rebuter par les difficultés; et, dans toutes les écoles, il y a des enfants qui, sans avoir le travail facile, n'en font pas moins des progrès, grâce à une application soutenue. Honneur à ces laborieux : ils ont la qualité qui fait les hommes utiles, ils savent faire effort vers le mieux.

L'enfance du général Drouot va nous montrer l'œuvre d'une volonté d'enfant. Antoine Drouot, soldat de la Révolution et général de l'Empire, joignit à de grandes qualités militaires une bonté et un désintéressement qui lui valurent l'admiration de ses contemporains.

Il était fils d'un boulanger et naquit à Nancy en 1774. Son désir d'apprendre parut de bonne heure. Un jour — il n'avait que trois ans — il se rendit lui-même à l'école. Il était trop jeune pour qu'on le reçût. Devant la porte close, il pleura longtemps. Plus tard, quand la porte se fut enfin ouverte, il se montra le modèle des écoliers.

« Dans la suite, ses parents, témoins de son application toute volontaire, lui permirent de continuer ses études au collège, mais sans lui rien épargner des devoirs et des gênes de leur maison. Il lui fallait porter le pain chez les clients, se tenir dans la chambre publique et étudier au milieu du bruit des conversations. Le soir, on éteignait la lumière de bonne heure par économie, et le pauvre écolier devenait ce qu'il pouvait, heureux lorsque la lune favorisait, par un éclat plus vif, la prolongation de sa veillée. On le voyait profiter ardemment de ces rares occasions. Dès les deux heures du matin, quelquefois plus tôt, il était debout; c'était le temps où le travail domestique recommençait à la lueur d'une seule et mauvaise lampe. Il reprenait aussi le sien; mais la lampe, éteinte avant le jour, ne tardait pas à lui manquer de nouveau; alors il s'approchait du four ouvert et enflammé et continuait sa lecture à ce rude soleil. »

A quel résultat aboutit une si ferme application, vous allez le voir.

II. ***Un bel examen.*** — C'était durant l'été de 1793. Menacée dans son indépendance par la coalition européenne, la France demanda au peuple des défenseurs de talent et de courage.

« Une nombreuse jeunesse répondit à l'appel. Elle se présenta à Châlons-sur-Marne dans une des salles de l'école d'artillerie. Le célèbre Laplace y faisait, au nom du Gouvernement, l'examen de cent quatre-vingts candidats au grade d'élève sous-lieutenant.

« La porte s'ouvre.

« On voit entrer une sorte de paysan, petit de taille, l'air ingénu*, de gros souliers aux pieds et un bâton à la main. Un rire universel accueille le nouveau venu. L'examinateur lui fait remarquer ce qu'il croit être une méprise*, et, sur sa réponse qu'il vient pour subir l'examen, il lui permet de s'asseoir.

« On attendait avec impatience le tour du petit paysan. Il vient enfin. Dès les premières questions, Laplace reconnaît une fermeté d'esprit qui le surprend. Il pousse l'examen au delà de ses limites naturelles : les réponses sont toujours claires, précises. Laplace est touché; il embrasse le jeune homme et lui annonce qu'il est le premier de la promotion*. L'école se lève tout entière, et accompagne en triomphe dans la ville le fils du boulanger de Nancy.

« Vingt ans après, Laplace disait à l'empereur Napoléon Ier : « Un des plus beaux examens que j'ai vu passer dans ma vie est celui de votre aide de camp, le général Drouot[1]. »

Résumé. — *Avoir de la volonté, c'est ne jamais se laisser rebuter par les difficultés. On a vu des enfants donner d'éclatants exemples de volonté. Le général Drouot fut de ceux-là. Il était fils d'un boulanger de Nancy. Tout en aidant ses parents, il suivait les cours du collège, et il apprenait souvent ses leçons à la lueur du four. En 1793, à l'examen des candidats au grade de sous-lieutenant, il fut reçu le premier de la promotion. Vingt ans plus tard, il était général, aide de camp de l'empereur Napoléon Ier.*

Explication des mots.

Air ingénu air naïf, franc, sans déguisement, sans finesse. — *Méprise* : erreur au sujet d'une chose. — *Promotion* : l'ensemble des élèves admis après examen à une même école.

Analyse des idées et Raisonnement.

1. *Comment* un enfant peut-il faire preuve de volonté? — 2. *Comment* Drouot fit-il preuve de volonté? — 3. Quel fut le résultat de son application?

Composition.

Racontez la jeunesse du général Drouot. — Plan : L'enfant à trois ans. — Le jeune écolier dans la boutique paternelle. — Le résultat de tant d'application.

1. P. Lacordaire. *Oraison funèbre du général Drouot* (De Gigord, édit.).

95. — La jeunesse d'un grand industriel : Richard-Lenoir.

I. *Une enfance malheureuse.* — Ce n'est pas à l'étude que Richard-Lenoir appliqua sa jeune volonté. Comment l'aurait-il pu? Né en 1765, et fils d'un petit cultivateur d'Épinay (près de Caen), il connut toutes les misères des campagnes dans les temps qui précédèrent la Révolution. Aussi, dès qu'il put penser, chercha-t-il à améliorer son sort.

A sept ans, il fit une première tentative qui devait, croyait-il, le mener tout droit à la fortune. Au jour de l'an, on lui avait donné six noix. Quelle tentation pour un enfant réduit à ne manger que de la bouillie de sarrasin! Mais, déjà réfléchi*, il se dit que six noix pourraient produire six noyers. Sa vive imagination se les représenta aussitôt, énormes, touffus. Dans tout le village il ne voyait pas de local assez vaste pour serrer la magnifique récolte qu'il ne manquerait pas de faire. Malheureusement la terre était gelée : impossible de planter. L'enfant eut l'énergie de garder ses noix sans y toucher pendant six longues semaines d'hiver. Enfin la terre s'étant amollie, il put faire sa plantation. L'année suivante, il guetta longtemps, avec impatience, la germination* de son trésor; à l'apparition de la première pousse, il se crut déjà riche. Mais le raisonnement qu'il avait fait péchait par un côté : il n'avait pas tenu compte du temps qu'il faut à un noyer pour donner des fruits, de sorte qu'il finit par abandonner ceux qu'il avait plantés.

Son second essai fut plus heureux.

II. *Première ambition réalisée.* — A cette époque, des ventes de bestiaux avaient lieu tous les mercredis à Villers-Bocage. Acheteurs et vendeurs y faisaient écrire par le préposé au marché les conditions dont ils tombaient d'accord.

Richard-Lenoir qui non seulement lisait et écrivait passablement, mais calculait à merveille, fut choisi par ce préposé pour l'aider dans ses écritures. Il avait alors douze ans et ne se doutait guère que sa statue s'élèverait un jour au milieu du marché, sur la grande place du bourg. Quand il eut été témoin des ruses des paysans normands pour vendre cher ou acheter à bon compte, il se fit pendant ses loisirs marchand de pigeons et de petits chiens. Ses gains montèrent assez vite à la somme de 42 francs. Possesseur d'une telle richesse, il se dit que le moment était venu de réaliser une de ses grandes ambitions et il acheta... sa première paire de souliers! Jusque-là, il n'avait porté que des sabots.

III. ***Deux bonnes leçons***. — Son séjour à Villers-Bocage lui fut encore profitable d'une autre manière : l'état dans lequel se mettaient ses compatriotes, en *arrosant* trop copieusement leurs marchés, lui inspira un tel dégoût de l'ivrognerie qu'il n'y eut jamais homme plus sobre que lui.

Cinq ans après, Richard-Lenoir venait chercher fortune à Rouen. Ses débuts y furent pénibles. Il dut remplir, pendant plusieurs années, l'office de petit commis chez un marchand de drap. Quelquefois — et c'étaient ses meilleurs moments — il accompagnait son patron dans les grandes foires. Comme on était allé un jour à Paris, il commit l'imprudence de jouer au billard avec des inconnus; il lui en coûta 30 francs. Bonne leçon qui ne fut pas perdue : elle le guérit à jamais de la passion du jeu.

IV. ***Les résultats***. — Ainsi s'épanouissait, dans le jeune homme, la volonté en germe dans l'âme de l'enfant. Où cette volonté le conduisit-elle? A la fortune, et, mieux encore, à faire de cette fortune le plus noble usage.

Ayant quitté Rouen pour venir à Paris, Richard-Lenoir se fit garçon de café, économisa un millier de francs et se mit à colporter des dentelles et des étoffes. Il avait une figure aimable, il parlait avec facilité. Peu à peu, il étendit son commerce et conquit la richesse. Beaucoup auraient cessé de travailler; mais Richard-Lenoir estimait peu l'argent; il avait appris à aimer l'effort par-dessus tout. C'est pourquoi, par fierté de Français, il risqua toute sa fortune pour relever notre industrie du tissage qui avait disparu pendant la Révolution. Ce fut une longue et belle lutte contre les manufactures anglaises, si bien qu'en 1808 Richard-Lenoir possédait 39 établissements et fournissait du travail à 16 000 ouvriers qui le regardaient comme un père, car la bonté de cet homme égalait son énergie. Aujourd'hui l'un des grands boulevards de Paris porte son nom : nul homme ne mérita mieux que lui cet honneur.

Résumé. — *Richard-Lenoir était fils de paysans très pauvres. A douze ans, il commença par aider dans ses écritures le préposé au marché de bestiaux. Plus tard il fut petit commis chez un marchand de Rouen; de là, il vint à Paris, économisa un millier de francs et se fit colporteur de dentelles et d'étoffes. Peu à peu, il étendit son commerce et fit fortune. Il employa sa richesse à relever, malgré la concurrence anglaise, notre industrie du tissage ruinée par la Révolution.*

Explication des mots.

Réfléchi : qui a l'habitude de penser en soi-même, au lieu d'agir en étourdi. — *Germination :* premier développement du germe contenu dans la graine.

Analyse des idées et Raisonnement.

1. Quelle fut la première manifestation de la volonté chez Richard-Lenoir? — 2. *Comment* réalisa-t-il sa première ambition? — 3. *Comment* conquit-il la richesse? — 4. Qu'en fit-il?

Composition

On dit souvent qu'un homme est le fils de ses œuvres. Qu'entend-on par ces mots? — PLAN : Définition de l'expression — Renferme-t-elle un éloge ou un blâme? — Résumez en quelques lignes la vie de Richard-Lenoir.

96. — Vouloir avec réflexion.

I. ***Ce que c'est que réfléchir.*** — Nous ne devons vouloir que ce qu'il est possible de faire. C'est pourquoi tous nos actes de volonté doivent être précédés de *réflexion*.

Réfléchir, c'est observer longuement un objet ou une action. S'il s'agit d'un objet, réfléchir c'est chercher à quoi sert cet objet et comment il est fait. S'il s'agit d'une action, réfléchir, c'est chercher les motifs qui la font faire et les suites qu'elle aura. Cet effort intérieur nous permet de porter des jugements sûrs, de trouver le chemin qui mène au but. Un effort prolongé de réflexion donne toujours de merveilleux résultats : voyez James Watt.

II. ***Un effort intérieur prolongé.*** — James Watt naquit dans un village d'Écosse en 1736. Son père était fermier. L'enfant ne prit aucune part aux rudes travaux de sa famille ; il avait si peu de santé qu'il ne pouvait même aller en classe. Ce furent ses parents qui lui apprirent à lire, à écrire et à compter.

Pendant les longues heures qu'il passait dans la solitude, l'enfant prit l'habitude de réfléchir : après avoir regardé les choses qui l'entouraient, il se posait des *pourquoi*, auxquels il cherchait une réponse avec une persévérance inlassable. Son esprit acquérait ainsi une grande force. On ne s'en doutait guère dans sa famille. On prenait pour de la paresse cette habitude de regarder en lui-même qui le tenait si souvent immobile. Une tante de l'enfant disait souvent avec indignation : « Je n'ai jamais vu un paresseux semblable ; il passe des heures sans faire un pas, ni dire un mot. » L'excellente femme ne savait pas qu'une heure de réflexion vaut cent fois plus pour l'avenir que dix heures de mouvement.

Quand James Watt travaillait de ses mains, c'était pour démonter des jouets et en construire d'autres de la façon la plus ingénieuse. Un jour, il passa une heure en tête à tête avec une théière. Il ôtait et remettait à chaque instant le couvercle, il contemplait l'eau frémissante, la regardait s'évaporer, s'élever dans l'air et se déposer en gouttelettes sur le couvercle poli, ou bien il plaçait des objets divers sur le chemin que suivait la vapeur pour s'échapper. Ce jour-là, la tante se fâcha tout à fait; elle déclara que James ne serait jamais bon à rien. Or, à cette heure-là, James Watt commençait sa plus belle œuvre. En lui naissait l'idée qui devait un jour immortaliser son nom et hâter la transformation du monde car l'observation de la théière devait l'amener à perfectionner la machine à vapeur.

James Watt.

L'effort intérieur qu'il avait commencé si jeune, James Watt le poursuivit jusqu'à son dernier jour. Et quand il se fut rendu compte que tous ses succès venaient de ce qu'il savait regarder autour de lui, puis chercher en lui-même, il fit graver sur le cachet dont il scellait ses lettres un œil ouvert, avec ce seul mot : *observare* (observer).

III. ***A quoi mène la réflexion.*** — A 19 ans, sans argent, ni protecteur, James Watt entra comme ouvrier chez un constructeur d'instruments de précision*. Plus tard quelques savants, frappés de son intelligence, l'aidèrent à ouvrir un atelier pour son propre compte. C'était à Glasgow, dans le voisinage d'une Université*, bientôt étudiants et professeurs prirent l'habitude de fréquenter chez le jeune artisan. Chacun l'entretenait de ses recherches scientifiques, des obstacles qu'il rencontrait : Watt se pénétrait de ce qui lui était dit, fixait la question dans son esprit, y appliquait sa réflexion et au bout de quelque temps la solution était trouvée.

C'est par un semblable effort de réflexion qu'il finit par réaliser l'idée qu'avait eue Denis Papin. Cette invention de la machine à vapeur lui donna richesse et gloire. Quand il mourut, en 1819, sa statue fut placée dans l'abbaye de Westminster où reposent les rois et les grands hommes d'Angleterre, et, sur le socle, on grava cette inscription :

« Afin de montrer que les hommes ont appris à honorer ceux qui méritent le mieux leur reconnaissance, le Roi, ses Ministres et un grand nombre de Nobles et de Bourgeois du royaume ont élevé ce monument à

JAMES WATT

qui, appliquant la force de son génie au perfectionnement de la machine à vapeur, étendit les ressources de son pays, augmenta la puissance de l'homme et s'éleva à une place éminente parmi les véritables bienfaiteurs de l'humanité. »

Résumé. — *Nos actes de volonté doivent être précédés de réflexion. Par la réflexion, on trouve le chemin qui mène au but. Tous les succès de James Watt vinrent de ce qu'il savait observer et réfléchir.*

Explication des mots.

Instruments de précision : faits avec la plus grande exactitude. — *Université* : réunion de professeurs qui enseignent les lettres, les sciences, le droit et la médecine.

Analyse des idées et Raisonnement.

1. Qu'est-ce que *réfléchir*? — 2. *Comment* l'enfance de Watt s'écoula-t-elle? — 3. Donnez un exemple — 4. A quoi la réflexion mena-t-elle plus tard le jeune Watt?

Composition.

Les bienfaiteurs de l'humanité — Plan : Qu'est-ce qu'un bienfaiteur de l'humanité? — Choisissez trois hommes qui ont été des bienfaiteurs de l'humanité et dites en quoi ils méritent ce titre.

97. — Vouloir avec persévérance.

I. ***Peu à peu.*** — Pour améliorer son sort et s'améliorer soi-même, il ne faut que **vouloir**, mais vouloir avec *persévérance*.

Enfants, c'est en vous-mêmes que se trouvent les obstacles que vous devez surmonter. Il est si doux de se laisser aller, de ne prendre aucune peine! Il faut que vous vous forciez!

Commencez par vous forcer à faire une chose qui vous déplaît un peu, passez ensuite à une chose qui vous déplaît davantage et un jour vous triompherez aisément de ce qui vous déplaît le plus. Le tout est de commencer.

Photo Braun

Michelet.

II. ***Une triste jeunesse.*** — Arrivé à la gloire, notre grand historien Michelet, écrivait un jour : « J'ai travaillé de mes mains, je n'ignore pas la mélancolie* de l'atelier, j'ai su avant l'heure ce que c'était que souffrir; mais c'est à ces épreuves de ma jeunesse que je dois ce que j'ai de meilleur ».

Peu à peu elles avaient fortifié sa volonté.

Son père était imprimeur et, faute d'ouvriers, l'enfant *composait*, c'est-à-dire assemblait en mots les petites lettres de plomb. Il avait douze ans. L'atelier où il travaillait était une sorte de cave très sombre. Il y passait la plus grande partie de ses journées. L'année suivante, il alla suivre les cours du collège voisin. « Le plus souvent, dit-il, je partais à jeun, l'estomac et la tête vides. Quand ma grand'mère venait nous voir, c'étaient les bons jours : elle m'enrichissait de quelque petite monnaie. Je calculais alors, sur la route, ce que je pourrais bien acheter pour tromper ma faim. Le plus sage eût été d'entrer chez le boulanger; mais comment trahir ma pauvreté, en mangeant mon pain sec devant mes camarades? D'avance je me voyais exposé à leurs rires et j'en frémissais. Cet âge est sans pitié. Aujourd'hui cette indigence, fièrement, noblement supportée par les miens, fait ma gloire. Alors, elle me semblait une honte, et je me cachais de mon mieux. Terrible respect humain*!

« Pour échapper aux railleries, j'imaginais d'acheter quelque chose d'assez substantiel pour me soutenir, et qui ressemblât pourtant à une friandise. Le plus souvent, c'était le pain d'épice qui faisait les frais de mon déjeuner. Pour deux sous, on avait un morceau magnifique, un homme superbe, un géant par la hauteur de la taille ; en revanche, il était si plat, que je le glissais dans mon carton, et il ne le gonflait guère. Pendant la classe, quand je sentais le vertige me saisir et que mes yeux voyaient trouble par le fait de l'inanition, je lui cassais un bras, une jambe, que je grignotais à la dérobée. Mes voisins ne tardèrent pas à surprendre mon petit manège*. « Que manges-tu là? » me disaient-ils. Je leur répondais, non sans rougir : « Mon dessert. »

« Pendant la classe, c'était un autre tourment. Trop faible pour avoir de bonnes places, j'étais toujours à côté des mauvais sujets; et, comme ils n'écoutaient jamais le professeur, ils me persécutaient d'autant plus pour se désennuyer. Tout cela est bien court à raconter, mais long à souffrir. »

Ces persécutions physiques n'étaient cependant rien, comparées aux souffrances morales. Le pauvre écolier ne pouvait ouvrir la bouche sans qu'on n'éclatât de rire. Ces railleries universelles aigrissaient son caractère et, de retour à la maison, il versait des larmes de rage. Cependant il ne s'en mettait pas moins à ses devoirs, quoique son extrême faiblesse les lui rendît très difficiles; il lui fallait des heures pour les faire très médiocres. Les leçons étaient surtout son écueil; il passait un temps considérable à les apprendre et, quand il s'agissait de les réciter, il s'élevait un concert de rires qui l'empêchait d'en retrouver un seul mot.

Le pauvre écolier crut, dès lors, tous les hommes mauvais; il prit le parti de s'isoler complètement, de ne parler à personne, de ne voir personne. Il tomba dans une tristesse rare chez les enfants, ne passa plus que par les rues les plus désertes. Mais il ne s'abandonna pas. Il redoubla d'ardeur au travail et, comme le malheur semblait s'acharner sur sa famille, un jour, un jeudi matin, sans feu (la neige couvrait tout), ne sachant pas trop si le pain viendrait le soir, il frappa de sa main crevée par le froid, sur sa table de chêne, jurant de se faire un bel avenir.

Il y réussit. Par un travail acharné, il conquit le premier rang dans sa classe. Et, plus tard, il fut le professeur illustre et le grand historien qui a su faire revivre la vieille France. Retenons cette phrase qu'il a écrite, en parlant de sa jeunesse malheureuse : « *L'avenir n'est pas chose qu'il faille attendre, il faut savoir le créer soi-même par le travail.* »

Résumé. — *Michelet connut de bonne heure la souffrance. Il lui fallut, à douze ans, travailler dans une cave obscure. Au collège, son air timide lui attira les moqueries de ses condisciples. De plus il ne faisait ses devoirs et ne retenait ses leçons qu'avec une extrême difficulté. Il tomba dans une profonde tristesse, mais ne s'abandonna pas. Il se jura à lui-même de se faire un bel avenir et par son travail acharné il y réussit.*

Explication des mots.

Mélancolie : tristesse habituelle qui fait rechercher la solitude. — *Respect humain* : crainte des moqueries, qui empêche d'agir. — *Manège* : manière d'agir détournée.

Analyse des idées et Raisonnement.

1. *Comment* Michelet vivait-il avant son entrée au collège? — 2. Que faisait-il en se rendant au collège? — 3. *Pourquoi?* — 4. Quelles persécutions endurait-il en classe? — 5. L'enfant s'abandonna-t-il au découragement?

Composition.

Le « nouveau ». — Plan : Arrivée d'un nouvel élève dans votre classe; son portrait. — Les élèves ont-ils des devoirs les uns envers les autres? — Accueil fait au nouveau....

98. — Demandez qu'on vous aide à vouloir.

Un pot d'eau bien utilisé! — Quand vous ne réussirez pas à vous vaincre vous-même, vous demanderez à vos parents et à vos maîtres de vous aider à vouloir; vous ferez comme le grand naturaliste Buffon.

Buffon*, l'un des plus grands travailleurs qu'il y ait eus, aimait à se lever tard. Une fois hors du lit, il se désolait

Buffon et son valet de chambre.

d'avoir perdu les meilleures heures de la journée; mais, pas plus le lendemain que la veille, il ne pouvait s'empêcher de faire la grasse matinée.

Voyant qu'il lui était impossible de compter sur sa propre volonté, il promit un écu à son valet de chambre, Joseph, chaque fois que celui-ci le ferait lever à six heures. Le lendemain, six heures sonnant, Joseph entra dans la chambre de son maître et l'avertit qu'il était temps de sortir du lit; mais Buffon s'y trouvait trop bien; il renvoya Joseph qui n'osa insister.

Quand Buffon eut longuement dormi, il se leva mécontent et s'en prit à son valet de chambre. « Il fallait me désobéir, dit-il, et ne pas t'en aller. »

Le lendemain donc, Joseph reparut à six heures. Buffon

voulut encore le renvoyer; Joseph refusa de sortir; mais enfin, son maître l'ayant menacé de le chasser s'il ajoutait un mot, il se crut obligé de céder. Quelques heures après, Buffon se levait tout à fait fâché. « Il fallait, dit-il, ne tenir aucun compte de mes ordres et me forcer à sortir du lit. C'est deux écus que tu perds! »

« Je gagnerai le troisième! » pensa Joseph.

En effet, le jour suivant, quand Buffon eut protesté qu'il ne se lèverait pas, le brave Joseph saisit un pot d'eau et le lui versa sur la poitrine!

Ce jour-là, Buffon eut toute sa matinée pour travailler et Joseph reçut un écu. Il en fut de même les jours suivants, si bien qu'en peu de temps Buffon prit l'habitude d'être matinal*; aussi avait-il coutume de dire plus tard : « Je dois à Joseph trois ou quatre volumes de mon *Histoire naturelle* ».

Enfants, si vous ne savez pas vouloir, cherchez quelqu'un qui vous verse le pot d'eau salutaire*!

Résumé. — *Buffon, qui aimait à se lever tard et voulait se lever tôt, promit un écu à son domestique Joseph, chaque fois que celui-ci le ferait lever à six heures. Après deux échecs, Joseph versa un pot d'eau sur la poitrine de son maître. Si vous ne savez pas vouloir, cherchez quelqu'un qui vous aide.*

Explication des mots.

Buffon · (1707-1788) célèbre naturaliste et écrivain, né à Montbard, auteur d'une *Histoire naturelle*. — *Matinal* : qui se lève matin. — *Salutaire* : utile pour la conservation de la santé morale ou physique.

Analyse des idées et Raisonnement.

1. Que faut-il faire quand on ne réussit pas à se vaincre soi-même? 2. Que désirait Buffon, sans pouvoir y parvenir? — 3. Que fit-il? (Énumerez les actions dans l'ordre ou elles se succèdent.)

Composition.

Les punitions à l'école et à la maison. — Plan · Quand vous punit-on? — Exemples. — Comment devez-vous accepter les punitions? — Pourquoi?

09. — Améliorez votre situation par le travail et l'économie.

I. *A quoi employer la volonté?* — Il n'est pas donné à tous de parvenir aux premiers rangs de la société, ni à la richesse; mais la pauvreté, qui nous oblige au travail et à l'épargne, n'est pas un malheur.

La misère.

Le malheur, c'est la misère qui tend la main au coin des carrefours* ou se cache au fond des bouges*. Mais, pour éviter cet état affreux, il y a un sûr moyen, c'est le travail et l'économie. Sachons vouloir ce moyen.

II. *Travail.* — Quand vous aurez atteint l'âge d'homme, travaillez sans jamais plaindre votre peine*.

Que votre temps soit bien distribué; ayez une heure pour chaque chose. L'homme inexact porte partout le désordre et ne fait que troubler la paix des autres. Il arrive toujours au rendez-vous après l'heure, à la gare après que le train est parti, à la poste aux lettres après que la levée est faite. En retard sur l'heure, il l'est aussi sur le succès qu'il manque à chaque fois. « Je dois tous mes succès dans la vie, disait le grand amiral Nelson*, à ce que j'ai toujours et en toutes choses été en avance d'un quart d'heure. »

Le plus court chemin pour faire beaucoup de choses est de n'en faire qu'une à la fois. « Si j'ai des lettres qu'il soit nécessaire d'envoyer, disait un homme d'affaires célèbre, je ne pense point à autre chose qu'elles ne soient finies; si ce sont des affaires domestiques, je m'y donne tout entier jusqu'à ce qu'elles soient mises en ordre. »

Avant de commencer une chose, examinez mûrement si elle est faisable. Si elle ne l'est pas, ne l'entreprenez pas; si elle l'est, prenez toute la peine qu'il faut pour cela; une fois que vous aurez commencé, ne vous arrêtez plus qu'elle ne soit achevée.

Pour chaque chose que vous avez à faire, il y a plusieurs manières de s'y prendre, mais il n'y en a qu'une qui soit bonne; cherchez-la avant de vous mettre à l'œuvre, ayez de la méthode comme le bon emballeur qui placera dans la même caisse deux fois plus de choses qu'un apprenti.

III. *Économie.* — Quand vous commencerez à gagner votre vie, ayez soin de tenir un compte exact de ce que vous dépenserez et vous verrez combien de petites et insignifiantes dépenses arrivent à faire des sommes considérables; vous discernerez aussi quelles dépenses vous auriez pu éviter et vous pourrez économiser à l'avenir sans vous gêner beaucoup.

Quand vous aurez envie d'acheter un nouvel habit, examinez d'abord l'ancien, voyez si vous ne le feriez pas encore aller un an en le dégraissant, en le raccommodant, et même en lui faisant mettre une pièce au besoin. Souvenez-vous qu'une pièce à votre habit et de l'argent dans votre poche valent mieux que de beaux habits avec un porte-monnaie vide.

Quand vous aurez envie d'acheter quelque chose d'inutile, ne cédez pas tout de suite à votre envie; dites-vous : *je vais attendre à l'année prochaine.*

Rappelez-vous que *le temps est de l'argent.* Celui qui, par son travail, peut gagner six francs par jour et qui va s'amuser la moitié de la journée ne doit pas calculer que son plaisir ne lui coûte que quinze ou vingt sous; il a réellement dépensé, ou plutôt gaspillé, trois francs en plus.

Rappelez-vous que *l'argent enfante l'argent*; ses rejetons en font d'autres et ainsi de suite. 100 francs placés à la Caisse d'épargne en valent 103; placés encore, ils en valent 106 et 10 centimes; et ainsi de suite.

Bref, si vous le voulez, le chemin de l'aisance est aussi uni que celui du marché. Tout consiste en deux mots : **travail** et **économie**, c'est-à-dire ne perdre ni *temps*, ni *argent*. Sans travail et sans économie on ne fait rien; avec le travail et l'économie, on fait tout.

Résumé. — *Le plus sûr moyen pour éviter la misère, c'est le travail et l'économie. Ayez une heure pour chaque chose; ne faites qu'une chose à la fois et faites-la avec méthode. Tenez un compte exact de vos dépenses; ne faites que celles que vous ne pouvez pas éviter. Rappelez-vous que le temps est de l'argent, et que l'argent enfante l'argent.*

Explication des mots.

Carrefour : l'endroit où se croisent plusieurs rues ou plusieurs chemins. — *Bouge* : logement obscur, malpropre — *Plaindre sa peine* ne se donner de la peine qu'à regret et d'une manière insuffisante. — *Nelson* amiral anglais qui détruisit une flotte française à Aboukir (1798) et une autre à Trafalgar (1805), où il fut tué.

Analyse des idées et Raisonnement.

1. Quel est le moyen d'éviter la misère? — 2. *Comment* faut-il travailler? — 3. *Comment* faut-il se conduire quant à la dépense du gain?

Compositions.

I. — ***L'exactitude.*** — Plan : Avantages de l'exactitude dans la vie de l'écolier. — Dans la vie de l'ouvrier. — Inconvénients de l'inexactitude dans la vie de l'écolier. — Dans la vie de l'ouvrier.

II. — ***Expliquez ce proverbe : « On récolte ce qu'on a semé. »*** — Plan : Sens propre : mauvaise semence, mauvaise récolte. — Sens figuré : mauvaise action, mauvaises conséquences. La paresse.... — Au contraire le travail.... Etc.

100. — Améliorez-vous en luttant contre vos mauvaises habitudes.

Les habitudes. — Ni l'aisance, ni la richesse ne donnent le bonheur, mais on le trouve sûrement si l'on fait le bien en toute circonstance. Si vous voulez être heureux, enfants, prenez dès maintenant l'habitude d'être bons et de toujours vous soumettre au devoir. Une fois l'habitude prise, cela ira tout seul.

Franklin.

Les habitudes que nous prenons dans notre jeunesse sont maîtresses de notre vie ; d'abord faibles comme une toile d'araignée, elles finissent par nous lier comme des chaînes de fer. Aussi, quand on a laissé vieillir une mauvaise habitude, son extraction* est-elle infiniment plus douloureuse et immensément plus difficile que celle de la dent la mieux enracinée. On en vient à bout cependant et l'exemple de Franklin* est là pour nous prouver qu'à tout âge on peut, avec de la volonté, se corriger de ses mauvaises habitudes et en acquérir de bonnes.

Vers sa vingt-cinquième année, Franklin résolut de vivre dans le bien. Après avoir longuement réfléchi, il dressa la liste des vertus qu'il lui parut nécessaires d'acquérir.

Cette liste portait :

1° **La tempérance.** — *Ne mange pas jusqu'à t'appesantir, ne bois pas jusqu'à t'échauffer.*

2° **Le silence.** — *Ne parle pas de ce qui ne peut servir à autrui ou à toi-même. Évite les conversations oiseuses*.*

3° **L'ordre.** — *Que chez toi chaque chose ait sa place, chaque affaire son temps.*

4° **L'économie.** — *Ne fais de dépenses que pour le bien des autres ou pour le tien, c'est-à-dire ne dissipe rien.*

5° **Le travail.** — *Ne perds pas de temps; fais toujours quelque chose d'utile; abandonne toute occupation qui ne sert à rien.*

6° **La sincérité.** —*N'use d'aucun mauvais détour*; si tu parles, parle comme tu penses.*

7° **La justice.** — *Ne fais tort à personne, soit en lui faisant injure, soit en négligeant de lui faire le bien auquel ton devoir t'oblige.*

8° **La modération.** — *N'aie pas pour les injures le ressentiment* que tu crois qu'elles méritent.*

9° **La propreté.**— *Ne souffre aucune malpropreté sur toi, sur tes vêtements, ni dans ta demeure.*

10° **La tranquillité.** — *Ne te laisse pas troubler par des bagatelles ou par les accidents ordinaires et inévitables.*

Restait à se mettre à l'œuvre.

Résumé. — *Pour être heureux, il faut faire son devoir en toute circonstance. Prenez-en l'habitude dès maintenant. On a une peine infinie à se débarrasser de ses mauvaises habitudes quand on les a laissées vieillir. Cependant l'exemple de Franklin montre qu'on en vient à bout avec de la volonté. A vingt-cinq ans, il commença par dresser la liste des vertus qui lui manquaient.*

Explication des mots.

Extraction : action d'arracher. — *Franklin* : (1706-1790), savant américain, inventa le paratonnerre et contribua à l'affranchissement des États-Unis. — *Oiseux* : qui ne sert à rien. — *Détour* : voie qui s'écarte du droit chemin. — *Ressentiment* : souvenir d'une injure accompagné du désir de se venger.

Analyse des idées et Raisonnement.

1. Est-il important de prendre de bonnes habitudes de jeune âge? — 2. Que fit Franklin quand il eut vingt-cinq ans? — 3. Quelles vertus voulut-il acquérir?

Composition.

Votre portrait moral. — PLAN : Vos qualités. — Vos défauts. — Que devez-vous faire?

101. — Comment on s'améliore soi-même.

Diviser la difficulté pour la vaincre. — Un homme qui veut nettoyer un jardin n'essaie pas d'en arracher d'un seul coup toutes les mauvaises herbes; il commence par une plate-bande et ne passe à la seconde que quand il a fini le travail de la première. Franklin décida sagement de ne pas poursuivre toutes les qualités à la fois, mais de fixer son attention d'abord sur une seule; puis, après s'en être rendu maître, de passer à une autre.

Et voici la méthode qu'il imagina pour les acquérir : « Je résolus, dit-il, de donner tour à tour une semaine d'attention sérieuse à chaque vertu. Ainsi, pendant la première semaine, mon grand soin fut d'éviter jusqu'à la moindre faute contre la *tempérance*. Je laissais les autres vertus courir leur chance ordinaire; mais, chaque soir, sur une page d'un carnet et d'un léger trait de crayon facile à effacer, je marquais toutes les fautes de la journée.

	DIM.	LUN.	MAR.	MER.	JEU.	VEN.	SAM.
Tempérance. . .							
Silence.	+	+		+		+	
Ordre	+	+	+			+	+

« Si, dans la première semaine je pouvais maintenir sans point noir ma première ligne marquée *tempérance*, je me hasardais à porter mon attention sur la seconde vertu et je tâchais de maintenir les deux lignes exemptes de point noir durant la seconde semaine. Et ainsi de suite. » Quels furent les résultats de cet effort méthodique*?

« Je fus surpris, ajoute Franklin, de trouver mes défauts

beaucoup plus grands que je ne l'avais imaginé; mais j'eus la satisfaction de les voir diminuer. « L'article de l'*ordre* est celui qui me donna le plus d'embarras. Faute d'avoir été habitué de bonne heure à la méthode, cet article me coûtait une attention si pénible, j'avais tant de dépit* de me trouver si souvent en faute, je faisais si peu de progrès, j'avais des rechutes si fréquentes que je fus près de prendre mon parti sur ce défaut; mais je persévérai.

« Au total, quoique je ne sois jamais arrivé à la perfection que j'étais si ambitieux d'atteindre, mes efforts me rendirent pourtant meilleur et plus heureux. J'attribue à la *tempérance* ma longue santé et ce qui me reste encore d'une bonne constitution*; au *travail* et à l'*économie* l'aisance que j'ai eue de bonne heure et les connaissances qui m'ont permis d'être un citoyen utile; à la *sincérité* et à la *justice*, la confiance de mon pays et les emplois honorables dont on m'a chargé.... J'espère donc que quelques-uns voudront imiter mon exemple et qu'ils en tireront profit ».

Résumé. — *Pour venir à bout de ses défauts, Franklin ne fixait tout d'abord son attention que sur un seul. Quand il l'avait combattu victorieusement pendant toute une semaine, il passait à un autre la semaine suivante. A force de persévérance, il acquit ainsi les vertus qui lui manquaient le plus.*

Explication des mots.

Méthodique : lent et réfléchi. — *Dépit* : chagrin mêlé d'un peu de colère. — *Constitution* : organisation du corps.

Analyse des idées et Raisonnement.

1. *Comment* Franklin s'y prit-il pour acquérir les vertus qui lui manquaient? — 2. Dans la semaine consacrée à la *tempérance*, *comment* procédait-il? Quel avantage en éprouva-t-il? — 3. Au total, quels furent les résultats de ses efforts?

Composition.

Quelles sont les qualités que vous recherchez surtout chez les petits camarades dont vous faites vos amis? — Plan : Qualités indispensables à tout garçon honnête? — Quel agrément trouve-t-on en compagnie d'un bon camarade?

102. — Les hommes de progrès s'efforcent de procurer le bien-être à tous.

Soyons des hommes de progrès. — Jetez les yeux autour de vous, enfants, et, quoique vous soyez bien jeunes, vous verrez que le monde a marché depuis que vous l'avez regardé pour la première fois. A la ville et au village les rues s'alignent, s'élargissent; les vieilles masures font place à des maisons saines et commodes; les moyens de communication s'étendent et se perfectionnent : le progrès pénètre partout, grâce aux citoyens intelligents et aux municipalités habiles qui veulent, pour tous, un bien-être toujours plus grand. Quelle transformation, par exemple, que celle de ce bourg de l'Aisne, *le Nouvion-en-Thiérache*, si joliment contée, un jour de distribution de prix, par un éminent professeur, M. Lavisse :

« Mes enfants, disait-il, je crois bien que personne de vous n'a vu de ces petits bâtons de suif, percés d'une mèche, qu'on appelle des chandelles. Les chandelles étaient de mon temps l'habituel moyen de l'éclairage; pour user de la bougie ou de la lampe à huile, il fallait être pour le moins notaire ou gros herbager*. La chandelle ne consumait qu'imparfaitement sa mèche, qui formait au-dessus de la flamme comme un petit champignon noir. On coupait cette mèche avec des mouchettes ou bien avec deux doigts mouillés. Il arrivait souvent que des maladroits coupaient trop bas; alors la chandelle s'éteignait, ce qui faisait rire ou pleurer les enfants, selon leur humeur. De ce pauvre éclairage fumeux, les vieilles gens étaient fort économes. J'allais souvent le soir, accompagnant ma grand'mère, dans une des maisons de ma famille, on allumait pour faire accueil aux visiteurs, et puis on soufflait, pour la raison probablement que les paroles n'ont pas besoin d'être vues, n'ayant pas de couleur. Ces conversations dans le sombre de la nuit m'ont laissé une impression funèbre* que vous ne trouverez pas dans vos souvenirs d'enfance. Aujourd'hui, les plus modestes maisons sont illuminées par la vive clarté des huiles minérales.

« J'ai connu le Nouvion sans trottoirs, les maisons juchées sur des « hurées* », des ruisseaux courant au flanc des rues, un tout petit logis pour hôtel de ville, et les nuits sans éclairage. Aujourd'hui, ce village est une petite ville élégante et propre.

« Mais la transformation des hameaux est plus extraordinaire. Beaucoup de maisons y étaient faites de torchis* et de chaume. La principale pièce était l'écurie, et le reste, c'est-à-dire l'habitation de la famille, une simple annexe*, envahie par l'odeur des bêtes. Les jours de marché, les femmes, coiffées d'un bonnet blanc, la poitrine couverte d'un large foulard de couleur, portaient au Nouvion le beurre, les œufs et les fruits dans des paniers lourds, campés sur la hanche droite surélevée. Inclinées à gauche, elles s'aidaient dans leur marche fatigante par le balancement de leur bras libre. Les voitures, même les voitures à ânes, étaient très rares. D'ailleurs, notre joli réseau de petits chemins n'était pas achevé; de plusieurs hameaux, il fallait venir par des sentiers de pâture, où le pied, quand il avait plu, glissait dans la boue argileuse.

« Aujourd'hui, par dizaines et par dizaines, de tous les côtés, arrivent, le mercredi, des cabriolets, des victorias, des tapissières, traînées par des chevaux. Les ânes, autrefois bêtes de luxe, n'y sont plus que des exceptions honteuses. Et, dans les voitures, les dames portent toutes chapeau avec rubans et plumes, — trop de rubans quelquefois et trop de plumes. Mais les maisons, comme elles sont changées! La brique et l'ardoise ont remplacé le torchis et le chaume. Les bêtes respirent mieux dans l'écurie plus haute, plus large, aérée par de grands vasistas mobiles et par de petites cheminées. Elles tiennent toujours une belle place, naturellement, dans la maison et dans la vie, et je crois bien qu'on entend encore au hameau ce bout de dialogue, qui m'amusait tant autrefois : Comment cela va-t-il chez vous, les bêtes et les gens? — Merci, c'est moi le plus malade. » Mais le personnel humain de la ferme est humainement logé; l'étendue et la hauteur du bâtiment, la fraîcheur des peintures, le joli luxe des rideaux brodés, la coquetterie du jardin rempli de fleurs manifestement aimées, tout l'ensemble respire l'aisance.

« Et voilà, chers enfants, des exemples pris entre beaucoup, où vous pouvez voir que l'existence, depuis un demi-siècle, est devenue meilleure. »

Résumé. — *Grâce aux hommes de progrès, depuis trente ans, tout s'est transformé, embelli à la ville et au village. Les rues se sont alignées et élargies; les vieilles constructions ont fait place à des maisons saines et commodes; les moyens de communication se sont étendus et perfectionnés. Le soir, à la veillée, les plus modestes logis sont illuminés par la clarté des huiles minérales. Il n'est pas jusqu'aux bêtes qui ne soient plus confortablement installées.*

Explication des mots.

Gros herbager . celui qui s'adonne à l'engrais de gros troupeaux de bœufs. — *Impression funebre* qui inspire des idées de tristesse et de mort. — *Hurée* : talus large de quelques mètres qui bordait les chemins en pente du Nouvion et sur lequel les maisons étaient bâties. — *Torchis* : mortier composé de terre grasse et de paille coupée. — *Annexe* · partie moins importante.

Analyse des idées et Raisonnement.

1. Y a t-il progrès a la ville et au village? — 2. *Comment* s'éclairait-on autrefois? Et aujourd'hui? — 3. Décrivez la transformation du *Nouvion*, puis celle des hameaux. — 4. Quels changements constate-t-on, le jour du marché?

Composition.

Le paysan d'aujourd'hui. — Plan : Sa vie ressemble-t-elle à celle du paysan d'autrefois? — Décrivez-la en examinant ce qui se passe chez vous, ou autour de vous, dans votre village.

103. — Les hommes de progrès s'efforcent de rendre la société plus juste.

Progrès social. — L'existence est devenue meilleure, parce qu'il n'y a pas eu seulement progrès matériel, mais progrès moral. L'instruction, plus répandue, a amené plus de justice dans la société.

« La vieille école où j'ai appris à lire, à écrire et à compter, ajoutait M. Lavisse dans son discours aux enfants du Nouvion, était une salle unique, éclairée par des fenêtres à petits carreaux, que je n'ai jamais vues ouvertes. Point de plancher, ni de carrelage ; nos sabots frottaient la terre nue. Des bancs, mais point de tables ; nous écrivions sur des planches de chêne, percées en haut par un petit trou où passait une ficelle, qui les suspendait, la classe finie, à des clous piqués dans le mur. Nous nous servions de plumes d'oie, car l'usage des plumes métalliques commençait à peine à se répandre dans les campagnes. Ceux de nous qui possédaient une « plume d'acier » en humiliaient les camarades. Longuement nous écrivions des pages, nous ânonnions des lectures et la table de multiplication, et c'était tout.

« La discipline avait des duretés : des coups de baguette sur les doigts joints ensemble, ou des séances à genoux, la main droite levée soutenant une brique. Ces choses doivent vous sembler étranges, à vous, mes enfants, logés dans de belles écoles, et à qui plusieurs maîtres et maîtresses, préparés par de longues études à la fonction d'enseigner, enseignent les éléments de toutes les connaissances humaines.

« Maintenant, allez-vous me croire, quand je vous dirai que des marchands achetaient sept ans de la vie d'un homme, pour les revendre ? On les appelait des marchands d'hommes ; j'ai connu le dernier représentant de cette profession dans notre pays. Voici comment se pratiquait ce commerce. Si le Gouvernement réclamait, je suppose, cent conscrits* au canton au Nouvion, les jeunes gens en âge de conscription qui tiraient un numéro au-dessus de cent étaient exempts du service militaire; mais tous ceux qui avaient pris un numéro au-dessous n'étaient pas obligés à servir. Ils pouvaient, s'ils en avaient le moyen, payer un remplaçant qui les représentait sous les drapeaux. Parmi les pères de famille aisés, il y en avait qui s'assuraient contre la mauvaise chance en versant une somme à une « masse »; d'autres aimaient mieux courir la fortune. L'opération du tirage terminée, les remplaçants se trouvaient par l'intermédiaire du marchand d'hommes. Or, le service militaire durait sept années, et il n'était pas une sinécure* : un remplaçant arrivé sous les drapeaux en 1853 a pu risquer sa vie en deux grandes guerres, la guerre de Crimée et la guerre d'Italie où moururent tant de milliers d'hommes. Qu'il suffît alors d'une somme de deux mille et trois ou quatre cents francs pour être dispensé d'un des principaux devoirs envers la patrie, que la fortune créât entre citoyens d'un même pays une pareille inégalité, cela me semble à moi-même si extraordinaire que je crois parler de choses qui se passaient il y a des siècles.

« Ce n'est là qu'un exemple de ces inégalités sociales qui ont survécu à la Révolution. J'en devrais citer bien d'autres, si je voulais entreprendre la comparaison complète dont je parlais tout à l'heure. Il faudrait surtout rappeler la condition de l'ouvrier, réduit à sa seule force ou plutôt à sa faiblesse individuelle, maintenu dans cet isolement par la loi qui défendait les coalitions, incapable de soutenir ses plus légitimes griefs*, exposé sans compensation au péril des accidents, et trop souvent condamné aux misères de la vieillesse invalide*. J'ai connu de très braves gens desquels nous savions tous qu'ils avaient honnêtement travaillé toute leur vie; vieux, ils s'en allaient, de porte en porte, « *demander** ». J'en crois voir encore un, le père Dindin, qui, pendant soixante années passées, avait de son mieux gagné son pain quotidien.

Le jour vint où il fallut qu'il cessât le travail. Il allait dans quelques « *bonnes maisons* » chercher la charité. Il y était bien reçu, d'ailleurs, lorsqu'il se présentait, une canne à la main, la figure souriante, les vêtements usés, mais propre comme un sou neuf. Aujourd'hui, le père Dindin trouverait à la mairie le denier* de l'assistance aux vieillards.

« Ainsi, dans ce tout petit cadre du pays natal, me rappelant telles choses que j'ai vues, telles figures que j'ai connues, je vois, bien mieux que dans les livres, que le monde a marché et dans quel sens il marche. Et j'acquiers aussi la conviction ferme que cette marche ne s'arrêtera plus. »

Elle ne s'arrêtera plus, car, vous aussi, enfants, vous serez un jour des hommes de progrès.

Résumé. — *Il n'y a pas eu seulement progrès matériel, mais aussi progrès moral. L'intruction plus répandue a amené plus de justice dans la société.*

L'école est devenue spacieuse et commode; on y enseigne les éléments de toutes les connaissances humaines. Maintenant le service militaire est le même pour tous; sa durée a diminué. Les sociétés de secours mutuels, les lois de protection sociale ont amélioré la vie de l'ouvrier.

Explication des mots.

Conscrit : jeune homme appelé au service militaire. — *Sinécure* : fonction qui n'oblige à aucun travail. — *Grief* : chose dont on a à se plaindre. — *Invalide* : qui ne peut plus travailler. — *Demander* : demander l'aumône. — *Denier* : petite somme.

Analyse des idees et Raisonnement.

1. Quels progrès se sont accomplis dans l'école? — 2. Quels progrès se sont accomplis dans le service militaire? — 3. Qu'appelle-t-on *inégalités sociales*? et quelles étaient les principales avant la Révolution? 4. Quels progrès se sont accomplis dans la condition de l'ouvrier?

Composition.

Montrez comment, dans la situation la plus modeste, on peut être un homme de progrès. — Plan : Chez soi : introduire l'hygiène, donner l'exemple du travail, de l'économie, de l'honnêteté. — Autour de soi : conseiller le voisin, soutenir par la parole et par le vote toutes les ameliorations possibles.

104. — « J'ai fait ce que j'ai pu ».

Le jour où le grand Pasteur atteignit ses soixante-dix ans, le 27 décembre 1892, les membres des Académies et des Sociétés savantes de France et de l'étranger, les professeurs des Facultés, les étudiants et les élèves des grandes Écoles se rangèrent dans l'immense amphithéâtre de la Sorbonne; les élèves des lycées et des écoles primaires remplirent les tribunes. A dix heures et demie, la Garde républicaine se mit à jouer une marche triomphale et le Président de la République entra, ayant Pasteur à son bras. Il le conduisit sur l'estrade où prirent place ensuite les présidents du Sénat et de la Chambre des députés, les ministres et les ambassadeurs des puissances étrangères. Le ministre de l'Instruction publique retraça les grands travaux de Pasteur; d'illustres savants dirent toute leur admiration pour l'homme de génie qui avait montré comment on pouvait préserver une ville, un peuple, un continent, des fléaux les plus redoutables; des envoyés de toutes les grandes villes d'Europe vinrent à tour de rôle le remercier et le louer. Et une médaille lui fut offerte; elle portait ces mots comme inscription :

A Pasteur, le jour de ses soixante-dix ans,
la France et l'Humanité reconnaissantes.

Alors Pasteur se leva et remercia; puis s'adressant aux jeunes gens, il termina par ces mots :

Dites-vous d'abord : « qu'ai-je fait pour mon instruction? » *Puis, à mesure que vous avancez* : « qu'ai-je fait pour mon pays? *jusqu'au moment où vous aurez peut-être cet immense bonheur de penser que vous avez contribué en quelque chose au progrès et au bien de l'humanité.* **Mais que les efforts soient plus ou moins favorisés par la vie, il faut quand on approche du grand but, être en droit de se dire : « *J'ai fait ce que j'ai pu.* »**

Enfants, retenez bien ces mots. Qu'ils soient la règle de votre vie, comme ils sont la règle de tout homme digne de ce nom d'homme. Quelle que soit plus tard votre profession, elle vous donnera des devoirs à remplir, une certaine somme de bien à produire. Ce sera là votre tâche : remplissez-la avec courage et énergie, honnêtement et fidèlement. Le succès n'est pas ce qui importe. Ce qui importe, c'est l'effort, car c'est là ce qui dépend de l'homme, ce qui l'élève, ce qui le rend content de lui-même.

L'accomplissement du devoir, voilà le véritable bien. Chaque soir, la journée finie, demandez-vous donc, avant de vous livrer au sommeil : *Ai-je fait aujourd'hui tout ce que j'ai pu?* Si la réponse n'est pas ce qu'elle doit être, que le lendemain vous voie redoubler d'efforts : on n'arrive à la vie heureuse que par la **persévérance dans l'effort**.

Résolution. — *Chaque soir je me demanderai : « **Ai-je fait aujourd'hui tout ce que j'ai pu?** »*

Je ne me découragerai pas quand mes efforts auront échoué. Je persévérerai dans l'effort vers le mieux.

TABLE DES MATIÈRES

I. Sur la terre hostile.

MISÈRE DES PREMIERS HOMMES. — 1. Dans la forêt sans fin des premiers âges 1

PREMIÈRE CONQUÊTE DE L'INTELLIGENCE. — 2. Invention de l'outil. . . 4
3. A la recherche de la dureté et du tranchant 6
4. L'homme contre l'animal 9

A LA RECHERCHE DE L'ABRI ET DE L'ALIMENT. — 5. Les villages lacustres. 12
6. La domestication de l'animal 15

PREMIÈRE CIVILISATION. — 7. La conquête du feu. 18
8. La vie agricole 21
9. La vie égyptienne, il y a cinq mille ans 24
10. Au marché public, il y a cinq mille ans 27

LENTEUR DU PROGRÈS. — 11. La lumière dans la maison 29
12. La domestication du feu 32

II. Transformation du monde par l'effort.

CONQUÊTE DÉFINITIVE DE LA DURETÉ. — 13. Le fer, la fonte, l'acier . 35

L'ART MÉTALLURGIQUE. — 14. Au Creusot 39

CONQUÊTE DU MOUVEMENT. — 15. La vapeur 42
16. Le diamant noir. 45
17. Dans la mine de houille 48
18. Du diamant noir à l'électricité 51
19. La fée Électricité. 55
20. La houille blanche 57

SUPPRESSION DE LA DISTANCE. — 21. La locomotive 60
22. Obstacles aux communications par terre. 64
23. L'exploration du globe 67
24. Le premier voyage autour du monde 70
25. Le navire à vapeur. 73
26. Obstacles aux communications par eau. 76
27. Le télégraphe et le câble 80
28. Le câble transatlantique 83
29. La télégraphie sans fil et le téléphone. 86

CONQUÊTE DE L'AIR. — 30. Le premier voyage aérien. 89
31. Dirigeables et aéroplanes. 92

PROGRÈS DE LA SCIENCE. — 32. Méthode d'observation, de raisonnement, et d'expériences 96
33. Les infiniment petits 99

DÉVOUEMENT A LA SCIENCE. — 34. Les savants. 101
35. A l'assaut du pôle 104
36. L'étude de l'atmosphère 108
L'ART D'OBSERVER ET DE RAISONNER. — 37. Les inventeurs 110
L'ENTR'AIDE. — 38. La suppression du temps : l'alphabet rend la pensée impérissable 114
L'ENTR'AIDE INTELLECTUELLE. — 39. L'imprimerie met le livre à la portée de tous. 117
L'ENTR'AIDE MATÉRIELLE. — 40. Tous pour un 121
41. L'homme isolé. 124
42. Un songe 128

III. L'effort dans un grand pays d'aujourd'hui. En France.

L'EFFORT CONTRE LA FAIM. — 43. Le besoin de manger 129
44. Les bons travailleurs de France. 132
45. Un fléau d'autrefois 134
46. Marseille, port des blés. 137
47. La pomme de terre 139
48. La terre de France rajeunie et améliorée. 142
49. L'élevage 145
50. L'année du paysan. 148
L'EFFORT EN MER. — 51. La pêche du poisson. 151
52. Petite et grande pêche 153
53. Ce qu'est la mer 156
54. Du pays de l'Épouvante au bord de l'Abîme océanique . 159
55. Contre les fureurs de l'Océan 162
56. Contre le péril journalier. 165
L'EFFORT CONTRE LA SOIF. — 57 La meilleure des boissons : l'eau. 168
58. L'approvisionnement en eau d'une grande ville. 171
59. La revanche de l'eau contre l'homme 174
60. Les boissons fermentées 177
UNE RICHESSE NATIONALE. — 61. La vigne sauvée par la méthode d'observation, de raisonnement et d'essai. 179
62. Le vignoble français reconstitué par la méthode d'observation et d'essai. 181
63. Une population qui se relève par son seul effort 184
L'EFFORT CONTRE LES INTEMPÉRIES. — 64. Bois de chauffage, bois de construction, charbon 186
RÔLE DES FORÊTS. — 65. La forêt, protectrice des sources 189
66. La forêt, protectrice des plaines. 192
L'EFFORT CONTRE LA MALADIE. — 67. De l'air pur et des aliments sains. 194
68. Une source de maladie, l'alcoolisme 197

69. Les maladies microbiennes. La tuberculose. 199
70. Les efforts d'un savant. 201

La lutte contre l'ignorance — 71. Les écoles 205

L'association des efforts — 72. La coopération. 207
73. La mutualité 209
74. L'échange des services et des produits. 211

Le progrès — 75. Histoire d'un village 214

Le devoir. — 76. Des héros Oberlin et Louise Scheppler. . . . 217

Le devoir professionnel — 77. Les victimes du devoir. 220
78. Les sapeurs-pompiers. 223

Le devoir d'humanité. — 79. Le forgeron Jollinier. 225

Le devoir familial. — 80. De beaux dévouements 227

Le devoir patriotique. — 81. La patrie. 230
82. La patrie en danger 232
83. La patrie sauvée 234
84. Quatre mois de souffrances pour la patrie 237

L'effort vers le progrès social. — 85. La démocratie française . 240

IV. Il faut vouloir.

La volonté. — 86. Le secret de ceux qui réussissent 243

L'œuvre de la volonté —87. La persévérance de Christophe Colomb. 245
88. La découverte d'un monde 247
89. Turgot essaie d'établir la justice en France. 250
90. Pasteur et la transformation de la médecine 253
91. La conquête d'une colonie 256
92. La création d'un art : la céramique 259
93. La transformation d'une industrie : Jacquart. 262
94. Une volonté d'enfant : le général Drouot. 265
95. La jeunesse d'un grand industriel : Richard-Lenoir . . . 268

Formation de la volonté — 96. Vouloir avec réflexion. 271
97. Vouloir avec persévérance 274
98. Demandez qu'on vous aide à vouloir. 277

Emploi de la volonté. — 99. Améliorez votre situation par le travail et l'économie 279
100. Améliorez-vous en luttant contre vos mauvaises habitudes. 282
101. Comment on s'améliore soi-même. 284
102. Les hommes de progrès s'efforcent de procurer le bien-être à tous. 286
103. Les hommes de progrès s'efforcent de rendre la société plus juste. 289

La persévérance dans l'effort. — 104. « J'ai fait ce que j'ai pu ». 292

79930. — Imprimerie Lahure, 9, rue de Fleurus, à Paris

79930 — Imprimerie LAHURE, rue de Fleurus, 9, à Paris — 6-1917

www.ingramcontent.com/pod-product-compliance
Ingram Content Group UK Ltd.
Pitfield, Milton Keynes, MK11 3LW, UK
UKHW020203250726
13967UKWH00003B/1230

9 782011 950994